深圳律师实务丛书

商事犯罪辩护宝典

组　编　深圳市律师协会商事犯罪辩护法律专业委员会
主　编　方　亮
副主编　李亚兵

THE COMMERCIAL CRIME DEFENSE MANUAL

法律出版社
LAW PRESS · CHINA
北京

图书在版编目(CIP)数据

商事犯罪辩护宝典 / 深圳市律师协会商事犯罪辩护法律专业委员会组编 ; 方亮主编 ; 李亚兵副主编. -- 北京 : 法律出版社, 2024

(深圳律师实务丛书)

ISBN 978 - 7 - 5197 - 8968 - 8

Ⅰ. ①商… Ⅱ. ①深… ②方… ③李… Ⅲ. ①公司－刑事犯罪－辩护－研究－中国 Ⅳ. ①D924.33

中国国家版本馆 CIP 数据核字(2024)第 064463 号

商事犯罪辩护宝典
SHANGSHI FANZUI BIANHU BAODIAN

深圳市律师协会商事犯罪辩护法律专业委员会 组编
方 亮 主 编
李亚兵 副主编

策划编辑 朱铁佳
责任编辑 朱铁佳
装帧设计 鲍龙卉

出版发行 法律出版社
编辑统筹 司法实务出版分社
责任校对 王语童
责任印制 胡晓雅
经 销 新华书店

开本 710 毫米×1000 毫米 1/16
印张 18.75 **字数** 243 千
版本 2024 年 6 月第 1 版
印次 2024 年 6 月第 1 次印刷
印刷 三河市龙大印装有限公司

地址:北京市丰台区莲花池西里 7 号(100073)
网址:www.lawpress.com.cn
投稿邮箱:info@lawpress.com.cn
举报盗版邮箱:jbwq@lawpress.com.cn
销售电话:010 - 83938349
客服电话:010 - 83938350
咨询电话:010 - 63939796

书号:ISBN 978 - 7 - 5197 - 8968 - 8
定价:72.00 元

凡购买本社图书,如有印装错误,我社负责退换。电话:010 - 83938349

深圳律师实务丛书
编 委 会

本书编委会

主　　编：方　亮

副 主 编：李亚兵

编写组成员（按姓氏拼音排序）：

陈旭明　陈国庆　蔡大鹏
董玉琴　方　亮　邓欣玮
贺志忠　黄　颖　李新建
李　刚　李　龙　李亚兵
刘思瑶　刘珊珊　梁佳丽
凌真言　罗海婷　彭祝孺
秦建军　时秋芳　宋子雄
王文兵　吴荣凯　谢燕娜
肖　磊　易　凡　张楠楠
周　田　庄洁萍

回归专业　潜心钻研
促进高质量发展

斗转星移，继往开来。深圳市律师协会自2012年启动"深圳律师实务丛书"（以下简称丛书）出版工作以来，至今已出版实务专著39部，内容涵盖诸多专业领域，全面展现了深圳律师业务的研究成果和实务经验，已成为深圳市律师协会推进行业专业化建设的品牌项目。

鼓励和引导律师著书立说是深圳市律师协会推动律师专业化的一项长期性的重点工作。丛书旨在充分发挥深圳市律师协会的业务指导作用，通过鼓励深圳律师和深圳市律师协会各专业委员会撰写实务专著，可以有效提升律师业务水平，增强律师业务能力，保证律师服务质量，以专业引领和成果共享助推深圳律师行业高质量发展。

本套丛书凝集着深圳律师的心血与经验，展现了深圳律师的专业水平。本套丛书在律师业务的众多领域，汇集了深圳律师的业务成果，总结了深圳律师的执业经验，体现了深圳律师的专业能力，彰显了深圳律师的职业精神。这一本本专著必将成为深圳律师专业化发展史上一颗颗璀璨的明珠，永远镶嵌在深圳律师专业化发展的史册上。

2023年是全面贯彻落实党的二十大精神的开局之年，深圳律师要深学细悟笃行党的二十大精神，让党的二十大精神在深圳律师行业落地生花，要以习近平法治思想为指引，大兴专业研究之风，切实回归专业，潜心研究，深挖专业和实务问题，以高品质的法律服务保障行业的高质量发展。开展业务和实务研究不能脱离实际，必须密切关注经济社会发展和法治建设，聚焦其中的热点、难点、堵点问题，深入开展有针对性的研究，进而提出应用对策与实践指引，也期待深圳律师能输出更多的法律实务研究成果，并能形成专著与同行共享，这本身也是律师业务领域的一种先行示范。

希望本套丛书成为广大实习人员、执业律师期待、必备的好工具，也希望未来能够出版更多、更好的供律师们学习提高、掌握律师实务知识与技能的好专著！

张　斌

深圳市律师协会会长

2023 年 1 月 9 日

本书序

"回归专业、服务大局"，是新一届深圳律协领导班子倡导的专业化建设核心理念。作为深圳律协刑事口七个专业委员会之一的商事犯罪辩护法律专业委员会（以下简称商辩委），最为重要的使命就是将这一理念落地。如何落地？如何把"深圳刑辩"这块金字招牌擦得更亮？如何真正体现深圳律师的专业水平？我们想，出版一本以商事犯罪辩护为主题的实务专著无疑是绝佳选择。

知易行难，出版与商事犯罪辩护有关的研究成果，给商辩委全体同仁提出史无前例的挑战。大家一致认为，所谓实践出真知，刑辩律师的强项是办案，只要将具体办案过程中的经验总结出来，把商事犯罪辩护中普适性的经验、技巧、方法、策略进行系统归纳，让读到这本书的律师同行能够"拿来能用、用之能行、行之能胜"，并且举一反三，在具体的办案过程中找到灵感，引发新的思考，这本专著的目的或许就实现了。

为此，商辩委全体委员在主任团队的带领下，确定了目标，制订了方案，严格落实责任，以超强的执行力和战斗力推进专著写作工作。经过编委会的讨论，我们决定从刑法分则第三章中较为常见的商事犯罪罪名入手，以委员亲手经办的案例为基础，以相对统一的体例为标准，按照"导读—案情简介—争议焦点—辩护思路—案件结果—经验分享—商业启示"的统一体例成文。其中，"经验分享"是关键，是总结有规律性的辩护经验，而"商业启示"是亮点，体现在本书不仅是辩护宝典，更是企业家刑事风险合规宝典。

在这本书中，您可以看到 29 名作者分析的 31 个案例，其中有 5 个无罪案例,7 个不起诉案例,涉及刑法分则第三章 22 个罪名,洋洋洒洒 20 万言,我们骄傲地称之为《商事犯罪辩护宝典》。也许我们这本“宝典”还不成熟,但是凝聚了作者的心血和智慧,在每一篇文字背后您都可以读到作者的专业、智慧、坚持和善良。我怀着崇敬的心情,一字一句读着他们的作品,时而感动,时而佩服,时而掩卷长思,时而拍案叫绝。

在董玉琴律师《紧抓鉴定意见违法,无期“辩”八年》一文中,董律师紧紧抓住枪支鉴定意见这一核心,有效质疑控方证据体系中最为关键的鉴定意见,达到疑罪从轻的辩护目的。在陈旭明律师、庄洁萍律师《证据不足辩护,实现不起诉》一文中,两位律师从被告人并非利用未公开信息交易罪的犯罪主体、被告人掌握的信息非刑法意义上的“非公开信息”等入手,在审查起诉阶段充分辩护,说服公诉人作出不起诉决定,难能可贵。在李龙律师《受害人在商业汇票汇兑中没有遭受损失不构成票据诈骗罪》一文中,李律师指出证明被告人虚假背书的证据不足,且“受害人”没有遭受损失,抽丝剥茧证明票据诈骗罪定罪的关键环节存有漏洞,使涉及巨额的票据诈骗案的被告人终获无罪判决,令人非常敬佩。在时秋芳律师、周田律师《企业刑事合规整改的启动及落地》一文中,两位律师以成功说服检察院启动小微企业合规整改程序、落实有效合规整改计划为抓手,为涉案当事人争取到合规不起诉,实现从“0 到 1”的创新,对知识产权犯罪合规不起诉的出罪辩护有着非常典型的指导意义。

在 31 篇文章中,有高产作家易凡、彭祝孺《推翻三罪指控,实现准确定性》等五篇作品,说明易律师和彭律师有着勤于总结、善于总结的好习惯,值得我们所有人学习。在 31 篇文章中,有陈旭明、时秋芳两位商辩委顾问的力作,也有方亮、董玉琴、宋子雄、李刚、秦建军、王文兵、吴荣凯、陈国庆等一批“70 后”律师的作品,也有律师中坚力量张楠楠、庄洁萍、谢燕娜、蔡大鹏、刘思瑶、刘珊珊、梁佳丽、凌真言、贺志忠等“80 后”“90 后”律师的作品,更有李新建、罗海婷、邓欣玮、肖磊等新锐律师的作品。商辩委超过一半的委员拿出了自己的经典之作,本书无疑是一部团结的作品、胜利的作品。

感谢商辩委吴学斌、董文蕙两位刑法教授顾问,他们真挚的意见是我们最宝贵的财富。感谢商辩委全体委员,也期待下一部专著能看到更多委员作者的名字。感谢商辩委主任团队,是他们不懈的努力和坚持才有了这本专著。感谢主任团队分工负责专著写作的李亚兵律师，他的努力是本书成书的关键。感谢兄弟专业委对商辩委的支持，感谢张斌会长及会长团队对本书的指导，感谢创新委李军强主任、周昌春副主任的大力支持，感谢为本书付出辛勤汗水的所有人！

本书仓促付梓，多有不足，请各位读者多提宝贵意见。

方　亮

2023 年 6 月

目　录

第一章　走私罪

第二章　破坏金融管理秩序罪

第三章 金融诈骗罪

第四章 侵犯知识产权罪

第五章 扰乱市场秩序罪

第六章　其他商事犯罪

第一章

走私罪

紧抓鉴定意见违法，无期“辩”八年

——陈某某涉嫌走私枪支案

董玉琴*

一、导读

在刑事案件中鉴定意见无疑是特殊的一类证据，尤其在走私案件中，其作为定罪量刑的关键，若此项证据出问题，则可能无法依此定罪或无法认定具体的涉案数额。因此辩护律师在办理走私类案件时，应该对鉴定意见严格审查。本案为走私枪支案件，正是因枪支鉴定存在违法情形，鉴定人及鉴定机构均不合法，存在严重的程序性违法，最终导致鉴定结果不能作为定案依据。且本案在主犯未到案的情况下，认定了单人单案的当事人陈某某为从犯。

二、案情简介

21 岁香港青年陈某某为香港某公司负责人何某某走私枪支入境，2015 年 7 月 9 日被皇岗海关查获 24 支枪支，经深圳市公安局鉴定，20 支属于枪支；由公安部鉴定，3 支属于枪支，1 支不属于枪支。陈某某还交代之前曾走私入境枪支 6 次及具体数量。开庭审理时，公诉机关认为，陈某某逃避海关监管，走私枪支入境，情节特别严重，应当以走私武器罪追究刑事责任，并建议法院判处无期徒刑。开庭完毕，主审法官听取了两位辩护人律师董玉琴、陈美骄的意见，从枪支的扣押程序到送检程序、接着到鉴定以及鉴定标准，

* 董玉琴，毕业于兰州大学，北京大成（深圳）律师事务所合伙人、刑事组联合负责人，大成毒品犯罪研究中心执行主任，深圳市律师协会商事犯罪辩护专业委员会副主任。专注于刑事辩护，精于办理毒品、枪支及经济犯罪案件。

再到量刑情节，辩护人与主审法官一共沟通了四十分钟，最后主审法官要求辩护人提交详细的书面辩护意见和本案中涉及的全部法律法规。

三、争议焦点

本案枪支鉴定是否存在问题？如果存在问题，是否可以作为定罪量刑的依据？

四、辩护思路

辩护人认为，本案据以定罪量刑的主要证据《鉴定意见》存在以下问题：

第一，中国现有的枪支管理及鉴定的法律依据，仅有《枪支管理法》、公安部2010年修订印发的《公安机关涉案枪支弹药性能鉴定工作规定》（公通字〔2010〕67号）、2007年印发的《枪支致伤力的法庭科学鉴定判据》（GA/T 718－2007）和2008年印发《仿真枪认定标准》。

（1）依据现有法律规定，深圳海关缉私局不具备对涉案枪支的鉴定资质。无论是《公安机关涉案枪支弹药性能鉴定工作规定》，还是《仿真枪认定标准》，其规定的对涉案枪支有权开展鉴定的机关均为公安机关，而没有海关缉私局。尽管前者规定各地可委托公安机关现有刑事技术鉴定部门开展枪支、弹药的鉴定工作，但并未规定海关有权独自开展鉴定活动。

（2）公安部《关于印发〈仿真枪认定标准〉的通知》规定："仿真枪的认定工作由县级或者县级以上公安机关负责，对能够发射弹丸需要进行鉴定的，由县级以上公安机关刑事技术部门负责按照《枪支致伤力的法庭科学鉴定判据》，参照《公安机关涉案枪支弹药性能鉴定工作规定》（公通字〔2001〕68号），从其所发射弹丸的能量进行鉴定是否属于枪支。当事人或办案机关对仿真枪的认定提出异议的，由上一级公安机关重新认定。"根据《公安机关涉案枪支弹药性能鉴定工作规定》，涉案枪支、弹药的鉴定由地（市）级公安机关负责，当事人或者办案机关有异议的，由省级公安机关复检一次。各地可委托公安机关现有刑事技术鉴定部门开展枪支、弹药的鉴定工作。

（3）海关总署《关于界定仿真武器有关问题的批复》（署调〔2001〕134号）中规定："计量质量检测部门的结论不能作为海关认定该批塑料枪是否属仿真武器的依据，按照归口管理的要求，仿真武器的鉴定应当由公安部门作出结论，如公安部门不对此情况作出结论，则应要求公安部门对计量质量检测部门的结论作出书面意见，再以公安部门的书面意见作为认定该批塑料枪是否属仿真武器的依据并作出处理决定。”也就是说，判断有关枪形物品是否属于仿真枪的主管机关应为公安机关，也即通过判断仿真枪的杀伤力是否达到法定“足以致人死亡或者丧失知觉”的标准，从而认定为枪支还是仿真枪，最终应该由公安部门进行鉴定并以公安部门的鉴定为准。深圳海关缉私局针对自侦案件，自行进行没有法律明确授权的司法鉴定，实属明显的违法性行为。

第二，深圳海关缉私局自行鉴定只有鉴定程序，没有复核程序。该鉴定严重违反强制性规定。

《公安机关涉案枪支弹药性能鉴定工作规定》第 4 条规定：“对枪支弹药的鉴定需经过鉴定、复核两个步骤，并应当由不同的人员分别进行。复核人应当按照鉴定操作流程的全过程进行复核，防止发生错误鉴定。鉴定完成后，应当制作《枪支、弹药鉴定书》。《枪支、弹药鉴定书》中的鉴定结论应当准确、简明，同时应当标明鉴定人、复核人身份并附有本人签名，加盖鉴定单位印章。”从深圳海关缉私局的《检验意见书》可见，其一，该鉴定程序只见鉴定步骤，完全没有复核步骤；其二，参与鉴定的唯一一位助理工程师甲是鉴定人，没有复核人，严重违反枪支鉴定的程序。

第三，公安部作出的《检验意见书》所采用的鉴定标准错误。

如深圳海关缉私局的《检验意见书》所述，现在的鉴定依据为《公安机关涉案枪支弹药性能鉴定工作规定》和《枪支致伤力的法庭科学鉴定判据》，这是由全国刑事技术标准化技术委员会提出并归口国务院标准化行政主管部门备案的推荐性行业标准，因为关于枪支的鉴定到目前为止没有国家标准和部门标准。而公安部关于本案作出的《检验意见书》使用了公安部门自己的内部标准 IFSC 08 - 02 - 01 - 2011，其标准级别更低。

第四，深圳海关缉私局的鉴定只有一位鉴定人。《司法鉴定程序通则》第 19 条规定：“司法鉴定机构对同一鉴定事项，应当指定或者选择二名司法鉴定人共同进行鉴定；对复杂、疑难或者特殊的鉴定事项，可以指定或者选择多名司法鉴定人进行鉴定。”

深圳海关缉私局关于本案作出的鉴定只有一位鉴定人甲，严重违反强制性规定。在公安部所作的鉴定中甲又作为送检人，显然既是运动员，又是裁判员，严重违反鉴定人的回避和独立原则。

第五,深圳海关缉私局的一位鉴定人和公安部的两位鉴定人均不具备枪支鉴定的法定资质和资格。

(1)《公安机关办理刑事案件程序规定》第 251 条,《关于办理死刑案件审查判断证据若干问题的规定》第 23 条,全国人大常委会《关于司法鉴定管理问题的决定》第 4 条,《公安机关鉴定规则》《公安机关鉴定人登记管理办法》均规定,鉴定书必须附有鉴定机构和鉴定人的资质,必须在有效期内且经年审才可使用。鉴定人必须要有相关专业技术资格及职称,共包括三类人,第一类高级工程师,第二类本科毕业并从事本专业鉴定工作 5 年以上,第三类专科毕业并从事本专业鉴定工作 10 年以上。而鉴定人甲仅为助理工程师,公安部的两位鉴定人仅为副研究员,均为初级职称,又未提供其属于第二类或第三类的证明文件,故其三人均不具备鉴定人的资格和资质。

(2)虽然深圳海关缉私局有一位有资格的高级工程师,但没有参与鉴定,只是授权无资质和无资格的人去做鉴定,且仅为一人,显然这样的鉴定无法作为证据和定案依据。

(3)公安部的鉴定也存在同样的问题,授权签字人有资格却不鉴定,鉴定人却无资质、无资格。

第六,两份《检验意见书》的送检人均不合格。

四位送检人根本不是扣押现场的涉案物品保管人,且与保管人并无任何交接手续,无法证明检材就是涉案物品。也就是说,检材受到污染,不具有同一性。同时,公安部所作《检验意见书》中的送检人甲同时又是深圳海关缉私局所作《检验意见书》中的鉴定人,程序严重违法。

第七,两份报告的文书体例均为《检验意见书》,即鉴定人的鉴定意见不一致或者仅作出了具有倾向性的鉴定意见,其级别大大低于《鉴定书》,也低于《检验鉴定报告》。

2008 年版《公安机关鉴定规则》第 46 条规定:“鉴定文书分为《鉴定书》、《检验鉴定报告》和《检验意见书》三种格式。客观反映鉴定的由来、鉴定过程,经过检验、论证得出确定性鉴定意见的,出具《鉴定书》。客观反映鉴定的由来、鉴定过程,直接得出检验结果的,出具《检验鉴定报告》。客观反映鉴定的由来、鉴定过程,鉴定人的鉴定意见不一致或者作出倾向性鉴定意见的,出具《检验意见书》。”1980 年版《公安部刑事技术鉴定规则》第 11 条、2007 年版《司法鉴定程序通则》第 34 条和 2007 年版《司法鉴定文书规范》第3条存在相同的规定。[1] 也就是说，在鉴定中鉴定人的意见有可能不一致，或者仅作了具有倾向性的意见，所以才没有出具前两种文书。

第八，《司法鉴定文书规范》（已失效）第12条规定，文书名称下面的编号处应加盖司法鉴定所的鉴定专门章钢印。这是强制性规定，不符合该规定的鉴定为无效鉴定。这与如果我们的律师证、结婚证、毕业证等只有红印或蓝印，而没有钢印，肯定不会被认为是真实的证件是同样的道理。

基于以上几点，辩护人认为本案关键的证据——两份《检验意见书》，由没有资质和资格的鉴定人鉴定，违反枪支鉴定的强制性要求，没有复检程序，鉴定人为1人，且既为侦查人员又为鉴定人员；检材受到污染、送检人不合格、鉴定标准错误、鉴定文书格式多处违反强制性规定的同种属的鉴定，不具有证据能力和证明力。根据最高人民法院《关于适用〈中华人民共和国刑事诉讼法〉的解释》第84条和第85条、《人民检察院刑事诉讼规则》第249条和第250条、《公安机关办理刑事案件程序规定》第239～247条的规定，其不能作为定案依据和定案的关键性证据。

第九，在单人单案中，是否存在从犯的问题？

辩护人认为，本案中陈某某为唯一的被告人，系单人单案，而其从事的行为主要系曹某某承诺付“带工费”让其赚快钱的引诱，也受何某某及另外两位主要犯罪嫌疑人的指使；其在整个行为过程中负责利用其香港居民身份运送涉案枪支，行为结束后接受他人承诺支付的费用也仅为每次人民币1500元，该费用系主要犯罪嫌疑人何某某随心所定，陈某某未有议价空间，亦未实际取得。由此可见，陈某某仅充当“马仔”角色，接受何某某的雇用与指使，其在行为中的作用仅限辅助或次要作用，系共同犯罪中的从犯。同时，不能因为主犯未被抓获就不将被告人认定为从犯，只要根据现有证据能认定其为从犯的，就应当认定其为从犯，这在《大连会议纪要》和《武汉会议纪要》中也有明确的规定。

五、案件结果

辩护人提出的以上两方面辩护意见得到了法院的认可，将被告人陈某

[1] 本案办理时均使用旧法。《公安机关鉴定规则》《司法鉴定程序通则》已被修改；《司法鉴定文书规范》已失效。

某认定为从犯。辩护人提出的鉴定问题、枪支致伤力的问题、侦查程序瑕疵等问题也得到了主审法官的认可,最终法院认定陈某某构成走私武器罪,判处有期徒刑8年,并处罚金1万元。

六、经验分享

(一)根据办案机关指控证据的漏洞或缺陷,依法确定对被告人有利的空间

1.有的办案机关明显带有"有罪推定"的思想,仅收集对被告人不利的证据

"有罪推定"主要表现为两种形式:一是未经司法机关依法判决有罪,一般民众对被追诉人有罪判断严重外化并且侵害被追诉人的名誉权、隐私权等基本权利或者对被追诉人的定罪量刑形成消极的舆论引导。二是在司法机关依法判决确定有罪以前(具体是指在缺乏证实犯罪事实和犯罪情节的情况下),公权力机关侵害被追诉人人身权利和诉讼权利或者对被追诉人形成有罪预断乃至作出有罪处理。值得注意的是,作为一种社会现象,除刑讯逼供这样"看得见的形式"之外,有罪推定往往隐藏在一些观念与制度的背后,并表现为一系列潜在的不易被察觉的规则或形式。

2.严格遵循无罪推定、存疑有利于被告人的刑事诉讼原则及理念

正如前述,有的办案机关仅依据举报人的举报材料收集、提取指控被告人犯罪的证据,却忽略对被告人无罪或罪轻的证据收集、提取,明显违反了无罪推定的原则。

新《刑事诉讼法》确立的无罪推定原则的主要含义有两个方面:

第一,在刑事诉讼活动中人民法院依法独立享有对被告人的最终定罪权,具体体现在《刑事诉讼法》第12条,取消了人民检察院的免予起诉决定权。值得的注意的是,这里强调的是"最终定罪权",无罪确定权仍由公安、检察及法律规定的其他特定机关通过不立案、撤销案件、不起诉等手段不同程度地依法行使。其中,对于相对不起诉案件的犯罪嫌疑人,检察机关在不起诉决定书中仍应确定"其行为已构成犯罪",因其符合《刑事诉讼法》第282条之规定,决定不予起诉。因此,检察机关对部分案件的不起诉决定权仍属广义的定罪权。

第二,在人民法院依法确定被告人有罪之前,任何人不得将其作为有罪

的人对待。此条为无罪推定原则的关键性内容。受刑事追究的人，即使其犯罪事实已相当清楚，证据已足够充分，即使其民愤极大，即使高层已有“明确”指示，但未经人民法院依法判决，从法律上仍不能确定其有罪，因而不能将其作为有罪的人对待。这是树立法律权威性的必然要求。

存疑时有利于被告原则，是指在适用法律和认定案件事实存在模糊之处时，应作出有利于被告人的判决、裁定。在司法实践中通常存在两种情形：当事实在有罪与无罪之间存在疑问时，按照无罪来处理；当事实在重罪与轻罪之间存在疑问时，认定为轻罪。

在刑事诉讼中，为了贯彻无罪推定原则，我们实行“疑罪从无”，即被告人有罪无罪难以确定，按被告人无罪处理；被告人罪重罪轻难以确定，按被告人罪轻处理，以体现存疑时有利于被告，这也是法治的进步。

就本案来说，辩护人紧紧抓住办案机关对涉案关键指控证据收集或提取方面存在这一漏洞或缺陷，在被告人也矢口否认并且关键指控证据具有时效性，无法进行补正或补强的情形下，根据《刑事诉讼法》的规定，指控方需承担举证不能或指控证据不足以证明被告人实施了起诉书所指控的犯罪行为，根据“证据存疑时有利于被告人”的现代司法审判规则，被告人被定罪的概率极小。

3. 深入研判分析，紧抓案涉罪名构成要件进行论证

（1）行为人不具有主观故意。走私武器、弹药罪不仅要求对走私行为明知，还要求明知走私对象是武器、弹药。如果行为人从卖家处购买枪支、弹药时，不知道也无其他证据证明其应当知道卖家的枪支、弹药系从国外走私而来，则行为人由于不明知而不构成走私。在行为人走私其他货物、物品时夹带了武器、弹药的场合，如果行为人对走私对象有明确的认知，对夹带武器、弹药不知情，也无从知道其他行为人存在夹带行为，则因为不具有概括走私故意，而不构成本罪。

（2）行为人主观恶性小。根据司法解释的规定，走私的仿真枪经鉴定为枪支的，以走私武器罪定罪处罚。但行为人不以牟利或者从事违法犯罪活动为目的，且无其他严重情节的，可以依法从轻处罚；情节轻微不需要判处刑罚的，可以免予刑事处罚。由于仿真枪的致伤能力相较于制式枪支来说较小，而且行为人走私仿真枪时，对于其是否属于枪支出于放任的心理状态，反映出行为人较小的主观恶性。而行为人出于爱好、收藏目的而非用于

出售、从事违法犯罪活动，也能反映行为人的主观恶性小、人身危险性小，从而展开罪轻辩护。

(3)社会危害性较小。行为人所走私的武器、弹药在走私过程中被查获，被司法机关扣押，未流入社会，没有产生现实的危害性，此时可以从涉案武器、弹药未流入社会、社会危害性较小等方面进行罪轻辩护。

(4)走私对象的认定。根据相关司法解释的规定，对于走私武器、弹药罪的犯罪对象进行了规定，若行为人走私的物品不属于法律规定的范围，则行为人不构成本罪。同时根据《刑法》的规定，对行为人走私武器、弹药的数量进行认定，确定犯罪数额，展开罪轻辩护。

（二）通过详细地查找相关法律法规以及司法解释，清晰、明确地向审判机关传达辩护意见

本案涉及大量鉴定意见、检验报告等证据材料，因此，有必要将繁杂多样性的材料进行整理简化，以清晰、明确、可罗列的方式，向审判机关清晰展示涉案材料的全貌，同时也传达了辩护人对被告人有利辩护意见。这样做的效果明显，既为合议庭了解案情提供了完整的、清晰的背景及证据材料，同时也为合议庭查阅并了解辩方提交的证据材料及辩护意见提供了方便，引导合议庭聚焦争议焦点，从而最大化地保障被告人的合法权益。

七、商业启示

近年来，野战游戏以及电脑枪战类游戏的盛行，催生了诸多爱好枪械的军事“发烧友”，国际和香港市场上各种仿真枪械也层出不穷，以至于不少“发烧友”从香港购买仿真枪带入境内，甚至还有众多“水客”帮人从香港携带仿真枪入境。近年来深圳市人民检察院起诉了多名携带仿真枪从香港入境而涉嫌走私武器、弹药罪的被告人。从香港走私仿真枪入境的被告人中，有一些是“水客”，通过帮人携带仿真枪入境赚取“带工费”；有一些是军事爱好者，因爱好枪战类游戏而将仿真枪夹藏入境；还有个别犯罪团伙分工协作，利用快艇通过海上运输的方式从香港走私仿真枪入境。

根据《刑法》第 125 条规定和相关司法解释，非法买卖以压缩气体等为动力的枪支 2 支以上，构成非法买卖枪支罪，处 3 年以上 10 年以下有期徒刑；非法买卖以压缩气体等为动力的枪支 10 支以上，构成“情节严重”，处 10 年以上有期徒刑、无期徒刑或死刑。根据《枪支致伤力的法庭科学鉴定判

据》,枪口比动能大于1.8焦耳每平方厘米的会被鉴定为枪支。枪口比动能超过1.8焦耳每平方厘米已经达到枪支鉴定标准,按照刑法已经可以属于刑法上的枪支。

玩具枪和仿真枪的区别,主要还是体现在安全性上。长得不像真枪、颜色鲜艳亮丽、致伤力很低,能确保其安全性,就可以认为是玩具枪;而长得像真枪、枪口比动能又稍微高一点的,可能就会被认定为仿真枪。从这个意义来说,当前市面上流行的面向儿童的外形科幻、颜色花哨、初速度很低的水弹枪,当属玩具枪无疑了,而面向成年爱好者、仿真度比较高、初速度相对较高的水弹枪,则属于"可以认定为仿真枪"的范畴。对于成年水弹枪爱好者来说,在关注仿真枪认定的"可以"和其背后的潜台词"可以不"的区别的时候,作为玩具枪爱好者,应当严于律己,合法做事,只有这样,才能避免被监管部门误解误判。具体来说主要有以下几个方面:

第一,确保仿真玩具枪支的性能安全性,不做提升威力的非法改装。玩具就是玩具,只是一种爱好的寄托物,但是如果追求威力而进行改造改装,一方面是与自己的初衷相悖,另一方面则是很可能面临法律风险,如果把仿真枪自行改造后被鉴定为真枪,则很可能面临"非法制造枪支"的刑事风险。

第二,要严格自律。一方面,不能拿着"不那么安全"的玩具去惹是生非、引起不必要的纠纷。在我国,弓箭、弹弓等物品不属于管制物品,但是如果在使用时制造出不必要的麻烦,则同样要承担法律责任;关于玩具枪的道理是一样的,即使是很多小孩子都在玩的滋水枪,每年都会有一些关于其危险性的报道,从中就可以看出来,社会并不是不接受玩具,主要是不接受玩具带来的风险。另一方面,要切实保管好自己的玩具。有关部门对于仿真枪的管制,主要是出于对其流入不法分子手中用于违法犯罪活动的可能性的限制。因此,玩具仿真枪的爱好者要承担起对自己的玩具仿真枪支的相关社会责任,主动降低发生社会风险的可能性,减轻监管部门的负担,从而换取相对宽松的个人爱好空间。

第三,要坚决同打着爱好进行违法活动的行为做斗争。兴趣爱好和利用爱好为非作歹是两码事。小众化的圈子最怕被别人污名化、贴标签,所以爱好者更要敢于和自己圈子里那些目的不纯的人做切割,自觉维护好圈子的良好形象。

为此,很有必要进一步加大宣传力度,相关部门可以通过在关口发放宣传手册、进行广播提醒等多种形式，让军事爱好者学法、知法、守法，明白枪支认定的具体标准以及走私武器、弹药的严重后果，尽量使用正规的游戏场所提供的租用枪械。鉴于有的仿真枪具有较大致伤力，一旦流入市场其危害性不容小觑，甚至可能成为一些犯罪分子的犯罪工具，相关部门加强市场管理也非常有必要。

走私共同犯罪中关于运输人员主从犯的认定

——刘某一走私贵重金属案

凌真言*

一、导读

走私贵重金属罪，是指违反国家法律规定，逃避海关监管，非法携带、运输、邮寄国家禁止出口的黄金、白银和其他贵重金属，破坏国家对外贸易管理的行为。在本文案例中，涉案人员揽收货物，以及水客〔1〕携带黄金走私出境等各环节行为，均是在海关的监控下进行，犯罪事实清楚，走私数量清晰。同案被告人指证受刘某一雇佣走私黄金，海关查证刘某一负责开车接收并派发黄金、运送水客到皇岗口岸附近，刘某一在本案中系主犯还是从犯，成为本案的辩护要点。刘某一非犯罪团伙中进行策划、指挥的组织者，亦未参与携带黄金出境，而仅仅受雇为司机，负责到指定地点接收货物或者接送水客，在整个走私过程中所起作用最小，笔者认为不应认定为主犯。

二、案情简介

2019 年 4 月 26 日 12 时许，被告人刘某一驾驶粤 B2 × ×1L 车在某新村接送被告人刘某二，后到达某城管局路边接收黄金，随后接被告人黄某。被告人刘某二、黄某在行驶途中将黄金绑藏于身上后，再换乘出租车到某口

---

* 凌真言，毕业于郑州大学，北京市炜衡（深圳）律师事务所合伙人、刑事法律事务专业委员会委员，深圳市律师协会商事犯罪辩护法律专业委员会委员，团队以办理刑事案件为主，在经济类、职务类犯罪案件中积累了丰富经验。

〔1〕“水客”通常是利用便利的通关条件，频繁携带、运输应税货物、物品或禁止、限制进出境的物品进出境，从中赚取“带工费”，或自行售卖赚取商品差价。

岸。13 时 07 分,被告人刘某一驾车到某商场门口先后将被告人方某某、李某乙、李某甲接上车让他们绑藏黄金,随后被告人方某某、李某乙、李某甲坐出租车到皇岗口岸。当日 13 时 20 分,被告人刘某二、黄某、方某某、李某乙、李某甲在皇岗口岸过关出境时,身上绑藏的黄金被海关人员先后查获:在被告人刘某二裤子口袋查获黄金 4 条,合计 4 千克;在被告人李某甲腹部及背部查获黄金 4 条,合计 4 千克;在被告人黄某腹部查获黄金 4 条,合计 4 千克;在被告人方某某腹部及背部查获黄金 4 条,合计 4 千克;在被告人李某乙腹部及背部查获黄金 4 条,合计 4 千克。经鉴定,上述黄金均为足金金条,4 条总重 4 千克,市场价值为人民币 1,124,000 元,20 条总计市场价值为人民币 562 万元。

公诉机关指控:被告人刘某一、刘某二招募水客绑藏黄金走私出境,二人从上家接收黄金后,将黄金派发给水客走私出境。其中,被告人刘某一负责开车接收并派发黄金、运送水客到皇岗口岸附近,被告人刘某二负责携带黄金出境后在香港收取走私的黄金,被告人李某甲、黄某、方某某、李某乙受雇佣参与走私,在共同犯罪中起次要作用,系从犯。上述人员违反国家法律法规,逃避海关监管,走私黄金出境,其行为触犯了《刑法》第 151 条第 2 款,应当以走私贵重金属罪追究其刑事责任。

三、争议焦点

(1)被告人刘某一是否负责“招募水客”走私黄金?

(2)被告人刘某一在本案中系主犯还是从犯?

四、辩护思路

(一)现有证据不足以证明刘某一招募水客走私黄金

根据同案犯人物关系、口供之间的矛盾点、通信方式、犯罪工具、水客出入境次数、报酬结算方式、黄金来源、家庭背景及经济实力等方面,公诉机关指控刘某一雇佣水客存在众多疑点,疑点利益应归于被告人,现有证据不足以证明是刘某一招募水客走私黄金。

1. 人物关系

据刘某一供述,在案人员有一个共同的老板叫李老板,所有人均听从李老板的指挥，根据李老板的安排负责走私的不同环节。水客李某甲是李老板的妹妹，水客黄某、方某某、李某乙均是李老板的远房亲戚，水客方某某和李某乙系母女关系，上述人员均负责携带黄金出境。刘某一和刘某二是同胞兄弟，与李老板无亲属关系；刘某一负责开车，到李老板指定地点接收黄金、与水客接头并向水客派发黄金，刘某二负责携带黄金出境，在香港接收所有水客携带出境的黄金，并负责交予李老板指定的香港收货人。

经辩护人阅卷后发现：除刘某一、刘某二以外，其他被告人均指证受刘某一、刘某二雇佣，无人指证李老板，亦无任何客观证据证明李老板参与本案走私犯罪。而在水客李某甲介绍自己的家庭关系时，于讯问笔录中曾提到有一个非同胞哥哥叫"李老板"，但并未指证本案与李老板有关。辩护人认为这是案件突破口，在获取这一关键事实后，辩护人在庭审发问环节，率先告知李某甲虚假供述的法律风险，再次向李某甲确认李老板与其之间的亲属关系，随后再追问同案其他人与李老板之间是否存在亲属关系，在庄严的法庭之上及知晓虚假陈述的法律风险后，李某一当庭确认了李老板与方某某、李某乙存在亲属关系的事实，这对之后的辩护打下良好基础。

2. 口供之间的矛盾点

海关缉私人员为证明刘某一、刘某二系主犯的身份，曾多次讯问同案其他被告人，且每次的问题都大致相同，但经辩护人对比发现，同一被告人针对相同问题的供述前后矛盾，各被告人之间的供述也无法相互印证。例如，被告人方某某指证是刘某一为其结算报酬，但对于结算方式、结算周期等关键事项，前后两次回答不一致。再如，被告人方某某与李某乙两人同时与刘某一在车上交接黄金，但三人对于在车上的交接过程、对话内容等供述均不一致。对于核心冲突点，辩护人在庭审发问环节再次核实，结果被告人在法庭上的回答与之前口供又不一致，被告人多次变更口供，口供的真实性存疑，辩护人对于被告人可能存在隐瞒重要事实的情况提出合理怀疑。

3. 通信方式

除刘某一、刘某二之外，其他被告人均隐瞒了真实的通信方式。被告人方某某称当天接到刘某一电话沟通携带黄金的事情，被告人李某甲称刘某二在案发前一天电话联系她沟通携带黄金的事情，但海关调取的通话记录显示，案发当天各方之间均无通话记录，其二人供述与客观事实不符。事实上，水客是李老板安排的，李老板与各被告人之间均是通过某款具有"阅完即删”功能的软件联系,该软件在注册时需绑定手机号码,在案人员均绑定了本人手机号,而李老板未绑定本人手机,但李老板曾用该软件建立群聊,系群主,其昵称是“BEN”,所有在案人员均在群里,由于侦查阶段所有人均隐瞒了该沟通软件,故海关办案人员并未核实该软件的相关信息。基于以上内容,辩护人通过庭审发问询问该软件,询问群主“BEN”的身份,是否是老板,为何同案人员及“BEN”都在同一群聊中,并让方某某、李某甲解释当日与刘某一、刘某二之间无通话记录的原因等。通过以上问题,即使不能证明“BEN”就是李老板,但不排除“BEN”是老板,存在本案部分被告人隐瞒有共同老板这一事实的可能性。

4. 犯罪工具

除刘某二之外,其他被告人均称用于捆绑黄金的收腹带和绑带均是在刘某一车上获取的,但在海关查获的物品清单中,并未查获到收腹带和绑带。经辩护人与刘某一核实,收腹带和绑带是被告人上车之前已穿戴在身。故在庭审发问环节,辩护人针对绑带存放位置、数量、空间、衣着、捆绑细节等进行发问,从各被告人的回答中找到了漏洞,结合讯问笔录及客观证据在质证环节再次指出疑点。

同时辩护人指出,海关调取的机动车行驶证显示,案发当日刘某一所驾驶的车辆并非登记在李某一名下,车辆系李老板提供。

5. 出入境次数

海关调取的被告人出入境记录显示,被告人李某乙在案发前,2019 年 1 ~4月往返香港次数高达 141 次;被告人方某某 1 ~4 月往返香港次数高达 160 次;被告人李某甲 1 ~4 月往返香港的次数高达 144 次;被告人黄某 1 ~4 月的往返香港次数高达 98 次;而被告人刘某一在 2019 年是没有香港出入境记录的。就通关经验而言,方某某、李某乙经验远比刘某一丰富,被告人方某某与李某乙曾指证刘某一教导他们如何通关、如何规避海关检查,提醒小心不要走丢等,口供的真实性存疑。

6. 报酬结算

除刘某二之外,其他被告人均指证由刘某一发放报酬,但各被告人对于何时结算,报酬计算方式供述不一,且方某某在海关的两次讯问笔录中,对于报酬结算时间和方式的供述是不一致的,庭审过程中,辩护人再次询问报酬结算问题时,方某某的回答与前两次供述又不一致,现无任何客观证据证明刘某一答应发放报酬给被告人，也无任何证据证明刘某一发放了报酬给被告人，在被告人口供存在众多冲突点的情况下，对该指证也不应采信。

7. 黄金来源

海关曾前往深圳某黄金交易所调取黄金出库记录，在某银行提取黄金的人并非刘某一，也无任何证据证明刘某一购买过黄金或直接联系过货主，根据刘某一的家庭及个人经济情况来看，其没有能力购买价值500多万元的黄金。另外，黄金出库记录显示，去某银行提货的人在案发后仍在继续提货，不排除李老板仍然再雇用其他水客走私黄金的可能性。

（二）刘某一在走私行为中处于从属地位，系从犯

刘某一没有参与、策划整个走私过程，并对整个走私行为没有控制权。本案存在被告人有共同老板的可能性，指控刘某一雇用水客走私黄金存在多处疑点，本案仅可以确认刘某一履行的是司机的职责，即在境内接收黄金，然后按照老板的指示在指定的地点将黄金交给老板指定的带货人员，故在整体走私行为中处于从属地位，作用最小，系从犯。

（1）招募水客走私和按照李老板指示通知水客携带走私物品是不同行为。现有客观证据仅能证明刘某一仅负责接收黄金、接人、派发黄金，各被告人拿到黄金后是分别打车抵达口岸，刘某一并未一同通关，抵达香港后黄金也不是刘某一负责接收，刘某一作为被雇佣人员，仅是在案发当天接到李老板的指示，抵达指定地点接货接人，无权干涉走私路线的制定安排，对整体走私流程是没有控制权的。目前仅有部分被告人的口供指证由刘某一招募，除刘某二之外的其他被告人均与李老板有亲属关系，有隐瞒李老板是真实老板的合理性，口供真实性存疑，本案仅依据口供认定刘某一构成主犯，证据不足。

另外，庭审时各被告人一致确认，事先并未通谋走私过程，与刘某一均为单线联系，同案其他被告人对于刘某一的相关指证刘某一已予以否认，在无第三人在场的情况下，该指证是孤证，不应作为定案依据。

（2）本案存在全体被告人均受雇于李老板的可能性，本案各被告人之间真实的通信方式未能查清，即使不能认定“BEN”就是李老板，但是“BEN”的存在属实，对于这些疑点海关办案人员应予以核实，“BEN”的真实身份海关亦应核实，在上述情况未查清的情况下，认定刘某一系主犯，证据不足。

(3)刘某一本人并未携带黄金出境,仅为本案携带黄金出境人员提供帮助,在整个走私过程中作用最小,应认定为从犯。

五、案件结果

一审法院认为,被告人刘某一、刘某二、李某甲、黄某、方某某、李某乙违反国家法律规定,逃避海关监管,走私黄金出境,其行为构成走私贵重金属罪。公诉机关指控罪名成立;被告人刘某一、刘某二、李某甲、黄某、方某某、李某乙受雇佣参与走私,在共同犯罪中起次要作用,系从犯,依法从轻、减轻处罚,关于刘某一、刘某二系从犯的辩护意见予以采纳。

法院判决被告人刘某一犯走私贵重金属罪,判处有期徒刑 1 年 4 个月,并处罚金人民币 5 万元。

六、经验分享

在有多名被告人的共同犯罪案件中,要多次、反复翻阅同案犯之间的口供,这样可能会发现矛盾点,之后要结合客观证据,在质证环节对矛盾点一一指出。可以利用制作思维导图或制作表格的方式,清晰表达矛盾点,方便法官查看;继而在庭审发问、庭审辩论环节将疑点指出,保护被告人合法权益。

在走私犯罪中,多数为团伙犯罪,每个人分工负责,往往是单线联系,可通过庭审发问确认是否共同商讨过实施细节,如各方均确认没有共同商讨过,那么对于案件细节,如果只有两人在场或参与的情况下,而两人口供对于细节描述不一致,且无客观证据予以证明时,同案的指证很有可能是孤证,存在疑点。

七、商业启示

每逢佳节,携特产走亲友、跨境游是中国人比较喜欢的过节方式,偶尔帮人捎带礼品、带货也是不可避免的,除了我们熟知的濒危野生动植物及制品、仿真物品、违禁药物等不能携带出入境,在我国,贵重金属及其制品也是限制出入境的,携带贵重金属及其制品的,应按照规定及时向海关申报登记,否则有可能构成走私贵重金属罪。

(一)走私贵重金属罪的犯罪对象

根据《刑法》第151条第2款的规定,走私贵重金属罪的犯罪对象是禁止出口的黄金、白银和其他贵重金属。贵重金属主要指金、银和铂族金属(钌、铑、钯、锇、铱、铂)等8种金属元素。

贵重金属并非一律禁止出口,判断其是否禁止出口的唯一依据是由经授权的主管部门依据法律规定予以制定、发布的规范,否则不能被认定为禁止出口。例如,按照《禁止出口货物目录(第一批)》,商品编码分别为71101100和71101910的未锻造或粉末状铂以及板、片状铂(以加工贸易方式出口除外),属于禁止出口的商品。

金、银均属于国家限制进出口的物项,而非一律禁止出口,因此在符合《中华人民共和国金银管理条例》、《对金银进出国境的管理办法》和《中华人民共和国金银管理条例施行细则》等相关管理要求的情况下可以携带相应数量的金银及其制品出入境。例如,按照《中华人民共和国金银管理条例》第27条,如携带在中华人民共和国境内供应旅游者购买的金银饰品(包括镶嵌饰品、工艺品、器皿等)出境,海关凭国内经营金银制品的单位开具的特种发货票查验放行,否则不许出境。

(二)走私贵重金属罪的犯罪行为

走私贵重金属罪在客观行为方面表现为违反海关法规,逃避海关监管,将黄金、白银或其他贵重金属非法携带、运输、邮寄出国(边)境的走私行为。

本罪的走私行为主要包括以下几种形式:(1)未经国务院或国务院授权的部门批准,不经过设立海关的地点,非法运输、携带贵重金属出国(边)境;(2)虽然通过设立海关的地点出国(边)境,但采取隐匿、伪装假报等欺骗手段,逃避海关监管、检查,非法盗运偷带或者非法邮寄贵重金属;(3)与走私贵重金属的罪犯通谋,为其提供贷款资金、账号、发票、证明,或者为其提供运输管、邮寄或者其他方便,这类行为一般属于走私罪的帮助犯(从犯)。[1]

需要注意的是,上述走私行为仅限于将贵重金属从境内走私至境外的行为;而将贵重金属从境外走私至境内的,则可能成立走私普通货物、物品罪而非本罪。

---

〔1〕 参见张明楷:《刑法学》(下册),法律出版社2021年版,第961、963页。

此外，本罪走私行为的情节轻重通常结合贵重金属的走私数量予以认定。例如，最高人民法院、最高人民检察院、公安部、司法部于1987年发布的《关于严厉打击倒卖走私黄金犯罪活动的通知》（已失效）曾经规定："非法收购、倒买倒卖、走私黄金数额较大，可视为情节严重的一个重要内容。非法收购、倒买倒卖、走私黄金累计五十克以上的，一般可视为数额较大。非法收购、倒买倒卖、走私黄金累计五百克以上的，一般可视为数额巨大。非法收购、倒买倒卖、走私黄金累计二千克以上的，一般可视为数额特别巨大。'数额特别巨大'是认定投机倒把、走私黄金罪'情节特别严重'的一个重要内容。"虽然这一规定已经被废止，但是在相关立法或司法解释发布前仍具有实务参考意义。

（三）犯罪故意

走私贵重金属罪在主观方面要求行为人具有主观故意，即明知属于国家禁止出口的黄金、白银或其他贵重金属，仍将其携带、运输、邮寄其出国（边）境，过失行为不构成本罪。

根据最高人民法院、最高人民检察院、海关总署印发的《办理走私刑事案件适用法律若干问题的意见》，走私主观故意中的"明知"是指行为人知道或者应当知道所从事的行为是走私行为，具有下列情形之一则可以认定为"明知"，但有证据证明确属被蒙骗的除外：(1)逃避海关监管，运输、携带、邮寄国家禁止进出境的货物、物品的；(2)用特制的设备或者运输工具走私货物、物品的；(3)未经海关同意，在非设关的码头、海（河）岸、陆路边境等地点，运输（驳载）、收购或者贩卖非法进出境货物、物品的；(4)提供虚假的合同、发票、证明等商业单证委托他人办理通关手续的；(5)以明显低于货物正常进（出）口的应缴税额委托他人代理进（出）口业务的；(6)曾因同一种走私行为受过刑事处罚或者行政处罚的；(7)其他有证据证明的情形。

如果确有证据可以证明行为人误以为其走私物品是普通货物物品，但客观上走私了禁止出口的金银或其他贵重金属，则只能认定为走私普通货物、物品罪。

综上所述，如需携带金银或其他贵重金属出境，应当注意遵守《中华人民共和国金银管理条例》等相关海关监管规定，包括个人可以携带的数量限制以及提供国内经营金银制品的单位开具的特种发货票等相关文件，以防范构成走私贵重金属罪或走私普通货物、物品罪的刑事风险。

程序辩护与证据辩护在走私案件中的综合运用

——郭某涉走私普通货物罪不起诉案

刘思瑶*

一、导读

走私普通货物罪,是指行为人违反海关法等有关法律、行政法规,逃避海关监管,偷逃应缴税款的行为。实务中常见的走私普通货物方式有藏匿、伪装、伪报、瞒报或者边境偷运等,本文所论案例涉及的是行为人将一般贸易货物以来料加工的贸易方式向海关申报进口,并涉嫌走私普通货物罪的行为。笔者所代理案件的当事人郭某是一名揽货商,其在2019年以包税价格承揽了国内货主的相关货物,后将货物统一交给在逃人员朱某报关进口。朱某接收货物后,以茂名市某电子公司来料加工的贸易方式向茂名市海关申报进口。后海关发现相关货物实际不是来料加工货物,遂以茂名市某公司、郭某涉嫌走私普通货物罪进行立案侦查。在茂名市海关立案侦查过程中,珠海拱北海关已对郭某相同的揽货行为进行立案侦查并采取了取保候审强制措施,在珠海拱北海关对郭某解除取保候审的当天,茂名市海关即对郭某采取刑事拘留措施。本案既存在侦查机关重复立案、重复采取强制措施的程序性问题,又涉及事实证据存疑如何分析处理的问题,辩护人结合程序辩护、证据辩护及法律适用辩护层层递进,当事人先是被取保候审,后获得人民检察院不起诉决定。本文所论及案例是程序辩护与证据辩护在走私案件中综合运用的经典案例。

---

* 刘思瑶,执业于北京市盈科(深圳)律师事务所,盈科(深圳)经济犯罪法律事务部副主任,专注于刑事辩护与代理,曾办理过多起具有影响力的大案、要案,所办理的案件大部分取得无罪不起诉、轻缓处理等辩护效果。

二、案情简介

2019 年 6 月 20 日，拱北海关缉私局对郭某刑事立案侦查，查明自 2016 年 11 月至案发，郭某委托朱某（在逃，茂名市海关缉私分局另案处理）利用具有进口旧墨盒资质的茂名市某电子公司的《来料加工贸易手册》，以来料加工伪报贸易性质的方式向茂名市海关申报进口保税货物旧墨盒，并将旧墨盒交付给珠海某公司。2019 年 9 月 4 日，郭某因涉嫌走私犯罪被拱北海关缉私局刑事拘留。

2019 年 7 月 24 日，茂名市海关缉私分局对茂名市某电子公司刑事立案侦查，查明 2019 年 7 月茂名市某电子公司以来料加工的贸易方式向茂名市海关申报进口一票货物，申报品名为旧碳粉盒、旧复印机碳粉盒、旧墨盒。茂名市海关经清点发现上述进口货物中有 24 个卡板的旧墨盒是郭某在香港以每个卡板 7000 ~ 8000 元的进口包税费用，向国内货主谭某等 5 人揽货后，再以每个卡板 6000 ~ 6500 元的进口包税费用交给朱某（在逃），伪报为茂名市某电子公司加工贸易货物走私进口。经海关关税部门计核，伪报贸易方式走私进口的货物价值为 1,595,104 元，偷逃应缴税款为 155,912. 35 元。2020 年 7 月 2 日，郭某因涉嫌走私普通货物罪被茂名市海关缉私分局刑事拘留。

三、争议焦点

（1）拱北海关缉私局曾在 2019 年对郭某涉嫌走私犯罪行为立案侦查，在郭某被解除取保候审措施后，茂名市海关缉私分局对郭某的相同行为再次进行侦查并采取刑事拘留，是否违反管辖制度并违法羁押？

（2）尚未查清的无主货物应如何认定其法律性质，能否基于郭某的自认而认定为走私货物？

（3）本案是单位与个人共同参与的犯罪，入罪标准应以单位还是个人为依据？

（4）涉案货物未在境内销售即被海关扣押，能否认定郭某等为犯罪未遂？

四、辩护思路

(一)办案机关存在违反管辖制度以及违法羁押的情形,对办案机关的侦查活动提出监督性意见,对办案机关程序性行为提出疑问

1. 拱北海关缉私局对郭某涉案事实已开展立案侦查,茂名市海关缉私分局对郭某不具有管辖权

(1)拱北海关缉私局所侦查的案件事实与本案具有实质关联性。辩护人经查阅卷宗发现拱北海关缉私局于2019年6月20日对郭某关联走私案进行刑事立案侦查,并于2019年9月4日对郭某采取刑事拘留措施。拱北海关缉私局所作出的《提起批准逮捕书》中提及其所侦查的案件内容是"郭某委托朱某利用具有进口旧墨盒资质的茂名市某电子公司的《来料加工贸易手册》,以来料加工伪报贸易性质方式向茂名市海关申报进口保税货物旧墨盒",亦即拱北海关缉私局所侦查的案件与本案具有实质的关联性,都是侦查郭某是否存在委托朱某利用茂名市某电子公司的资质以伪报贸易性质的方式向茂名市海关申报进口保税货物的行为。

(2)拱北海关缉私局对本案具有管辖权。本案所涉及的是2019年7月茂名市某电子公司以来料加工的贸易方式向茂名市海关申报进口的一票货物,相关进口的货物与货主约定的交付地点包含珠海、中山。根据2012年《公安机关办理刑事案件程序规定》第15条第2款的规定,[1]由于本案所涉及的犯罪行为发生地包括珠海,故拱北海关缉私分局对本案依法享有管辖权。

(3)拱北海关缉私局立案侦查在先,茂名市海关缉私分局对郭某不具有管辖权。在拱北海关缉私局对郭某立案侦查后,茂名市海关缉私分局才于2019年7月24日对茂名市某电子公司进行刑事立案侦查。据郭某向辩护人陈述,茂名市海关缉私分局工作人员曾于2019年10月左右多次前往拱北

---

〔1〕 本案处理时适用2012年的规定,2020年该文件修正,第15条第2款变为第16条第1款,内容不变。《公安机关办理刑事案件程序规定》第16条第1款规定:"犯罪地包括犯罪行为发生地和犯罪结果发生地。犯罪行为发生地,包括犯罪行为的实施地以及预备地、开始地、途经地、结束地等与犯罪行为有关的地点;犯罪行为有连续、持续或者继续状态的,犯罪行为连续、持续或者继续实施的地方都属于犯罪行为发生地。犯罪结果发生地,包括犯罪对象被侵害地、犯罪所得的实际取得地、藏匿地、转移地、使用地、销售地。"

海关缉私局对郭某做笔录,由此可见茂名市海关缉私分局已明知郭某所涉本案犯罪事实已由拱北海关缉私局进行侦查处理。根据2012年《公安机关办理刑事案件程序规定》第18条[1]关于"几个公安机关都有权管辖的刑事案件,由最初受理的公安机关管辖。必要时,可以由主要犯罪地的公安机关管辖"的规定,尽管茂名市海关缉私分局对本案事实或茂名市某电子公司具有管辖权,但对于郭某而言,由于拱北海关缉私分局已对郭某进行最初受理并开展侦查活动,茂名市海关缉私分局对郭某已不具有管辖权。即使茂名市海关缉私分局认为需要针对涉案货物追究郭某的刑事责任,也应当将相关犯罪线索或证据材料移交给拱北海关缉私局进行并案处理。

2. 茂名市海关缉私分局对郭某重复侦查,不仅违反"一事不再理原则",而且涉及违法羁押,程序违法,所收集的证据不具有合法性

本案茂名市海关缉私分局在拱北海关缉私局已行使管辖权的情况下,对郭某重复侦查并采取刑事强制措施,属于重复侦查且对行为人的同一行为重复采取刑事强制措施,不仅违反"一事不再理原则",且涉及违法羁押,程序严重违法。即使茂名市海关缉私分局认为对郭某进行立案侦查有助于办理案件,其也应当先经过法定程序将拱北海关缉私局正在侦办的案件统一移交给茂名市海关缉私分局并案处理,然而本案却没有任何证据显示茂名市海关缉私分局对郭某行使管辖权具有合法依据。茂名市人民检察院曾要求茂名市海关缉私分局补充"案件移送到茂名市海关缉私分局进行并案处理的相关程序性材料",但茂名市海关缉私分局一直未依法补充。故辩护人认为茂名市海关缉私分局系在不具有法定管辖权的情况下对当事人郭某重复侦查,所收集的证据不具有合法性,应予以排除。

(二)部分货主未到案,尚未查清的无主货物金额应予以剔除

辩护人经查阅卷宗发现,虽然郭某自认有24托货物是其帮货主代理进口,但在案只有11托货物的货主对货物进行了确认,仍有13托属于无主货物,是否真正属于郭某代理进口的货物事实不清、证据不足,理由是:

(1)涉案货柜中既有郭某揽收国内货主的货,也有部分是在逃犯朱某的货物,而关键人物朱某未到案,无法排除剩余13托货物有属于朱某货物的可能性。

---

[1] 参见2020年修正版第21条。

（2）在案多名货主的笔录显示：货物从香港运送至国内前，由货主自行包装并打上标记用以识别，如货主王某某的货物包装标记是“王”，货主曾某某的货物包装标记是“M”、“Z”或“Y”，货主谭某的货物包装标记是“MT”或“XT”。然而无在案证据显示剩余13托货物存在包装标记，无证据证明该货物与郭某的货物存在关联性。

（3）虽然郭某在讯问笔录中表示剩余13托的货物系属于张某、高某某、“李总”的货物，但无在案证据证明郭某与这些货主存在联系或存在交易记录，货主的真实身份存疑。

对此，辩护人认为涉案货物有13托属于无主货物，无法确定是郭某的货物还是朱某的货物，依据“存疑有利于被告人”的原则，应将13托货物的金额予以剔除。例如，在中山市华英手袋制品厂、梁某甲、古某某走私普通货物、物品罪一案中，法院认为“在未有收货方签收或确认的大部分货物中，公诉方只提供了供货方进货的单据及单方面的送货单，属证据不足”[1]。故辩护人认为郭某涉案的大部分货物事实不清、证据不足，经扣减13托无主货物之后，郭某所涉偷逃应缴税额应计算为67,623.23元，未达到刑事立案标准，不应对郭某追究刑事责任。

（三）即使认定无主货物属于郭某，由于本案是单位犯罪，涉案偷逃税金额亦未达到刑事立案标准

1. 郭某未参与走私核心环节，起次要作用

本案系茂名市某电子公司与郭某共同走私的案件，郭某只是参与中间揽货环节，揽货后即将货物交给朱某，由朱某负责后续的走私事宜。最高人民法院刑事指导案例第873号在“关于如何认定走私共同犯罪中主、从犯”方面指出：“对走私行为没有话语权、地位、作用相对次要，可以认定为从犯。”广东省高级人民法院、广东省高级人民检察院、海关总署广东分署《加强查办走私犯罪案件工作第十三次联席会议纪要》（粤署缉函〔2019〕194号）关于包税型走私犯罪中货主的主从犯认定标准亦规定，对于没有参与策划货物和物品通关，逃避税收监管、没有参与制作虚假报关单据、没有参与拆柜拼柜藏匿、没有参与隐匿证据或逃避打击等情节严重行为的，应当认定为从犯。

〔1〕 广东省中山市中级人民法院刑事判决书，（2015）中法刑二初字第9号。

本案郭某未参与报关、运送货物、核销货物等走私核心环节，结合上述相关指导案例及会议纪要精神，应认定为对走私犯罪环节仅起次要作用。

2. 本案应认定为单位犯罪，涉案偷逃税金额亦未达到刑事立案标准

最高人民法院、最高人民检察院、海关总署《办理走私刑事案件适用法律若干问题的意见》（法〔2002〕139 号）第 20 条“关于单位与个人共同走私普通货物、物品案件的处理问题”规定，对于单位与个人共同走私偷逃应缴税额为 5 万以上不满 25 万元的，如单位起主要作用，则对单位和个人均不追究刑事责任，由海关予以行政处理。如上所言，本案系单位起主要作用，郭某起次要作用，故采取的入罪标准应以单位为依据。即使认定无主货物属于郭某，本案的偷逃应缴税款仅为 155，912. 35 元，亦未达到刑事立案标准，不应追究郭某的刑事责任，由海关予以行政处理为宜。

（四）涉案货物未在境内销售即被海关扣押，应认定郭某为犯罪未遂

最高人民法院和最高人民检察院发布的《关于办理走私刑事案件适用法律若干问题的解释》（法释〔2014〕10 号）第 23 条第 3 项规定：“以保税货物或者特定减税、免税进口的货物、物品为对象走私，在境内销售的，或者申请核销行为实施完毕的”，应当认定为犯罪既遂。根据前述司法解释的规定，以保税货物为对象走私，尚未在境内销售或者核销行为尚未实施完毕的，不应认定为犯罪既遂。本案的涉案货物还未在境内销售即被海关扣押，保税货物未脱离监管，应认定为犯罪未遂，可从轻或减轻处罚。例如，在浙江某公司走私普通货物罪案中，法院认为，被告单位将皮草伪报成加工贸易保税货物进口，因部分皮草尚未在境内销售或者申请核销，根据相关司法解释，应认定为未遂，依法可以减轻处罚。据此辩护人认为无论是从事实证据、法律适用还是从涉案情节方面，均可不追究郭某的刑事责任。[1]

五、案件结果

审查批捕期间，辩护人向茂名市人民检察院提出本案存在程序违法及证据存疑的法律意见，茂名市人民检察院对郭某作出不批捕决定。审查起诉期间，辩护人进行无罪辩护并说服郭某主动补缴全部税款，后人民检察院对郭某作出不起诉决定。

---

〔1〕 参见浙江省嘉兴市中级人民法院刑事判决书，（2014）浙嘉刑初字第 24 号。

六、经验分享

（一）重视程序辩护

辩护人应留意案件诉讼文书的内容，审查案件是否存在程序问题，如违法实施管辖、回避或侦查行为。本案涉及管辖权争议以及重复采取刑事拘留措施的合法性问题，通过重视程序辩护可以加强证据质证的法律效果，并让办案机关关注案件重点内容。

（二）注重“存疑有利于被告人原则”的证据辩护

本案辩护人通过对事实证据进行深入剖析、比对与审查，提出案件货物与当事人郭某的关联性存在疑问，并以此认为当事人所涉偷逃税金额在扣减有疑问的货物后未达到刑事起刑点，不应追究刑事责任。

（三）对法律适用要游刃有余，善于从多重角度辩护

在走私犯罪案件中，单位犯罪数额与个人犯罪数额所对应的入罪标准以及量刑标准相差极大，对此辩护人应充分熟悉和掌握法律适用，区分清楚个人犯罪和单位犯罪。本案辩护人先从程序辩护入手分析全案证据，后从“存疑有利于被告人原则”入手厘清部分金额，再从法律适用入手提出即使无主货物归属于郭某，郭某也因本案属于单位犯罪，根据《刑法》规定无须承担刑事责任。此种辩护方案是程序辩护、证据辩护、法律适用辩护的层层递进，以达到让办案机关依法认定案件事实的辩护效果。

（四）鼓励当事人主动弥补行为过错造成的损失

尽管辩护人认为当事人郭某不构成犯罪，但由于当事人郭某确实存在走私行为，即使不是刑事违法也存在行政违法，因此辩护人鼓励当事人主动弥补行为过错造成的损失。后经与当事人协商，当事人主动弥补行为造成的损失，人民检察院作出不起诉决定，据此案件彻底了结。

七、商业启示

本案所涉保税货物走私是指加工贸易类企业在无须缴纳关税的情况下，通过使用伪报单号、串料、假结转、假核销、假出口或者擅自内销等手段，以使保税货物逃避海关监管，偷逃国家税款的行为。本案茂名市某电子公司是当地知名的加工贸易类企业，在海关调查企业时认为该企业利用《来料

加工贸易手册》以来料加工伪报贸易性质的方式走私进口保税货物旧墨盒,企业法定代表人认为企业高管未经允许擅自违法使用《来料加工贸易手册》。对此辩护人认为加工贸易类企业应强化进出口贸易合规意识,以减少刑事法律风险,具体体现在:

(一)严格规范公司日常管理和业务往来

对于加工贸易类企业而言,《来料加工贸易手册》是企业极为重要的文件,企业应加强对公司重要文件的管理,完善内部审批流程,严格把控进出口业务的相关流程,加强公司公章、重要文件等管理,防止出现漏洞。一旦发现个别员工存在假借公司名义或者利用公司渠道进行走私等违法犯罪活动,务必第一时间报警,不可存在担心"连累"公司而"掩饰、隐瞒"等侥幸心理。

(二)严格把控保税货物,特定减税、免税进口的货物、物品去向

对于批准进口的来料加工、来件装配、补偿贸易的原材料、零件、制成品、设备等保税货物,在境内储存、加工或装配后,要按照法律规定和合同约定复运出境,因特殊情况需要转入境内销售的,要经过海关许可并补缴应缴税额。对于特定减税、免税进口的货物、物品,要按照进口时的申报内容,保证在特定区域销售,或者用于特定企业和特定途径,经过海关许可并补缴应缴税额。

(三)注重审查进出口货物、物品的来源与性质

除外贸企业之外,非外贸企业在境内从事与进出口货物、物品相关经营活动中,同样可能因货物的性质和来源非法而涉嫌走私。在购买进口物品时,一定要严格审查货物来源,切勿购买通过走私渠道入境的货物、物品。在内海、领海、界河、界湖从事进出口货物买卖和运输的企业,应当注重严格审查货物的性质,对于国家禁止进出口的物品,一律不参与买卖或运输等相关业务;对于国家限制进出口的货物、物品,在买卖或运输之前,务必要确保对方有合法的进出口证明。

(四)严格依法依规开展业务

严格遵守《海关法》《中华人民共和国海关进出口货物申报管理规定》等国家进出口管理法律、行政法规规定,自觉接受国家贸易管控和海关监管,进行通关活动时依法如实申报进出口货物,确保申报内容的真实性、准确

性、完整性和规范性。

(五)积极应对刑事危机,及时挽救和弥补损失

企业在遇到刑事危机时,应第一时间聘请专业的刑事律师介入,立即自查自纠发现问题,并积极整理并提交有利的证据给缉私部门同时说明情况,对于确实因企业漏洞而存在走私违法事实的,应及时弥补国家税款损失,以挽救不利局面,争取司法机关的从宽处理。

把握刑事政策，为当事人争取合法权益

——孙某走私普通货物案

陈国庆[*]　李亚兵[**]

一、导读

近年来，跨境电商业务在我国发展迅猛，在国家的政策扶持下，消费者在购买进口商品时能够享受更低的税率优惠。刷单走私，是指国内卖家利用跨境电商零售进口商品的税收优惠政策，在电子商务平台上用虚假信息下单，收到货物后再二次销售给真实卖家的走私行为。刷单走私的行为触犯了我国《刑法》第 153 条走私普通货物、物品罪。企业如果在经营活动中实施了刷单走私行为，将被追究刑事责任。涉案后，如何通过现有的合规不起诉制度、认罪认罚从宽制度为当事人争取改过自新的机会，让企业重新回到正规经营的轨道中，本文将通过一则案例进行说明。

二、案情简介

当事人 A 是深圳奥某有限公司（以下简称奥某公司）法定代表人，公司从事多家国际知名奶粉代理业务，在业内有较高声望。2018 年 4 月至 9 月，当事人 A 利用国家对国内个人消费者在跨境电商平台购买奶粉给予的税收

---

* 陈国庆，毕业于南昌大学，斗木刑事团队创始人。现为广东卓建律师事务所合伙人、卓建金融犯罪研究中心主任、深圳市律师协会刑事诉讼法律专业委员会副主任。中国法学会 2017 年度刑事辩护杰出成就奖的获得者，系司法部 2017 年度中国律师行业最受关注人物之一，2023 年 5 月 18 日成功登顶珠穆朗玛峰，成为首位站在世界第三极的广东律师。

** 李亚兵，毕业于广东外语外贸大学法学院，深圳市公安局前刑警，现为广东卓建律师事务所合伙人、斗木刑事团队负责人，是广东省首批刑事辩护律师库律师、广东省法律援助局援助律师。执业以来专注于经济犯罪辩护、刑事控告、涉外刑事等业务领域。

优惠和交易便利，组织奥某公司员工冒用国内个人消费者名义，在某跨境电商平台批量刷单购买进口奶粉，而后在国内销售，牟取非法利益。订单和支付单完成后，平台会安排物流运输并形成物流单，将货物运输出保税区，在深圳某物流点统一收货，而后在国内销售。经海关计核，奥某公司共涉嫌偷逃税款合计 170 余万元。

三、争议焦点

（1）公诉机关未主动启动合规不起诉程序，辩护方如何介入提起申请？

（2）认罪认罚从宽制度中，辩护人与公诉人能否就缓刑适用进行协商？

（3）走私案件如何开展罪轻辩护？

四、辩护思路

（一）积极与公诉机关沟通，主动提起合规不起诉程序申请

本案涉嫌构成走私普通货物、物品罪。当事人 A 及奥某公司在本身有主营业务的情况下，因法律意识淡薄，实施了刷单走私奶粉的行为，造成了国家的税款损失，是符合合规不起诉制度的典型案件类型。

1. 积极与检察官沟通，通过类案检索进行说服工作

当事人 A 委托笔者团队时，案件已经过了审查起诉阶段，检方已将案件移交到法院提起公诉。当时的合规不起诉制度仍在改革试点中，该制度的施行主要由检察机关提起，并且局限在审查起诉阶段。笔者团队接手案件后，了解到在审查起诉阶段，检察官并未主动提起合规不起诉制度，当事人本人也并不清楚有该制度的存在，所以也没有主动提起适用这一制度的建议。在这种情况下，笔者团队并没有放弃，而是继续积极与公诉机关沟通，为当事人争取适用合规不起诉制度。

在与承办检察官沟通的过程中，检察官表示案件已经起诉至法院，现在不符合适用合规不起诉制度的条件，但笔者团队据理力争，称没有任何文件禁止在一审审理阶段开展合规不起诉。与此同时，笔者团队通过类案检索，查到了最高人民检察院发布的第二批企业合规典型案例，其中深圳某公司走私普通货物偷逃税款 397 万余元，检察院启动合规监督考察，并对该公司及相关涉案人员作出相对不起诉的处理。

该典型案例中所涉及的走私偷逃的税款和总货物金额相比本案要大得多,但适用了合规不起诉制度,若不对本案适用合规不起诉,将来法院若判定有罪,则会造成重案不起诉,轻案被判有罪的不合理现象,会极大损害检察院的权威。经过争取,检察官让被告人一方提起一个合规申请,并表示他们收到申请后会集体讨论处理。

2. 充分准备,提起合规监督申请

获得提交合规申请的机会来之不易,笔者知道只有做好充分的准备,才能说服检察机关启动合规不起诉制度。在启动理由上,笔者从四个方面展开了论述:

(1)本案属于涉企犯罪,依法可以适用刑事合规。

《深圳市检察机关企业合规工作实施办法》(以下简称《办法》)第2条规定:符合下列条件的,可以对企业开展合规监督考察:(1)犯罪事实清楚,证据确实、充分;(2)自愿认罪认罚;(3)企业能够正常经营,具备开展合规建设的医院和条件;(4)积极退赃、赔偿损失、补缴税款等。

显然,当事人A及奥某公司涉嫌走私犯罪,符合启动合规监督考察的主体条件,检察机关应依法根据《办法》的相关规定,对当事人A及奥某公司开展合规监管考察。

(2)奥某公司经营良好,具有合规能力和合规意愿

奥某公司2017年开始成为数家著名婴幼儿品牌奶粉的代理商,系A2品牌在香港、澳门的一级代理、惠氏奶粉的二级代理、贝拉米的一级代理。奥某公司每月营业额超亿元,公司成立至今,解决百余人就业,发放工资总额1000余万元,向国家缴纳税款近1000万元,为国家创汇共800余万元。

涉案公司之所以刷单走私奶粉,原因有二:一是为了与电商平台建立业务合作机会,本次刷单走私是应平台负责人的请求,帮助平台完成奶粉销售业绩;二是公司对刷单走私的违法犯罪行为认识不足,认为刷单走私是行业通行做法,并不清楚该行为涉嫌走私犯罪。

奥某公司从事刷单走私的时间比较短,持续时间不足5个月,并未从中获利。自从被立案以来,奥某公司也充分认识到刷单走私的违法犯罪问题,始终保持良好的认罪认罚态度,主动补缴全部税款,也愿意预缴罚金,并承诺积极整改,确保企业合规、守法经营。

(3)当事人A对企业生产经营有重大影响

A作为奥某公司的法定代表人、创办人,是公司的核心人物,公司所有业务开发及重要客户维护,都由其一人完成,无人可取代。A在被刑拘期间,奥某公司业绩大幅下滑,品牌方也将公司的代理权收回,致使奥某公司损失惨重。A被取保候审后,凭着自己的努力以及在业界的口碑和良好声誉,才逐渐赢回品牌方的信任,奥某公司业绩也慢慢得到恢复。因此,A对奥某公司的影响是毋庸置疑的,重新关押A将会使公司陷入困境,甚至造成数百人失业的不利后果。

(4)当事人A的社会危险性较小

当事人A及奥某公司涉嫌偷逃税款170余万元,已经全部补缴完毕。辩护人对走私普通货物案件进行了检索,发现同类案件中,若被告人补缴全部税款,预缴罚金,均被宣告缓刑。参照同类案件的判决,A情节较轻,有悔罪表现,社会危险性小,检察机关应根据对最高人民检察院对企业和企业家慎捕、慎诉的刑事政策精神,在合规考察后作出不起诉的处理。

3. 持续沟通,争取检方支持

提交申请后,笔者与检察官保持良好的沟通,试图说服检察官对奥某公司启动合规不起诉。同时,笔者建议A和奥某公司签署合规承诺书,连同公司补缴税款单据、公司经营情况、纳税情况、员工情况、为社会所作贡献等资料一并提交检察院。此类犯罪事实较为清楚的案件,很难从罪与非罪的角度为当事人辩护,唯有通过把握合规不起诉这样的刑事政策,才有可能为当事人争取到不起诉的结果。

终于,在等待了将近两周之后,笔者接到了检察官的电话。遗憾的是,承办检察官称,由于此前从未有过在审判阶段启动合规不起诉程序的先例,检方经过集体讨论决定,无法对本案适用合规不起诉程序,但是辩护人提交的一系列材料都已经收到,对当事人主动认罪认罚、补缴税款的情况已经知悉,会作为从轻情节予以考虑。到这一步,笔者也清楚继续争取不起诉的可能性较低。

(二)认罪认罚,与检察官协商争取适用缓刑

在争取合规不起诉已经穷尽可能后,笔者选择退而求其次,在此前工作的基础之上,合法为当事人A争取适用缓刑,使其免于牢狱之灾,以自由之

身继续经营企业。

笔者介入案件之前,A 在审查起诉阶段已经自愿选择了认罪认罚,并签署了认罪认罚具结书。在具结书上,检察官给出了有期徒刑 3 年并处罚金的量刑建议。按照本案偷逃的税款金额,我国《刑法》规定的量刑区间是 3 年到 10 年有期徒刑,检察机关出具的有期徒刑 3 年的量刑建议,已经是法律允许范围内的最低幅度。

了解这个情况后,笔者感觉还是有继续争取适用缓刑的空间。因为按照我国《刑法》的规定,法定刑在 3 年以下(包含 3 年)的案件,符合一定条件的,即可适用缓刑。但是,认罪认罚案件中,与检察官协商的范围是否包括缓刑的适用这一点实践中做法不一。于是笔者继续找到案件的承办检察官,提出了适用缓刑的建议。

经过与承办检察官沟通得知,本案所在的检察机关此前也从未有过协商缓刑适用的先例,检察官在出具认罪认罚具结书时,均不会对适用缓刑提出明确的意见,而是交由法院裁量。尽管如此,笔者觉得还是需要尝试。得益于此前与检察官就合规不起诉问题的沟通,检察官也清楚存在情节更重的同类型案件不起诉的情况,为避免出现裁判尺度不统一的情况,当笔者提出适用缓刑的建议时,检察官在充分研究本案和其他类似案件的基础上于认罪认罚具结书上量刑建议处填上:有期徒刑 3 年,缓刑 5 年。

至此,虽然公诉机关没能为 A 启动合规不起诉,但是经过笔者不断地沟通与争取,检察官最终在认罪认罚具结书上出具了建议适用缓刑的意见,之后交由法院依法裁判。

(三)确定罪轻辩护策略,多角度提出辩护观点

在审前辩护上,通过多方一系列的沟通与努力,检察机关出具了缓刑的适用建议,但并不代表辩护工作已经完成。笔者仍然十分重视法院庭审阶段,因为最终的判决是由法院作出。

笔者团队对案件制定了罪轻辩护的策略。这并不意味着没有可以辩护的点,也不意味着只需要认罪即可,还是要从案件事实和证据出发,帮助法官作出合法公正的判决,充分保护被告人合法权益。在法庭辩论时,笔者从以下多角度提出了辩护观点:

1. 刷单走私并非以营利为目的，且实际获利极少

奥某公司在实施刷单走私行为之前，已经获得 A2 等大牌奶粉的代理权，公司经营已步入正轨，月营收流水达上千万元。2018 年上半年，A 与某平台奶粉类负责人建立合作关系。A 之所以在某跨境电商平台刷单购买奶粉，是为了帮助该负责人完成业绩要求，以维系彼此关系，其初衷并非为非法获利。

事实上，奥某公司在整个刷单转售行为中，由于直接转售对象为批发商，而非消费者个人，实际获利极低。同时，涉案公司为帮助平台消除库存，刷单购买了许多即将到期的库存奶粉，这部分奶粉采购完便只能直接销毁，对这部分奶粉，公司仅能获得成本补偿。因此，涉案公司在整个刷单走私过程中，并非以营利为目的，且实际获利极少。

2. 刷单走私行为持续时间较短，偷逃税款已全额补缴

在案证据显示，奥某公司刷单走私的时间为 2018 年 4 月至 9 月，总共持续时间仅 5 个月左右，持续时间较短。经海关计核，涉案公司共计偷逃税款人民币 170 余万元。在计核数据出来后，A 作为涉案公司法定代表人，便补缴了全部偷逃税款，并将缴款凭证提交至司法机关。

3. A 的违法性认识程度较低

2018 年 11 月 8 日，我国海关总署发布 165 号公告，要求参与跨境电子商务零售进口业务的电商平台开放支付相关原始数据，供海关核验，以防止跨境电商订单和对应支付信息不一致的情形出现。在该公告实施之前，利用跨境电商平台刷单购买货物然后转售的情形较为普遍。

A 组织刷单购买奶粉的时间段是 2018 年 4 月至 9 月，此时海关总署尚未发布 165 号公告，业内利用跨境电商平台刷单购买货物然后转售的情形较为普遍。A 对该行为可能构成走私犯罪的违法性认识程度较低，认为这是行业内普遍做法。在当年 9 月，A 得知行为可能违法后，便立即终止了刷单行为。

4. A 具有民营企业家身份，对其判处实刑会导致企业倒闭的不良后果

A 是涉案公司的法定代表人和实际控制人，系民营企业家。涉案公司的内部管理、经营决策等重大事项均由 A 决定，在对外业务扩展方面，公司现拥有的几大奶粉品牌代理权，均需 A 去维系，无人能够替代。涉案公司和其本人在本案案发后，均受到了重大的负面影响，部分奶粉品牌由于担心刑事

案件对品牌的影响,纷纷与涉案公司解约,给公司造成巨大经济损失。

取保候审期间,A 本人也一心扑在公司经营上,试图将摇摇欲坠的涉案公司重新带回正常经营的轨道上,目前已经取得一定成效,公司业绩开始逐步好转,员工就业也开始稳定。在这种情况下,对 A 适用缓刑,能有助于民营企业恢复经营,从而达到更好的社会效果。

5. 公诉机关量刑建议的缓刑考验期过长,请求缩短缓刑考验期至 3 年

公诉机关对 A 提出的量刑建议缓刑考验期为 5 年,辩护人认为该考验期过长。设立考验期的目的,在于考察被缓刑人是否接受改造、弃旧图新,以使缓刑制度发挥积极的效用。本案属于走私类经济犯罪,案发后,A 已经深刻认罪悔罪,并保证会在将来的企业经营中,在合规的框架下开展业务活动,不具有再犯的风险及可能。此外,在 2021 年 8 月,A 即申请预先缴纳可能判处的罚金,也可见其认罪悔罪态度。对 A 设置顶格的缓刑考验期,并不能起到鼓励改造或教育考察的积极作用,反而会产生司法资源浪费、企业长期无法正常经营等不利影响。

当笔者将以上意见娓娓道来时,审判长整个过程认真倾听。其间,审判长还主动问到了公司现在的经营情况,鼓励当事人 A 继续努力经营,避免再触犯刑法,为社会创造更多的价值。

五、案件结果

经审理,法院认为奥某公司逃避海关监管,走私货物入境,偷逃应缴税额数额巨大,其行为已构成走私普通货物罪。被告人 A 组织实施走私犯罪,是直接负责的主管人员,应当以走私普通货物罪追究刑事责任。

根据被告人的犯罪情节、悔罪表现、没有再犯危险以及宣告缓刑对所居住社区没有重大不良影响等因素,结合公诉机关的缓刑量刑建议,法院最终判处奥某公司犯走私普通货物罪,判处罚金人民币 200 万元,被告人 A 犯走私普通货物罪,判处有期徒刑 3 年,缓期 3 年执行。

笔者的缓刑意见包括缩短缓刑考验期为 3 年的意见,全部被法院采纳。当事人 A 也十分高兴,之前被案件困扰的这几年时间里根本无心工作,现在终于可以安心经营企业了。

六、经验分享

(一)及时掌握刑事政策前沿动态

近年来,认罪认罚从宽制度和合规不起诉制度在不断地试点推行,这些刑事政策的推动和落实,都会对刑事诉讼制度本身产生深远的影响,同时也关乎每一个案件当事人的切身利益。

合规不起诉制度的推行,其本质是响应国家保护民营企业发展的制度化成果,通过对涉案企业和企业家的合规整改,给予他们一个改错的机会,同时让公司的治理更加规范,从而为社会创造更多的价值。在这样的大背景下,笔者作为辩护人承办一些类似涉及民营企业或民营企业家的案件时,如果能够及时掌握刑事政策,就有可能“化腐朽为神奇”,为当事人争取更多的合法利益。律师是一门终身学习的职业,司法制度并非一成不变,社会发展到不同阶段,相对应的关注点和侧重点往往会有所不同,刑事政策也会作出相应调整。这些刑事政策的试点和推行背后,往往都蕴藏着较大的辩护空间,会对当事人产生直接的影响。因此,作为刑事律师应当密切关注刑事政策动态,并将其运用到具体的案件中,让自己的辩护知识库更加充足、多样。

(二)积极与案件承办人沟通,争取被告人合法权益最大化

在刑事诉讼的三角架构之下,法院居中裁判,公诉机关和辩护人各占一角,通过对案件事实和法律的争辩探求,从而让真理越辩越明,让被告人得到公正的处理和对待。在具体案件的办理上,这一司法三角架构功能的实现就落实到每一个具体的承办人手中。因此,辩护工作的开展,实际上就是与一个个具体的承办人沟通和交流的过程。

在办理这个案件时,实现辩护目标的重要抓手就是与承办检察官积极地沟通联络。在近些年的司法制度改革中,检察机关在案件的走向和当事人的最终处理上发挥着重要作用。无论是合规不起诉的发起,还是认罪认罚从宽制度的适用,检察机关都占据主导地位,检察官的意见可能会直接影响辩护工作的成效。在案件辩护过程中,保持与检察官的积极沟通,十分关键。但这样的沟通,也需要注意方式方法。

首先,在内容上辩护人与检察机关的沟通应展示出足够的专业与勤勉。

辩护人获得检察官尊重的重要途径，就是专业敬业的精神。

其次，辩护人可以适当争取当面沟通。曾有研究表明，人与人的交流成效，30%是交流的内容，70%是交流的情绪。当面沟通能更好地获得对方的信任，取得更好的沟通交流效果。事实上，良好的沟通，彼此的尊重，往往能够较好地推动案件顺利进行。

最后，需要强调的是，做辩护工作时不要局限在自我的认知中，任何一种可能性都要尝试，避免出现“这应该做不到”“这个检察官肯定不会同意的”这种否定性思维，而是要通过积极沟通，不放弃每一个机会，直到穷尽所有可能性。有时候，“东边不亮西边亮”，在沟通争取的过程中，可能就会像本案一样，出现别的转机。

七、商业启示

（一）经营跨境业务要警惕涉税刑事法律风险

在办理了许多走私案件后，笔者发现很多案件涉嫌刑事犯罪往往都是因为当事人法律意识淡薄，缺乏对刑事法律风险的敏感度。许多案件当事人甚至并不是为了获得商业利益而触犯刑法。例如，本案当事人A仅仅是为了维护客户关系，帮助某电商平台完成一定的任务，就组织员工实施刷单购买进口零售商品的行为。跨境电商业务的税收优惠是针对消费者个人的，如果企业冒充个人消费者进行刷单走私，本质是伪报了贸易性质，偷逃了国家税款。

在这些真实的案例中，体现出来的共通之处都是对国家关税制度的不了解或者漠视。国家税收具有强制性，关税也是同理。有的企业经营者可能会认为，逃税的情形在行业内比较普遍，为什么别人能做自己不能做。这种想法是十分错误的。偷逃税款的行为本身具有违法性，部分违法犯罪分子暂时安然无事只是因为还没有被发现而已，这并不代表国家默许了这种行为，等到相关部门介入处理，企业可能就会覆灭。在企业的经营中，税收这一环节往往是最为薄弱和最容易出问题的地方。所以企业经营跨境业务应依法申报，如实缴纳税款，切实防范税务相关的刑事法律风险，以达到行稳致远的效果。

（二）企业应建立内部合规管控体系，将风险消灭在萌芽阶段

企业经营的发展存在不同阶段。在初创时期，以生存为主要目标，此时

更多的关注放在业绩层面,需要具有开创精神,敢拼敢闯。经过一段时间的发展,企业逐步占领了一定市场份额,能够稳定发展后,此时就需要建立自身的防御体系。商业社会中风险无处不在,通过一定的内部合规体系化建设,可以很好地做到防范未知的风险。在众多的法律风险之中,刑事法律风险是企业无法承受之重。在笔者经办的众多案件中,不少企业家苦心经营数十年甚至几十年,在遭遇一个刑事法律风险后,整个企业都遭遇灭顶之灾。这不仅对企业、企业家和员工造成难以挽回的损失,对整个社会来说,也同样产生消极影响。

居安思危,建立企业内部合规管控体系,做好合规管理,是十分有必要的事情。在兰州雀巢公司员工侵犯公民个人信息一案中,雀巢公司就因为在案发前做好了企业合规建设,在企业行为和员工行为之间建立了防火墙,从而免除了企业在案件中可能承担的刑事法律责任。这个案件也被誉为"中国企业合规抗辩第一案"。可见,做好内部合规体系建设,并不一定要等到真的遇到刑事风险了才开始,而是可以将这些措施做在前面,从而将可能的风险消灭在萌芽之中。

第二章

破坏金融管理秩序罪

贷款资料造假是否构成骗取贷款罪

——Z某涉嫌骗取贷款被判无罪案

方　亮[*]　贺志忠[**]　邓欣玮[***]

一、导读

本案涉及煤矿并购中收购方向银行提供的贷款资料涉嫌造假问题，争议焦点是上述行为是否可以评价为骗取贷款罪。本案一审判决不构成骗取贷款罪后检方抗诉，二审法院维持一审无罪判决。本案最重要的启示在于贷款资料造假不等于骗取贷款，关键和核心是考察银行发放贷款的程序、审查以及担保情况是否真实。本案中银行发放贷款的前提是涉案矿产有实际开采价值，贷款方也提供了足额担保，后续贷款手续造假和银行贷款审核发放无因果关系，将这个行为评价为骗取贷款罪于法无据。

二、案情简介

当事人Z某曾于2011年9月起担任某A公司法定代表人、执行董事，并持有公司股权。2011年9月21日，Z某代表A公司与某省M市B煤矿

---

* 方亮，上海市锦天城律师事务所高级合伙人，深圳市律师协会商事犯罪辩护法律专业委员会主任，2020年度LEGALBAND经济犯罪中国律师特别推荐榜15强，2021年度LEGALBAND刑事合规中国律师特别推荐榜15强，主要执业领域为刑事辩护、企业反腐败及刑事控告、企业刑事合规、刑事被调查危机应对等。

** 贺志忠，毕业于西北政法大学，上海市锦天城（深圳）律师事务所合伙人，深圳市律师协会职务犯罪辩护法律专业委员会委员，深圳市律师协会商事犯罪辩护法律专业委员会干事，擅长刑事领域诉讼及非诉业务。

*** 邓欣玮，中南财经政法大学刑法学硕士，泰和泰（深圳）律师事务所律师，中南财经政法大学刑事合规研究中心研究员。专业研究及主要业务范围为刑事辩护、刑事控告、企业反舞弊、刑事危机应对等刑事相关业务。

签订《煤矿企业兼并重组整合协议书》，约定以1.5亿元收购B煤矿。2011年10月，A公司以该煤矿的名义向N县银行申请贷款8200万元，公司授权Z某办理贷款申请手续。办理贷款过程中，银行要求煤矿法定代表人H某必须面签贷款合同，H某因故无法面签，Z某遂安排煤矿矿长S某到山东某医院检查身体并住院，用纱布将S某的脸部全部缠住，只露出眼、鼻、嘴，由S某冒充煤矿法定代表人H某在银行工作人员在场情况下面签合同。随后，银行发放贷款8200万元。

Z某于2013年4月离职，并出让其名下股权。B煤矿股权也几经更迭，最终由李某成为B煤矿实控人。后B煤矿逾期还款，2016年6月银行将B煤矿起诉至某省高级人民法院，截至2018年3月20日，煤矿尚欠银行本金4395万元及利息1192万元。李某辩称Z某恶意伪造文件、串通银行工作人员骗取银行贷款，所以合同无效。后该民事案件经某省高级人民法院一审后上诉至最高人民法院，最高人民法院经二审后发回重审。一审判决后，李某向公安机关报案，称Z某涉嫌骗取贷款罪。2019年9月7日，Z某因涉嫌骗取贷款罪被某省M市N县公安机关刑事拘留，发回重审的民事案件也因骗取贷款刑事立案而中止审理。

公诉机关认为Z某在B煤矿原法定代表人H某不知情的情况下，以B煤矿的名义向某县银行申请贷款，在贷款办理过程中，Z某指使S某冒充H某在借款合同上签字，还将H某身份证复印件上的照片更换为S某的照片，让银行工作人员误以为S某为H某本人，最终骗取银行贷款8200万元。被告人Z某以欺骗手段骗取银行贷款，情节特别严重，应当以骗取贷款罪追究其刑事责任。

三、争议焦点

（1）Z某的行为是否构成骗取贷款罪？

（2）骗取贷款8200万元是否属于情节特别严重？

四、辩护思路

（一）一审辩护思路

经深入研究，律师团队认为，银行对贷款申请按照银行贷款审核流程依法依规进行了审核,银行认为该煤矿具备持续产煤的能力,具备还款能力,且已提供足额的担保,符合贷款发放条件,故在省、市、县三级银行的审核下,同意发放贷款。贷款合同签订在贷款审批通过之后,仿冒签字行为和贷款发放之间无因果关系,被告人的行为不构成骗取贷款罪。同时辩护人还发现起诉书指控骗取贷款情节特别严重没有法律依据、追诉已过法定的诉讼时效等,并且对不能归还贷款的真正原因进行剖析,通过证据分析煤矿实控人并非不具备还款能力,而是意图通过刑事手段逃避民事债务。最后,经与当事人Z某充分沟通,Z某同意辩护人对本案做无罪辩护。具体辩护思路如下:

第一,从积极层面看,银行给B煤矿发放贷款有充足依据。首先,银行发放贷款是在严格的贷前审查后经由某省分行同意。其次,该笔贷款有足额的担保保证。

第二,从消极层面看,贷款发放和冒充签字行为之间不存在因果关系。首先,基于中国人民银行《贷款通则》第六章关于贷款申请的规定,银行在贷前审查中,应当对"借款人的信用等级以及借款的合法性、安全性、营利性等情况进行调查,核实抵押物、质物、保证人情况,测定贷款的风险",上述贷前审查是法定义务且必须完成后才能进入下一步贷款审批发放环节。辩护人庭前向法庭申请调取银行发放贷款前对煤矿进行的放贷前审查报告,法庭未允许调取,检方也未主动提供相应证据,辩方有理由相信上述贷前审查已经完成并且发放贷款的决定在本案指控的贷款材料造假行为实施之前已经决定。其次,在案证据足以证明在整个贷款过程中,银行的工作人员根本就没有产生认识上的错误,亦不存在受到"欺骗"的情形。最后,重庆市高级人民法院《如何处理当前刑事诉讼案件中亟待解决法律问题的会议纪要》第3条规定,对为了生产经营、生活需要向金融机构贷款,虽然手续有一定虚假,但没有给金融机构造成损失的,可以不作为犯罪处理。

第三,并无法律规定冒充H某签字的行为属于骗取贷款中"情节特别严重"的情形。刑法意义上的"情节特别严重"到底如何界定,需要根据法律明文规定予以判定。另外,由于无法界定"情节特别严重",故假若本案构成犯罪,也只能适用"处三年以下有期徒刑或者拘役,并处或者单处罚金"的处罚标准。

第四,本案不存在"造成重大损失"的犯罪结果。骗取贷款是结果犯,需要达到造成重大损失或者情节严重的情形才构成犯罪。银行在起诉B煤矿后将相应债权转让给另一公司,从债权性质上属于"不良资产",但在刑法层面不良资产不等于"重大损失"。

第五,未向银行偿还贷款与Z某无任何关联,其真实原因是煤矿目前的实控人李某在能还贷的情况下为逃避责任而为。首先,申请贷款并非个人行为,所贷款项也并非用于个人支出。其次,Z某于2013年4月2日便已离开了A公司,同时卸任了法定代表人以及执行董事的职务。最后,李某的真实目的是利用刑事立案将本来正常的贷款转化为一个刑事案件,在让Z某等承担骗取贷款的刑事责任后,免除其继续归还4000多万元贷款的责任。

第六,骗取贷款罪已超过法定的追诉期限,不应再被追诉。本案中,由于无法界定"情节特别严重",故假若本案构成犯罪,也只能适用"处三年以下有期徒刑或者拘役,并处或者单处罚金"的处罚标准。由于本案涉及的8200万元贷款已于2012年发放完毕,至李某报案时已长达7年,超过了5年的追诉期限,不应再被追诉。

2020年9月,某省N县人民法院采纳了辩护人的观点,判决Z某不构成骗取贷款罪。一审法院从五个方面进行论述:

第一,借款方在签署贷款材料前已经实际取得金融机构的贷款信用;第二,金融机构事先已经考察煤矿资产状况,确认煤矿已为资金安全提供担保;第三,控方未举证证明被告人提供了足以让金融机构作出错误判断的虚假资信材料;第四,控方未举证证明给金融机构造成重大损失;第五,本案的虚假行为本质上是民事欺诈。

(二)二审辩护思路

一审宣判后,某省N县人民检察院认为原判认定事实错误、适用法律错误,提请某省M市人民检察院向M市中级人民法院提起了抗诉。二审抗诉意见如下:

原判认定Z某骗取贷款的行为属于普通民事欺诈,不应升格为犯罪处理,属法律适用错误。在案证据可以证明B煤矿的贷款资料系Z某为骗取贷款而编造的虚假资料:首先,B煤矿贷款申请书中载明的向其他单位长期借款7100万元是虚假的;其次,2009年11月25日Z某与B煤矿签订的借款协议及相应的收据系编造的;再次,2011年9月16日B煤矿关于对Z某债权转让确认函也是编造的;最后,H某签署的相关承诺书是Z某安排S某冒签的。综上,A公司以B煤矿固定资产贷款的名义贷款,从一开始A公司贷款的目的是用来支付B煤矿的收购款或收购B煤矿所欠的款项。因此A公司将贷款用于固定资产以外的用途,偏离了发放贷款的真实目的。所以Z某采取蒙蔽、欺骗的手段骗取贷款的行为成立骗取贷款罪。本案中,骗取贷款8200万元应属于情节特别严重。原判认定Z某的行为不构成骗取贷款罪,系适用法律错误。

针对上述抗诉意见,辩护人提出二审辩护意见如下:

第一,一审时,由于起诉书中关于本罪的事实部分仅为冒充H某签署文件这一行为,并未涉及7100万元的借款,但检方在抗诉书中列举了"编造7100万元借款的虚假资料"这一新理由。

第二,本案没有证据证明7100万元借款系虚假债权。首先,从常情常理出发,由于煤矿行业的特性,一个基本完成建设的矿井,背后肯定有巨额的资金投入。在此情况下,煤矿因此而产生负债是极为正常的情况。其次,7100万元借款协议虚假,并不代表该笔债权实际不存在。最后,7100万元借款的材料系在2011年10月30日前提交,因此相关的材料系B煤矿原工作人员制作的,没有证据证明Z某及其公司参与了上述材料的制作与提供。

第三,7100万元的借款资料与银行发放贷款的行为之间缺乏因果联系。在案证据充分说明银行在决定是否发放贷款时,考虑的关键在于煤矿开采价值本身以及是否提供了足额担保,故7100万元借款资料并不足以让银行产生错误认识,二者之间缺乏因果联系。

第四,本案没有证据证明更改了贷款用途。在案证据可以看出,贷款打入B煤矿账户后,B煤矿确实将部分款项还给了A公司,至于相关钱款之后的去向本案并未查清。故本案没有任何证据能够证明改变了贷款用途。

第五,即使贷款用途的改变,不能单独成为认定骗取贷款罪成立的理由。根据民法相关规定,未按约定的用途使用借款属于民事纠纷范畴,在没有其他证据的情况下,不应仅凭用途改变这一点就将本案升格为刑事范畴加以处理。

第六,Z某本人并未获得贷款,贷款也并非Z某个人使用,即使该罪名成立,也应当认定为单位犯罪而非个人犯罪。

第七,关于冒充H某签字一事,一审法院认定银行并未作出错误判断,冒充 H 某签字的行为不应当升格为犯罪处理的定性是完全准确的。

第八,本案所涉骗取贷款罪已超过法定追诉期限,不应再被追诉。

五、案件结果

2021 年 5 月,某省 M 市中级人民法院经审理,维持一审法院的无罪认定,理由如下:银行是基于对 B 煤矿资产状况及偿债能力评估及担保公司提供连带担保,确保 B 煤矿符合贷款条件后才发放该笔贷款,Z 某安排他人冒充 H 某签字的行为对 B 煤矿偿债能力及担保公司的担保责任并无实质性影响;该笔贷款发放后主要用于支付煤矿并购款、担保费及前期并购煤矿所欠债务,Z 某未非法处置或占有。B 煤矿、担保公司均具有清偿能力。现有证据不能证实该贷款给金融机构造成重大损失。综上 Z 某的行为不符合骗取贷款罪的犯罪构成。

六、经验分享

(一)两个创新

1. 创新性辩护观点

传统的骗取贷款案件的辩护观点有:无因果关系之辩、贷款用途改变不属于骗取贷款等。在本案中,律师团队提出了两个"创新性"的辩护观点:一是起诉书指控骗取贷款"情节特别严重"没有法律明文规定,二是犯罪行为已过法定诉讼时效。

2. 创新性辩护工作

关于创新性辩护工作,一是对煤矿进行现场踏勘,二是将辩护观点化为七张图表,将该公司历史沿革、贷款流程、资金流向、案发背景、辩护观点等直观展示给公诉人和法官,让法官在庭审中形成内心确信。

上述创新性观点及工作对刑事辩护方法论、对骗取贷款罪的辩护均有创新性意义。

(二)三大挑战

1. 时间紧、任务重

辩护团队在临近开庭前两个月才介入本案,在时间紧、任务重的情况下,辩护律师两个月内 7 次前往办案地,完成会见、阅卷、与承办法官庭前沟通、实地踏勘煤矿现场、调查走访相关证人、打磨辩护策略、进行庭前辅导等多项任务。

2. 刑民交叉、行业背景复杂

本案引起某省煤矿行业及银行业的极大关注，是煤矿行业和银行业的风向标式的案件。对于辩护人而言，需要研究矿产法律法规和政策，研究投资管理公司的运作及商业并购的流程，明确并购项目的商业模式，对商业银行贷款发放的政策法规及审查流程进行全面细致的了解，对银行不良资产处置流程及法律法规进行了解和研究，更要对本案涉及的省高级人民法院及最高人民法院的民事诉讼案件进行研究。这个案件已经超出刑事辩护本身，涉及诸多法律领域和律师业务板块，对经办律师提出了极大的挑战。

3. 无罪判决难度大

第一，辩护团队介入本案已到法院审判阶段，我国近5年的统计数据表明，无罪判决率在万分之七左右，一审公诉案件胜诉率接近100%。本案无罪判决的结果经过审委会集体讨论，经得起检验。第二，一审法院作出无罪判决之后，检察院对此提出了抗诉，辩护人顶住了压力，观点鲜明，辩护扎实，针对抗诉意见有理有据提出针对性反驳，最终二审维持原判的无罪认定。

七、商业启示

从投资方的角度来看，本次投资并购无疑是一次失败的投资，不仅投资方没有从本次投资中获取预期的收益，而且作为投资参与人之一的Z某被指控实施了刑事犯罪，教训极其深刻，损失极其严重。本案最重要的商业启示就是：在以赚取收益为目的的投资并购中，投资并购的法律合规是前提。在这次投资额高达1.5亿元的煤矿收购中，没有律师的身影，没有会计师的身影，全凭Z某等投资人（还有其他大投资人）及管理团队过往投资并购的商业经验。在本次投资中，投资人没有对煤矿进行财务审计，没有对煤矿的历史沿革、股权及实控人的变化以及煤矿的债权债务、可能存在的风险开展尽职调查，没有对煤矿采矿证等行政许可事项进行仔细调查，没有对贷款申请发起、审批以及对应的法律文件进行审核，所有商业谈判没有律师参与，全部商业合同没有律师审核，这一切都为这次并购的失败埋下伏笔。在本次并购中，如果投资方实控人聘请专业的律师团队并对并购项目进行财务审计，辅之以职业经理人和小投资人（Z某）等管理团队的商业经验，本次投资并购成功的可能性就有了强有力的保证，即使存在风险也能尽早发现并撤离止损。

精细化量刑辩护的运用

——基金公司投资中心总经理程某某非法吸收公众存款被判缓刑案

庄洁萍*

一、导读

巨×公司系一家依法成立的股权私募基金公司，但案发时违规发布基金产品，非法吸收的资金超过100亿元。第一批被起诉的被告人中首犯以集资诈骗罪定罪被判处无期徒刑；第二批被起诉的被告人共14名，被告人程某是排在第二位的被告人，量刑4年3个月。根据《刑法修正案（十一）》对非法吸收公众存款罪增加条款的规定：在提起公诉前积极退赃退赔，减少损害结果发生的，可以从轻或者减轻处罚的规定。辩护人在审查起诉阶段着重厘清本案中当事人涉嫌收取的佣金金额、性质，争取帮助当事人在提起公诉前全额退赔退赃及取保候审。在审理阶段辩护人以程某的量刑意见为基础，根据从旧兼从轻原则，通过自首、从犯、退赔情节的辩护，使法庭充分全面考虑被告人程某的量刑情节，最终被告人程某被判处缓刑。

二、案情简介

于某于2015年注册成立巨×公司，经营范围为受托管理私募股权投资基金。自巨×公司成立以来，为吸引他人投资公司发行的基金产品，巨×公

---

* 庄洁萍，中国人民大学民商法硕士，北京市京师（深圳）律师事务所高级合伙人，任深圳市律师协会第十一届商事犯罪辩护法律专业委员会秘书长，任广东省律师协会经济犯罪辩护法律专业委员会委员。专注于刑事辩护与企业合规，主办过近百起经济犯罪案件。

司采取公开方式对外宣称有丰富的投资经历，向投资人承诺保本付息。同时，该公司支付业务员和管理人员佣金，鼓励业务员大肆公开宣传、销售巨×公司的基金产品。经审计，巨×公司成立至案发，备案但违规发行及没有备案的基金产品所涉金额累计100亿元。

被告人程某在职期间系巨×公司投资中心事业三部总经理，吸引、发展投资人，协助于某以公开宣传的方式向不特定投资人公开销售基金产品，非法吸收社会资金。程某共募集资金1亿元，获取非法佣金提成600万元。另外，程某退赃100万元。

B检察院于2022年5月以程某等14人涉嫌非法吸收公众存款罪向B法院提起公诉，起诉书将程某列为第二被告人，建议判处程某4年3个月有期徒刑，并处罚金。

三、争议焦点

(1)程某返还给投资人的佣金(未退至专案账户)是否可以认定为退赔款?

(2)检察机关对程某的量刑是否符合罪责刑相适应原则?

四、辩护思路

(一)在侦查阶段核清程某吸取资金及抽取佣金的金额，指导被告人在审查起诉阶段全额退赃

起诉意见书指控犯罪嫌疑人程某获取非法佣金提成600万元，退赔退赃金额仅为100万元。经与程某核对，程某陈述其收取的600万元佣金中，部分佣金已经返还投资人。因投资人和实际收取返佣的收款人不一致，因此起诉意见书未剔除已经返还给投资人的佣金。辩护人初步核实起诉意见书认定程某返还的佣金仅为转至专案账户的100万元，与程某实际已经返还的佣金金额相差320万元。

程某涉嫌非吸金额上亿元，加上当前严厉打击金融犯罪的政策，辩护人评判如程某无法返还全部佣金，那么被取保候审的可能性极低。辩护人认为程某应尽快在本案提起公诉前退还全部佣金，符合“提起公诉前全额退赔退赃”情节的认定，而320万元能否被认定为退赔款项将极大地影响该事实和情节的认定。为此，辩护人工作重点包括：(1)与程某逐一核对平台数据

入金人员与其个人银行流水收取佣金人员是否同一;(2)分析入金人员与收取反佣金人员不同一的原因。针对入金人员与收取反佣金人员不同一,但其中20万元性质明确的款项,投资人出具了收款人系由投资人指定的说明,侦查机关依法认定了20万元属于退赔款项。由于程某与投资人对另外300万元款项性质存在争议,因此侦查机关未予以采信其属于退赔款项。在没有投资人对300万元进行说明的情况下,辩护人通过在案的平台入金数据以及银行流水等证据,与承办检察官多次口头书面沟通,说明入金、返佣的时间、金额相互印证,可以证明300万元确为程某已经退赔的款项,最终检察机关予以采信。在程某家属代为退还剩余180万元佣金打入专案账户后,程某在审查起诉阶段取保候审。

(二)厘清检察院量刑意见的考量因素,结合《刑法修正案(十一)》退赔退赃法定减轻和从轻情节,争取在量刑上最大限度地保障被告人的合法权益

起诉书将程某列为第二被告人,建议判处程某4年3个月有期徒刑,并处罚金。辩护人认为对程某量刑过重,结合程某具有自首、从犯、退赔及取得谅解情节,应当判处程某两年以下有期徒刑,并适用缓刑。

具体辩护意见如下:

1.退赔情节减轻处罚辩护

2021年3月1日施行的《刑法修正案(十一)》对刑法第176条非法吸收公众存款罪增加第3款规定:在提起公诉前积极退赃退赔,减少损害结果发生的,可以从轻或者减轻处罚。2022年3月1日起施行的最高人民法院《关于审理非法集资刑事案件具体应用法律若干问题的解释》在第6条第1款和第2款作了相应的规定:“非法吸收或者变相吸收公众存款的数额,以行为人所吸收的资金全额计算。在提起公诉前积极退赃退赔,减少损害结果发生的,可以从轻或者减轻处罚;在提起公诉后退赃退赔的,可以作为量刑情节酌情考虑。非法吸收或者变相吸收公众存款,主要用于正常的生产经营活动,能够在提起公诉前清退所吸收资金,可以免予刑事处罚;情节显著轻微危害不大的,不作为犯罪处理。”

根据上述法律规定以及从旧兼从轻原则,本案最高人民法院定刑在10年有期徒刑以下。同时,根据《刑法修正案(十一)》非法吸收公众存款减轻

处罚的特殊规定,在提起公诉前积极退赃退赔,减少损害结果发生的,可以从轻或者减轻处罚。

巨×公司暴雷后程某个人名下未兑付本金为1,462,136.99元,均为其自身投资,未给其他投资人造成任何直接经济损失。程某在被立案追诉时就已经退了400多万元佣金,截至提起公诉前程某已将获取的600万元佣金全部退还。作为最积极退赔的被告人,检察机关对程某的量刑建议过重。且检察机关指控程某非法吸收存款数额、人数存疑,根据在案证据可以推定高于程某实际的募集金额和客户人数,在量刑时应予以酌情从轻处罚。

2. 从犯情节减轻处罚辩护

检察机关以被告人获取佣金提成和工资收入等非法所得的高低作为判定本案被告人地位高低和作用大小的主要依据,事实和法律依据不足。并且检察机关对被告人作用大小情节进行评价时,对职务层级高低和收取佣金金额大小进行了重复评价。

首先,从涉案公司系列案件来看,程某不属于本案组织者或领导人,仅是巨×公司财富中心三部的一个负责人,并不参与公司的决策工作,其并不清楚募集资金的实际去向,仅是执行公司的决策。因此,程某的作用较小。

其次,根据刑法和司法解释关于非法吸收公众存款罪的规定,定罪和量刑要考虑的最重要的因素是非法吸收金额的大小,而不是非法所得的多少。并且根据起诉书,对于程某非法吸收公众存款金额的认定存在以下疑点:(1)起诉书认定的非法吸收公众存款金额中有630万元为程某自己投资的金额,应当剔除。(2)涉案公司已在基金业协会备案的基金产品23只,合计18亿元。但审计报告中仅有基金的募集金额,未载明每个被告人募集的投资款的去向,即无法查明哪些投资款为合法的私募基金投资,哪些为非法募集的资金。(3)本案未查明哪些属于挂靠在程某名下的客户。为冲业绩和考核,涉案公司存在挂单的现象,包括别人的客户挂在程某名下和同一个客户用其家人的名字来挂单。另外,即便按照非法所得的金额评价地位和作用,应扣除程某在案发前返还给投资人的投资款。案发前,程某在募集的同时陆续向投资人退还了投资款480万元,即程某事实上并未获得该部分款项。

最后,本案巨×公司内部根据职务高低计算佣金比例,被告人程某作为投资中心事业三部总经理,其名下管理的业务员、团队长提取业绩佣金时,佣金绩效也会计入程某名下,即只要职务高获得佣金比例就高。因此,检察机关对程某作用大小进行评价时,在将“职务层级”作为量刑情节考虑的基础上,又将“收取佣金金额”作为量刑考量因素,进行了重复评价。

3.根据罪责刑相适应原则以及《关于常见犯罪的量刑指导意见(试行)》,判处程某两年以下有期徒刑更为适宜

程某具有从犯、自首、退赔、取得谅解情节,其自首后立即认罪认罚,自愿如实供述自己的罪行,真诚悔罪,主观恶意较低。辩护人建议对程某判处两年以下有期徒刑。具体依据如下:

(1)对比本案及关联案件被告人的量刑,根据罪责刑相适应原则,判处程某两年以下有期徒刑较为适宜

起诉书认定赵某担任财富中心负责人,又协助于某管理公司运营,负责对外放贷。相对于第一被告人赵某,程某在共同犯罪中所起作用相较于赵某更轻,但量刑却比赵某重。本案被告人郭某某、被告人张某某等人吸收的金额比程某要大,量刑比程某轻。鉴定意见书显示钱某、薛某、吴某的提成金额远比本案被告人提成金额高,但是没有被追诉。另外,在本案被告人中,程某职务不是最高(排第2),非法吸收公众存款金额不是最大(排第9),客户人数不是最多(排第2),工资提成等非法所得不是最多(排第4)。

量刑应当与被告人所犯罪行和承担的刑事责任相适应,通过对本案及关联案件被告人的量刑进行对比,为体现罪责刑相适应原则,对程某判处两年以下有期徒刑较为适宜。

(2)根据《关于常见犯罪的量刑指导意见(试行)》,程某从犯、自首、退赔、取得谅解的情节以及对应的减轻处罚幅度予以计算,对程某的量刑应在两年以下有期徒刑更为适宜。

本案审理过程中,经过两轮的辩护,检察机关当庭对程某的量刑调整为两年6个月有期徒刑。

(三)围绕法定情节、刑事政策以及公平原则,对程某的社会危险性较小进行论述,程某符合缓刑的条件

在本案审理中,辩护人强调《刑法修正案(十一)》对非法吸收公众存款罪规定提起公诉前积极退赃退赔,可以从轻减轻处罚,系法定量刑情节。程某在本案提起公诉前已经全额退赔,建议对程某予以轻判。同时,辩护人提交了几名投资人对程某的谅解书,这些投资人投资金额占程某吸取的资金

比例高达91%，因此程某的社会危害很小，对程某判处缓刑符合刑事政策，不会在社会层面上造成不利影响。

五、案件结果

B地法院于2022年9月作出判决，认可程某在共同犯罪中的从犯地位、自首情节、积极退赔行为，认为其悔罪态度明显，听取辩护人辩护意见和量刑建议，对程某判处有期徒刑两年6个月，缓刑3年。

六、经验分享

本案是通过精细化量刑辩护获得缓刑的较为典型的案例，结合本案，辩护人总结出量刑辩护需要重视以下几个方面：

（一）法定条件是量刑辩护的基石

1. 普遍适用的法定情节

自首、从犯、立功等情节是刑法总则中普遍适用于减轻或从轻处罚的法定情节。辩护人需要充分分析和论述这些情节，确保不遗漏任何一项可能对被告人有利的细节。辩护的目光应在法律规范和案件事实之间灵活穿梭，力求发现并提出一切有利于被告人的法定条件。

2. 特殊量刑情节的关注

对于某些罪名，如非法吸收公众存款罪等，存在特殊的量刑规定，如退赔退赃的情况。辩护人应特别注意这些特殊规定，并据此构建辩护策略。

（二）刑事政策是量刑辩护的参考

法律的实施不仅涉及条文的应用，也要符合情理。对于特定的社会背景和政策取向，如对民营企业家的相对宽容态度、对金融犯罪的严厉打击等，都可能对量刑产生影响。辩护人在制定辩护目标时，应关注这些刑事政策以及相关的司法解释和批复文件，以便使辩护更具针对性、有效性。

（三）公平原则是量刑辩护的核心

法官和公众都期望在每一个司法案件中体现出公平正义。辩护人应通过比对相似案件、搜集相关证据等方式，全面考量各种因素，帮助被告人获得谅解、退赔退赃，充分保障被告人的合法权益。

最后，辩护人还需要充分利用量刑指导意见。最高人民法院及地方高级人民法院发布的关于常见犯罪的量刑指导意见是辩护人进行量刑辩护的重要工具。在案件事实清楚,尤其是在被告人认罪认罚的情况下,辩护人应积极与检察机关沟通,争取在审查起诉阶段就获得具体合理的量刑建议。

通过深入理解和应用这些关键方面,精细化量刑辩护才能最大限度上保护被告人的合法权益,争取到更为公正合理的判决结果。

七、商业启示

在这个创新和机遇共舞的时代,企业、员工和投资人都需要携手步入合规与审慎的征程。以下是针对各个群体的启示,旨在引导相关人员作出更智慧的商业决策。

(一)企业:遵规守法,智慧发展

在“大众创业、万众创新”的号召下,企业家们纷纷挥洒创意、勇往直前。然而,创新的步伐不应跨越法律的边界。如同近年来网贷平台事件教给我们的那样,背离法律的财富游戏最终会走向失败。2017 年至 2022 年,非法集资刑事案件频发,这不仅是对那些踩线者的警告,也是对所有企业的警示:在追求发展的同时,必须坚守法律底线。企业应在新项目启动、商业模式转型或新产品推出之时,积极引入第三方合规评估,以确保每一步成长都坚实、稳健。

(二)员工:警醒自守,保障自身

在多起非法吸收公众存款案件中,不乏知识渊博的从业者深陷泥沼。他们往往以对公司运营的无知为由抗辩,希望摆脱罪责。然而,无知并非无罪的挡箭牌。作为企业的中坚力量,特别是那些身处风险控制和财务管理岗位的员工,更应对公司的合法经营保持高度警觉。遇到企业违规行为,应及时采取行动,防止损失扩大。当不幸卷入法律纠纷时,及时咨询律师,依法维护自己的权益,是每个员工可以采取的有效手段。

(三)投资人:谨慎选择,明智投资

“理财有风险,投资需谨慎。”这不仅是一句口号,更是投资界的铁律。当集资平台出现问题时,许多投资者往往血本无归,能够追回的资金寥寥无几。因此,投资者在投资前应全面评估自己的风险承受能力,并对各种投资项目进行深入研究和审慎选择。在高回报的诱惑面前,更需保持理性,不让

一时的贪心酿成终生的遗憾。

在法律与市场的双重轨道上,企业、员工和投资人需要共同塑造一个健康、有序、合规的商业环境。理性的选择、审慎的决策、坚守法律底线,是走向持续成功的不二法门。

证据不足辩护，实现不起诉

——郑某涉嫌利用未公开信息交易案

陈旭明[*]　庄洁萍[**]

一、导读

《刑法》第 180 条第 4 款规定："证券交易所、期货交易所、证券公司、期货经纪公司、基金管理公司、商业银行、保险公司等金融机构从业人员以及有关监管部门或者行业协会的工作人员，利用因职务便利获取的内幕信息以外的其他未公开的信息，违反规定，从事与该信息相关的证券、期货交易活动，或者明示、暗示他人从事相关交易活动，情节严重的，依照第一款的规定处罚。"

本案涉嫌利用未公开信息交易罪（俗称"老鼠仓"），案发时间为 2017 年。届时尚未出台司法解释对"明示、暗示他人从事相关交易活动"的认定标准进行规定。辩护人针对指控事实薄弱环节即该罪名的"构罪主体""未公开信息""趋同交易"的认定，以及综合全案证据对"明示、暗示行为"证明力不足为郑某进行辩护，最终取得不起诉的结果。

二、案情简介

2013 年 1 月至 2014 年 12 月，犯罪嫌疑人李某在担任某基金管理有限

---

[*] 陈旭明，毕业于中南政法大学，北京市京师（深圳）律师事务所联合创始人、首席合伙人，执业 23 年。专注于金融投资领域的刑事风险防控、合规、辩护以及争议解决，重大民商事案件、投资并购及不良处置诉讼及非诉讼业务。

[**] 庄洁萍，中国人民大学民商法硕士，北京市京师（深圳）律师事务所高级合伙人，任深圳市律师协会第十一届商事犯罪辩护法律专业委员会秘书长，任广东省律师协会经济犯罪辩护法律专业委员会委员。专注于刑事辩护与企业合规，主办过近百起经济犯罪案件。

公司基金经理期间管理 A、B、C 三只基金，与同门师姐郑某联系密切，通过聚会见面或打电话将其掌握的未公开信息以暗示形式传递给郑某。郑某在明知李某为某基金的基金经理情况下，利用与李某的关系，多次与其联系，获取未公开信息，并使用其控制的“郑某”“皮某”“黄某”等证券账户交易股票，两人构成共同犯罪。统计显示：上述郑某控制的账户与 A 基金账户均交易过并且买卖时点接近的股票共 27 只，占其深市交易股票数量的 72.97%；趋同交易成交金额合计 1.53 亿元，占其深市成交金额的 67.49%；郑某控制的账户与 B 基金账户均交易过并且买卖时点接近的股票共 22 只，占其深市交易股票数量的 70.97%；趋同交易成交金额合计 1.44 亿元，占其深市成交金额的 62.33%。李某、郑某涉嫌利用未公开信息交易罪。

三、争议焦点

(1)郑某是否符合利用未公开信息罪的犯罪主体？

(2)郑某与李某交流的信息是否属于《刑法》规定的“其他未公开信息”？

(3)郑某控制的账户股票交易是否可以认定与基金账户存在高度趋同？

(4)本案证据是否足以证明李某明示或者暗示郑某利用未公开信息进行交易？

四、辩护思路

(一)法无明文规定不为罪，对郑某以利用未公开信息罪的共犯追诉，对入罪主体随意类推、扩大，有违“罪刑法定”“禁止类推”的刑法精神

虽然有身份者与无身份者可以构成利用未公开信息交易罪的共犯，但本案证据显示李某不存在其本人或者利用郑某进行股票交易的行为，因此李某不具有从事相关趋同交易的犯罪行为，自然郑某不可能构成该犯罪行为的共犯。假设李某确实存在暗示郑某利用未公开信息进行交易的行为，郑某也不构成犯罪。

内幕交易、泄露内幕信息罪的犯罪主体包括“证券、期货交易内幕信息的知情人员”及“非法获取证券、期货交易内幕信息的人员”，而 2009 年《刑法修正案(七)》增设的利用未公开信息交易罪仅规定犯罪主体包括“证券交易所、期货交易所、证券公司、期货经纪公司、基金管理公司、商业银行、保险

公司等金融机构的从业人员以及有关监管部门或者行业协会的工作人员”。两相比较,不难发现内幕交易、泄露内幕信息罪明确对非特定主体身份的人在接收内幕信息后进行交易的行为也予以处罚,而利用未公开信息交易罪则仅对特定主体通过其本人或其控制的账户进行交易的行为或明示、暗示他人交易的行为进行处罚,但对于接收未公开信息的非特定人员进行交易的行为没有规定必须定罪处罚。2012 年出台的最高人民法院、最高人民检察院《关于办理内幕交易、泄露内幕信息刑事案件具体应用法律若干问题的解释》对内幕交易、泄露内幕信息罪的两种犯罪主体,即“证券、期货交易内幕信息的知情人员”及“非法获取证券、期货交易内幕信息的人员”的范围进行界定,但未涉及利用未公开信息交易罪,也未规定参照内幕交易、泄露内幕信息罪处理。

上述两个罪名同属一个法条,为何内幕交易、泄露内幕信息罪明确规定不特定人员接收特定人员透露内幕信息后进行交易的行为应予以处罚,却在利用未公开信息交易罪中没提及?辩护人认为立法者虽然意识到了实践中也会存在不特定人员接收特定人员透露的未公开信息进行交易,但未对这种行为规定处罚,立法者认为此行为不具有刑事可罚性。同样的情况如我国刑法只处罚贩卖淫秽物品的行为,对于购买淫秽物品的行为不予处罚,虽然购买者的行为客观上可能会构成贩卖淫秽物品的教唆行为。

刑法总则的规定对刑法分则的规定具有补充作用,但是这种补充以刑法分则存在补充的必要性为前提。若要对行为人定罪,应先看刑法分则,如刑法分则已经明确不作为犯罪处理,则无须用总则补充,本案中如强行扩张犯罪主体使郑某入罪,有违罪刑法定的原则。

(二)郑某和李某交谈内容不涉及任何基金买卖时点、价格、买卖数量等投资决策和交易信息,不属于刑法意义上的“未公开信息”

尽管刑事法律并未明确规定“未公开信息”的具体含义和范围,中国证券监督管理委员会(以下简称证监会)及最高人民法院亦未进一步出台相关规定或者司法解释对此予以明确,但证监会处理的利用未公开信息交易的案例中,已经总结出“未公开信息”的特征和范围。

中国证监会稽查局主编的《证券期货稽查典型案例分析》(2009 年卷)之《韩刚、刘海等利用未公开信息交易案》中,总结了“未公开信息”的特征:一是重大性,从一般理性投资者的角度分析,该信息应当对投资判断和决策产生影响;二是可利用性,该信息一旦被获取、知悉,将可以被用来进行证券、期货交易,并可能获取收益;三是交易性,该信息与证券期货交易密切相关;四是未公开性,无论该信息是否应当依法向社会公众公开,在案发时是处于未公开状态。中国证监会稽查局主编的《证券期货稽查典型案例分析》(2009 年卷)之《张野利用未公开信息交易案》在分析"抢帽子"交易与"利用未公开信息"交易的区别时指出:从信息来看,"抢帽子"交易涉及的信息范围比较窄,仅指对相关证券或其发行人、上市公司公开作出的评价、预测或者投资建议,一般是主观性的信息,而利用未公开信息交易证券、期货所利用的信息主要是指投资管理机构的投资计划、持仓情况等商业秘密,这些信息都是客观信息,而一般是不会公开的,一旦公开往往会对资产管理机构的客户或其本身利益生不利影响;从行为目的来看,"抢帽子"交易通过发布信息来影响证券、期货交易价格和成交量,继而在证券、期货交易中获利;而利用未公开信息交易证券、期货则主要是通过抢占公司或客户的交易机会来实现收益或规避风险,影响证券、期货交易的价格和成交量。

根据郑某的供述,其在聚会或见面时都会要求李某推荐股票,交流投资心得,李某也会讲一些股票的投资逻辑,其实他们买入的很多股票都是李某的基金重仓股,李某经常会让他们去关注其管理的基金的季报。李某推荐的股票都是不择时的,总是建议长期持有,从来不会建议买卖点,只会告诉他们投资逻辑。郑某等去询问李某买卖点时,他的口头禅是看好的股票随时都可以买。

根据上述事实,辩护人认为郑某和李某交谈内容不符合以上案例特征,不属于"未公开信息"。

1. 李某与张某交流的信息不具有可利用性及交易性

《刑法》规定的"未公开信息"必须是基金经理利用职务便利获取的包含买卖价格、买卖数量等基金投资决策及交易等可以直接用于股票交易的客观信息。李某只是与他人交流过自己对某些股票的看法,该主观性信息不会对证券交易价格产生影响。他人即使获悉基金经理看好、推荐某些股票,而并不知悉基金是否将交易该股票、何时交易该股票、以什么价位交易该股票,他人的交易行为充其量也只是基于对基金经理经验看法的信任所作出的投资决策,并不会影响证券价格。因此,李某基于公开信息与郑某等人交流对某些股票的看法,从未告知李某所管理基金的投资决策和交易信息，该信息不具有可利用性及交易性，依法不属于“未公开信息”。

2. 李某与张某交流的信息不具有秘密性

李某与郑某交往时，李某会让郑某关注他管理的基金的季报，双方会讨论交流对市场行情、经济形势以及个股的看法。而基金季报、市场行情等信息属于向大众公开的信息，因此只要双方交流的信息不涉及基金决策和交易信息，那么双方交流的信息属于公开信息，已经为公众所知悉，不具有秘密性，更不是“未公开信息”。

3. 李某与张某交流的信息不具有重大性

基金公司的有关投资决策或拟投资决策的重要信息为投资股票的数量、价格、盈利预期以及买卖时点。而基金公司从业人员仅仅基于公开信息与他人交流对某些股票的看法，该等交流只是运用公开信息进行分析，不具有重大特征，依法不属于“未公开信息”。根据证监会发布的利用“未公开信息”交易的全部行政处罚案例以及已判决构成利用“未公开信息”交易罪的全部刑事案例，“未公开信息”都是指基金的投资决策或交易信息，即基金购买股票的种类、数量、价格等信息。迄今为止，没有一起案例将基金经理单纯推荐股票而不涉及基金投资决策的信息认定为“未公开信息”。

（三）郑某控制的账户与基金账户股票交易在某些时间段重合或相近是巧合，两者的投资策略、买卖时点、收益率明显不同，两者不符合高度趋同的特征

中国证监会稽查局主编的《证券期货稽查典型案例分析》（2009 年卷）之《韩刚，刘海等利用未公开信息交易案》中，在总结如何认定“利用未公开信息交易”时指出，“证明违法主体获取的未公开信息与其从事的证券交易活动相关”是认定其利用未公开信息违规交易的重要一环，据此可从交易品种、交易时间、其他相关特征考量，如可以对涉案证券账户违法行为的持续时间进行分析，如果涉案证券账号在较长时间内持续不断地出现与基金投资高度相关的行为，则表明涉案账户与未公开信息的相关性不是偶发的、巧合的，而是有意识的、习惯性的。因此，辩护人认为以下事实可以说明两者并不存在高度趋同：

1. 两者的账户交易整体投资策略和思路不具有相关性

本案中侦查部门以部分交易时段存在重合或相近认定交易趋同是不客

观的。经对比分析,两者的账户交易整体投资策略和思路明显不同。基金账户对股票的交易基本采取长线持有的投资策略,在一段时间内以持续不断买入的方式逐步建仓,等待合适点位持续不断卖出。而郑某等账户采取不断买入、卖出,再买入、再卖出的短线频繁的操作策略。在缺少买卖价格、买卖时点、持仓等因素比较的情况下(尤其是股票交易的核心要素卖出时点),不能认定两者存在趋同。

2. 郑某账户首次买入大部分股票与基金账户股票买入时点不具有相关性

本案如果单纯通过股票的品种、交易的时间来看,个别股票的交易情况似乎存在"趋同"的问题。但是如果进行趋同交易判断,需要对买入时点、买入价格、持仓情况、卖出时点、卖出价格等进行综合比较,不能因交易的单一要素趋同而认定交易趋同。郑某控制的账户中大部分股票首次买入时点都不早于基金首次买入时点,有的在基金公告后才买入,有的晚于基金买入后的几个月。这种交易行为说明郑某获取的是公开的基金投资决策和交易信息。交易品种之所以趋同,可能是因为郑某参考研究了基金公布的季度年度报告,基金按期公告的信息可能成为他们的投资依据之一。

3. 郑某账户收益率与基金账户收益率不具有相关性

郑某控制的股票账户经常出现买入该只股票前股票价格大涨或卖出后股票价格大涨的情形,可见郑某进行交易时对于基金账户的交易信息不知情,所以才会出现不确定的反复买卖交易。从股票账户收益率来看,郑某控制的账户收益率远远低于基金账户的收益率。

(四)即使认定两者存在高度趋同交易,综合全案证据不足以认定李某有暗示郑某利用公开信息交易的行为,不能排除郑某凭借其自身专业能力在对公开信息进行研究的基础上进行交易

刑事处罚的证据证明标准应达到排除合理怀疑的标准,本案仅通过两个账户的高度趋同,郑某与李某的师姐师弟关系以及少量通话记录等关联材料就推定李某暗示郑某利用"未公开信息"进行交易,显然证据不足。本案中现有证据不能证明李某向郑某泄露了基金的投资决策和交易信息,不能证明郑某的买入和卖出行为是根据李某的明示或暗示进行的。相反,本案证据足以证明郑某的账户资金与李某无关,账户操作与李某无关,账户收

益与李某无关,郑某诸多股票交易与涉案基金操作存在反向操作。郑某具有二十多年的股票投资经验,对涉案股票的交易符合一贯投资风格,其本人也提供了对涉案股票进行交易的合理说明。因此本案不能排除郑某凭借其自身专业能力在对公开信息进行研究的基础上进行交易的合理怀疑。

1. 郑某控制的股票账户与李某无关

李某没有操纵或指使郑某等人进行股票账户交易,郑某与李某的资金往来都是朋友间正常的借款,与股票账户和股票交易完全无关。根据公开渠道检索到的利用“未公开信息”交易的全部行政处罚和刑事判决案例,都是基金经理利用自己控制的账户交易,或者与他人合谋用特定账户交易。本案与以往利用未公开信息交易的行政处罚案例及刑事案例不一样,本案并不是李某利用自己控制的账户进行交易,认定郑某是否涉嫌利用未公开信息交易罪应当更加审慎。

2. 李某未从郑某的股票交易收益中获利

股票交易获益后,郑某并没有将任何资金、财物支付给李某。李某不仅没有从郑某处获益,相反郑某曾向李某借款两次。其中一笔郑某在借款1个月后归还,并支付了利息。两笔资金确实未曾用于郑某的相关股票交易。李某不具有明示或暗示郑某进行交易的动机。

3. 郑某具有20多年的股票投资经验

郑某系某大学金融硕士,有20多年的股票投资经历,且郑某在担任某银行任职期间,工作范围涵盖个人投资理财的各项产品销售和服务,且主要负责全辖区大客户的投资理财业务,能够在工作和法律允许的范围之内获知各大券商的研究报告、各基金公司的策略报告。李某曾得过“金牛奖”,郑某基于对李某的研究能力的信任,对李某基金公告的每一期季报、半年报、年报都会仔细查阅和分析,并且对于李某基金已公布的重仓股或者新进股都会结合自己的股票投资风格先行将上述的重仓股、新进股列入备选股再通过对股票市场趋势研究后进行交易。

4. 郑某账户股票交易符合其一贯投资风格

经查阅郑某之前买卖股票经历发现,郑某的交易风格一直表现为持股相对集中,同一时期集中投资于少数几个行业,集中持有几只股票,交易相对频繁,对看好的股票经常进行高抛低吸的短线操作。2013~2014年郑某的投资主要集中在中小创领域的医药、TMT、节能环保、消费类行业,持股也很集中，交易也很频繁，2013～2014年买卖股票与该段时间之前及之后所买卖股票在交易习惯方面均保持一致，不存在2013～2014年交易风格与其他期间交易风格显著差异的问题。

5. 郑某对涉案股票的投资依据进行了合理说明

根据郑某的陈述，从2013年开始，随着市场对成长股的逐渐认可，郑某便将当时市场上主要投资成长股的基金作为跟踪对象。出于对李某投资风格和业绩的信任，郑某将李某所管理的基金的股票组合作为重点跟踪对象。郑某看好的行业股票，如果同时得到其他机构投资者的观点和动向的相互印证，就会作为郑某的备选股。郑某当时交易买卖的股票，均为当时医药、TMT、节能环保、消费类行业的明星股，多家基金公司均予以重仓，因此郑某选择当时的明星股进行交易合情合理。股票池一般同一时期会有十几、二十几只，在交易时郑某会根据市场情况买入4～6只做一个组合。即使是中长期看好的股票，郑某也会根据大盘的走势以及个股的技术指标进行短线交易，这种投资风格多年来一直如此。郑某管理的基金市值规模最高达100多亿元人民币，其几乎隔几天就会把组合里所有股票买一遍，因此郑某的股票交易就容易与基金高度重合。

五、案件结果

综合全案证据，郑某涉嫌利用未公开信息进行交易证据不足，检察院对其作出存疑不起诉。

六、经验分享

（一）对行业知识、行政法规有较深刻的认识，方能更有效地抓住案件辩点

刑事律师是具有专门刑事法律知识及实践经验的人才，但证券犯罪是典型的涉及行政法规与刑事法规的犯罪类型，并且证券市场有其特有的资本市场运作行业规则与规范。例如，对于证券犯罪认定趋同交易金额采取“T－5、T＋2”统计方式（行为人在机构交易日的前5日至后两日期间进行的交易将被认定为趋同交易）的客观性如何正确评判需要具备较深厚的行业背景知识和经验。因此，在代理此类型案件时，需要刑事律师加强与当事人沟通，抓住争议事实，按图索骥查找相关的事实及依据，方能更有效地抓住

案件辩点。

(二)深入了解案件证据及法律规定,对是否构成犯罪慎重评判,方能最大限度维护当事人利益

实践中,“老鼠仓”的查处一般运用大数据监控技术,通过筛查海量历史交易数据以及关联证据锁定犯罪嫌疑人。这种结果导向的查处方式一方面有利于案件的高效侦破,但另一方面也容易误伤无罪之人。因此,辩护人应当认真倾听当事人的辩解,结合案件的客观证据,慎重评判是否构成犯罪,避免陷入客观归罪的误区。随着认罪认罚制度的开展以及司法部门对证券犯罪的从重处罚的趋势,对于“不认罪”的“老鼠仓”案件,在案证据证明力充足时,对被告人处以的刑期相对较长。因此,辩护人在制定辩护策略时,务必充分审阅全案证据慎重评判。对于证据显示构成犯罪的,采取罪轻辩护策略,方能最大限度维护当事人利益。

通过深入研究和精准把握行业规则及相关法律规定,以及认真评判每个案件的具体情况,刑事辩护人可以更有效地维护当事人的合法权益,争取到合理公正的判决。在处理这类案件时,辩护人的专业素养、责任心和对法律的敬畏之心尤为关键。

七、商业启示

(一)金融资管行业:稳健前行的底线保障

在金融资管行业,“老鼠仓”等利用未公开信息交易的违法行为严重损害了市场的公正性,动摇了投资者信心。行业内的这种犯罪行为不仅给当事人带来刑事责任,还严重损害了整个行业的声誉。因此,行业内的机构应当加强法治宣传、培养合规文化,严格保密未公开信息,并建立健全违规处罚制度。通过这些措施维护金融资管行业的健康稳定发展,保障公平、公正的市场交易秩序,是金融机构义不容辞的责任。

(二)金融从业人员:坚守原则,审慎行事

首先,近几年来立法提高了证券犯罪的法定刑,并且监管部门联合执法,在技术上精进对证券违法人员的查处方式。可以预见未来对证券犯罪将越来越重视。因此,证券金融从业人员要坚守底线,不忘“受人之托,待人理财”初衷,避免一时踏错,悔恨终身。其次,一些涉案人员在行政调查阶

段,因对法律认识不足,在谈话调查时对违法事实全盘接受,对笔录囫囵吞枣全部签署。当案件移送刑事追诉时才对违法事实提出辩解,不利于案件的最终处理。因此,建议涉案人员在行政调查阶段就加强法律学习,必要时咨询律师。

（三）普通投资人士：法律救济，守护权益

2020 年 3 月 1 日实施的修订后的《证券法》第 95 条第 3 款规定了证券民事赔偿纠纷案件中投资者保护机构作为代表人进行诉讼制度。2020 年 7 月 31 日最高人民法院《关于证券纠纷代表人诉讼若干问题的规定》施行,2022 年 1 月 22 日最高人民法院《关于审理证券市场虚假陈述侵权民事赔偿案件的若干规定》实施,这些修订与实施的规范规定包括利用"未公开信息"交易、证券虚假陈述等在内的侵权行为给投资者造成损失的,应当依法承担赔偿责任。因此,除了对违法人员进行举报、控告,普通投资人在民事上也可以启动特别代表人诉讼,寻求相应的法律救济途径。

非法吸收公众存款罪案件免予刑事处罚的情形

——王某某涉嫌非法吸收公众存款罪不起诉案

刘珊珊*

一、导读

本案是P2P公司的员工被公司控告其和平台借款人合谋诈骗，后公安机关将P2P公司法定代表人、员工及借款人均以涉嫌非法吸收公众存款罪立案侦查并移送检察院审查起诉。笔者在审查起诉阶段为该员工提供辩护，最终检察院对其作出不起诉的决定。

二、案情简介

2018年，A公司（P2P公司）法定代表人陈某某因借款人张某未能按时还款，对张某所借款项进行审查，其认为张某与A公司市场部总监王某某、董事长李某某等人进行勾结、合谋诈骗公司款项，遂向公安机关进行控告。2019年，公安机关以非法吸收公众存款罪对本案进行立案侦查，侦查终结后将陈某某、王某某、李某某等人以涉嫌非法吸收公众罪移送检察院审查起诉。检察院审查后对王某某作出不起诉决定。

公安机关认定的事实为：犯罪嫌疑人陈某某成立A公司，从事网络借贷信息中介机构业务（俗称P2P），担任公司法定代表人，是公司风控部负责人。犯罪嫌疑人王某某、李某某等人先后入职A公司，分别担任公司市场部

* 刘珊珊，广东守静律师事务所律师，现任广东省律师协会经济犯罪辩护法律专业委员会委员、深圳市律师协会商事犯罪辩护法律专业委员会委员。专注于刑事辩护和刑事非诉业务，深入研究经济犯罪、走私犯罪、外国人犯罪等领域。执业以来办理上百宗刑事案件，具有丰富的办案经验。

总监、董事长，与犯罪嫌疑人陈某某一同经营管理A公司。A公司设立的“A金融”平台私自设立资金池账户、采取资金错配等违规行为，先垫付借款给借款人，再把借款人的借款项目放在P2P平台发标借款，变相向社会公众非法吸收资金，数额巨大，且不依照《网络借贷信息中介机构业务活动管理暂行办法》有关规定对借款人的借款项目真实性、合法性进行必要审核，造成3000余万元借款逾期不能归还的严重后果，其行为已触犯了《刑法》第176条，涉嫌非法吸收公众存款罪。犯罪嫌疑人陈某某是A公司的法定代表人，是公司风控部负责人，负责平台发标借款的审核；犯罪嫌疑人李某某是A公司董事长，负责平台发标借款的最终审批；犯罪嫌疑人王某某是A公司市场部总监，负责平台发标借款的接洽和初步审核，三人均应承担直接负责的主管人员责任。

三、争议焦点

（1）本案是否属于内外勾结型诈骗？

（2）王某某等人的非法吸收公众存款行为是否可以免予刑事处罚？

四、辩护思路

本案的案发系因借款人张某不能按时归还从A公司P2P平台所借的款项，A公司在业务自查工作中发现张某与王某某等人来往密切，遂认为张某与王某某等人涉嫌内外勾结，通过提供虚假车辆登记证书等手段，骗取平台资金，企图利用P2P“暴雷潮”达到非法占有平台及投资人资金的不法目的。虽然公安机关以非法吸收公众存款罪立案侦查，并未以诈骗罪立案侦查，但其聘请了审计机构对王某某与张某等人的资金往来进行司法审计，并将王某某与张某非法吸收公众存款案拆分成两个案件分别移送审查起诉。

辩护人经过多次会见、详细阅卷以及向家属了解案件情况，认为本案仍然存在朝诈骗罪方向补充侦查及审查的风险，遂在审查起诉阶段进行辩护时首先重点强调应将这两个案件并案处理以及王某某没有与张某合谋诈骗公司所吸收资金的事实。

针对争议焦点之一，辩护人从现有证据分析判断认为本案不属于内外勾结型诈骗。辩护人提出，本案张某的公司B公司不能归还A公司借款的原因并非王某某造成的，王某某也未与其等人合谋。

首先,王某某没有放任B公司在A公司P2P平台融资。王某某仅是市场部负责人,其介绍B公司这个客户到A公司系履行工作职责的行为,对于B公司能否向A公司借款要按照公司的相关规定,其没有决定权。陈某某与张某商谈过合作模式,即陈某某自始至终对B公司的经营模式是具有明确认识的,且主导决定两家公司的合作模式。

其次,B公司使用假车证做抵押向A公司借款的事情,王某某并不知情。王某某所在的市场部并不负责对B公司融资项目的真实性、合法性进行审核,风控部才是审核主体。关于B公司提供的抵押材料的真实性审核系由公司风控部负责。

再次,在B公司出现逾期无法归还借款的情况时,张某使用其他公司和其他个人的名义继续通过A公司P2P平台发标借款这一情形,王某某并不知情,也未参与,更没有任何决定权。

最后,王某某介绍张某到A公司,并未从中获取任何佣金或其他好处。王某某与张某等人之间的资金往来均系因三人之间存在的借贷关系而产生,其三人的资金往来与本案无关(王某某已提供相应的借款合同等证据证实)。

综上,王某某所任职位、工作职责以及A公司内部的业务流程决定了王某某无法操纵及决定公司的业务开展,其并没有与公司客户B公司及张某等人合谋实施骗取A公司P2P平台借款的行为。

针对争议焦点之二,辩护人认为,王某某的行为符合免予刑事处罚的情形。

辩护人在本案补充侦查后就王某某与张某等人的资金往来情况进行列表分析,详细论述该资金往来与本案并无关联,并将案件焦点集中在A公司非法吸收公众存款的问题上,提出王某某具有法定从轻、减轻处罚情节,可以免予刑事处罚,主要辩护理由简述如下:

第一,本案系单位犯罪,王某某按照公司安排和指示履行工作职责,在本案中仅起次要作用,应认定其为从犯。王某某并非公司的股东或高管,并非本案犯意的提起者,其对公司开展的P2P业务没有参与组织、策划工作,其对公司所吸收的资金无管理权,对资金的支配无决定权。王某某作为市场部总监,仅按照公司要求负责公司客户的前期接洽工作和资料收集工作,不负责业务风险的把控和业务资料真实性的审核等其他环节,在本案所起作用较小,应认定其为从犯。

第二,王某某自动投案,并如实供述自己所犯罪行,应认定其系自首。(1)王某某系自动投案。王某某接到侦查机关的电话通知后主动到公安机关接受调查。根据最高人民法院《关于处理自首和立功具体应用法律若干问题的解释》第1条第1项的规定,“自动投案,是指犯罪事实或者犯罪嫌疑人未被司法机关发觉,或者虽被发觉,但犯罪嫌疑人尚未受到讯问、未被采取强制措施时,主动、直接向公安机关、人民检察院或者人民法院投案”。本案中,王某某在尚未受到讯问、未被采取强制措施时,主动、直接向公安机关投案,根据上述司法解释的规定应认定其自动投案。(2)王某某如实供述犯罪事实。

王某某在侦查机关调查中,已如实供述其公司基本情况(经营P2P平台)、其个人工作职责、具体工作内容等事实,并详细说明了其发展的客户B公司与其公司进行业务往来的相关情况,积极配合侦查机关查明案件事实。而王某某在笔录中所称“我认为我没有涉嫌犯罪”,其系因此前侦查机关认为其与张某等人涉嫌诈骗罪,其对诈骗罪不予认可,而其对自己因履行工作职务而涉嫌非法吸收公众存款罪是无异议的。即使是其对自身行为性质的辩解,也不影响自首的成立。根据《刑法》第67条第1款和最高人民法院《关于处理自首和立功具体应用法律若干问题的解释》第1条的规定,犯罪以后自动投案,如实供述自己的罪行的,是自首。因此,应认定王某某具有自首情节。

第三,本案A公司P2P平台所吸收资金主要用于正常的生产经营活动,且目前所吸收的资金均已清退,根据某司法鉴定所《技术服务报告》可以证实,本案A公司未还本金为0,未还利息为0。本案并无任何投资人向办案单位报案,没有引发社会矛盾,没有造成严重的社会危害,依法可以对王某某免予刑事处罚。根据最高人民法院《关于审理非法集资刑事案件具体应用法律若干问题的解释》第3条的规定,[1]对于非法吸收公众存款,主要用于正常的生产经营活动,能够及时清退所吸收资金的,可以免予刑事处罚。因此,根据该规定,对A公司及A公司员工王某某可以免予刑事处罚。

---

〔1〕 本案处理时适用2010年的解释,相关规定参见2022年修正后的解释第6条。

五、案件结果

辩护人在审查起诉阶段多次与案件承办检察官联系，提出并案处理、取保候审申请、王某某具有从轻和减轻处罚情节以及可以对王某某免予刑事处罚等意见。案件经过两次退回补充侦查后，检察院认为，王某某实施了《刑法》第176条规定的行为，但其具有自首情节，所吸收资金主要用于正常的生产经营活动，现已全部清退，根据最高人民法院《关于审理非法集资刑事案件具体应用若干法律问题》第3条的规定，[1]可以免予刑事处罚，根据相关规定决定对王某某不起诉。

六、经验分享

近年来，P2P平台"暴雷"、老板跑路、投资人集体维权事件频发。本案并非一般的P2P平台"暴雷"引发的非法集资案件，而是P2P公司控告借款人非法侵占平台的资金，具有一定的特殊性。因此，对这类案件进行辩护时应着重关注其特殊之处进行有效辩护。笔者多次会见当事人，向其了解其与平台借款人之间资金往来的情况，结合案件审计报告进行分析梳理，厘清其与平台借款人之间仅存在借贷关系，并无任何利益输送，将案件争议焦点拉回到P2P公司涉嫌非法吸收公众存款罪、平台员工能否免予刑事处罚的问题上。在办理这类非法集资类案件时，也应重视法条的准确运用，把握非法集资案件免予刑事处罚的条件。在为该类案件公司员工进行辩护时，更应结合最高人民法院、最高人民检察院、公安部《关于办理非法集资刑事案件若干问题的意见》的相关规定，准确分析员工的任职情况（层级、职务、工作年限）、具体行为作用大小、主观恶性等，对员工的责任轻重和刑事追究的必要性进行充分分析论证，为其争取到罚当其罪、罪责刑相适应的裁判结果。

七、商业启示

下面是企业家可能面临的刑事法律风险及防范措施建议。

---

[1] 本案处理时适用2010年的解释，相关规定参见2022年修正后的解释第6条。

(一)直接投资、开设 P2P 公司并实际参与经营管理的企业家

1. 风险提示

最高人民法院《关于审理非法集资刑事案件具体应用法律若干问题的解释》第 1 条中规定了构成非法吸收公众存款罪所应同时具备非法性、公开性、利诱性、社会性四个要件。《刑法修正案(十一)》第 12 条将《刑法》第 176 条修改为:"非法吸收公众存款或者变相吸收公众存款,扰乱金融秩序的,处三年以下有期徒刑或者拘役,并处或者单处罚金;数额巨大或者有其他严重情节的,处三年以上十年以下有期徒刑,并处罚金;数额特别巨大或者有其他特别严重情节的,处十年以上有期徒刑,并处罚金。单位犯前款罪的,对单位判处罚金,并对其直接负责的主管人员和其他直接责任人员,依照前款的规定处罚。有前两款行为,在提起公诉前积极退赃退赔,减少损害结果发生的,可以从轻或者减轻处罚。"国家对非法吸收公众存款罪加大了打击力度,《刑法修正案(十一)》将法定最高刑调整为 10 年以上有期徒刑即最高刑可以到 15 年有期徒刑。

若 P2P 平台存在大量投资人的款项未能及时清退的情形,而 P2P 公司的行为符合上述非法吸收公众存款罪的四个要件,直接投资、开设 P2P 公司并实际参与经营管理的企业家则可能面临最高 15 年有期徒刑的刑事法律风险。若能及时清退资金,企业家有可能免予刑事处罚或被判处缓刑。

2. 防范措施建议

当上述企业家面临可能被追究非法吸收公众存款罪的刑事法律风险时,应及时聘请律师介入全面梳理公司运营模式、业务模式、资产情况等。首先,律师可以分析公司的行为是否符合非法吸收公众存款罪的四个要件,在罪与非罪的问题上进行深入、细致研判,并且还要防范公司行为转化为集资诈骗罪的风险。其次,律师可以协助公司对尚未清退的投资人款项情况进行梳理(区分本金和利息),并对公司资产进行盘点,研判能否清退以及如何清退投资人的款项。最后,介入律师可以对企业家可能面临被采取强制措施的情形进行防范应对,积极配合办案单位的工作,建议对企业家不予采取强制措施或是仅采取取保候审的强制措施,让企业家能够盘活资产、追回公司债务或者防止因其被关押导致名下公司破产、资产流失等不利于偿还投资人款项的情形出现。

（二）仅投资并未参与 P2P 公司经营管理的股东身份的企业家

1. 风险提示

若 P2P 公司被认为涉嫌非法吸收公众存款罪，该公司股东也可能面临被追究刑事责任以及追缴股东分红等法律风险。

2. 防范措施建议

实务中，股东不一定会构成共犯，对仅投资并未参与公司实际经营管理的股东一般不追究刑事责任。若股东已被立案及采取强制措施的，应就股东的行为进行研判分析，提出行为人主观上是否明知、是否参与经营管理、是否对非法集资活动起到帮助作用等进行分析，提出行为人不构成犯罪并变更强制措施的法律意见等。若股东未被采取任何强制措施，仍应积极配合办案单位，未实缴注册资本，应及时补足；若获取的分红款被查实系涉案赃款应及时退还；若 P2P 公司是单位犯罪，分红款系公司合法业务所得，应尽快梳理并提交相应证据从而避免分红款被冻结。

2015 年 7 月，中国人民银行等十部委联合发布了《关于促进互联网金融健康发展的指导意见》，对网络借贷行为和平台定位等做出了明确规定，被称为互联网金融“基本法”。该意见指出，P2P 网贷为信息中介，主要为借贷双方的直接借贷提供信息交互、撮合、资信评估等服务，不得提供增信服务等。企业家在投资 P2P 平台时应谨慎，尽可能聘请专业人士对该 P2P 公司的运营模式等进行分析研判，审查其是否符合国家有关规定。

（三）向 P2P 公司借大额款项但尚未归还的企业家

1. 风险提示

向 P2P 公司借大额款项但尚未归还的企业家有可能被公安机关采取查封、扣押、冻结、搜查、扣划等刑事强制措施追缴款项，其中恶意逃债的，还可能面临被追究刑事责任的风险。在上述案例中，借款人张某就被追究刑事责任。

2. 防范措施建议

近年来，向 P2P 公司借大额款项未积极归还的企业家被追究刑事责任的案例也逐年增加。这类企业家是否构成非法吸收公众存款罪的共犯，应结合案件情况进行分析。企业家在面临该类风险时也应及时聘请律师介入，及时梳理公司与P2P平台有关的借款，将公司与平台之间的借贷关系梳理清楚，对所借款项去向及用途进行分析，对不能归还的原因进行说明，对二者不具有共同犯罪的故意等进行辩护。

推翻三罪指控，实现准确定性

——宋某某非法吸收公众存款罪一案

易　凡[*]　彭祝孺[**]

一、导读

将某种权益份额化、股票化是国家明令禁止的行为，该行为不能与需经国家行政许可的经营行为混为一谈，混淆非法吸收公众存款罪与非法经营罪的最大原因就在于此。

本案在审查起诉阶段检察机关对被告人宋某某作出集资诈骗罪、擅自设立金融机构罪两项指控，辩护人经分析认为宋某某不符合两罪构成要件，随后集中于非法吸收公众存款罪与非法经营罪两项罪名的犯罪构成要件，逐一分析要件符合性，最终得出宋某某行为定性应为非法吸收公众存款罪的结论。一审法院接受该意见，更正公诉机关指控罪名，并认定宋某某的量刑应较其他被告人更轻，最终宋某某作为第二被告人取得了在全案所有被告人中量刑最轻的结果。

二、案情简介

2014 年 3 月，钟某某伙同宋某某、肖某某等人，商议并在香港注册成立×文化产权交易所（以下简称×文交所）。×文交所股东股权分配清楚，职

---

* 易凡，北京市盈科（深圳）律师事务所股权高级合伙人、刑事中心秘书长，广东省律师协会经济犯罪辩护专业委员会委员，深圳市律师协会商事犯罪辩护法律专业委员会委员。参与编著《刑事有效辩护案例精选》《常见证券犯罪辩护要点实务精解》。

** 彭祝孺，北京市盈科（深圳）律师事务所专职律师，参与编著《常见证券犯罪辩护要点实务精解》。

能分工明确,其中宋某某担任总经理,负责公司交易平台运营的翡翠资产包事宜和客服工作,占公司 6% 股份。

×文交所通过公司网站、第三方代理人、代理公司向社会公开其公司翡翠艺术品股票交易平台,并将 17 只翡翠艺术品份额化、股票化(每只股票也叫资产包),交易手续费为 0.3%,承诺原始股不跌破人民币 1 元 1 股。其主要针对原 Z 文化产权交易所集资诈骗案中的投资人,打着"平移、自救"的旗号,承诺将交易手续费(平台经营收入)65% 的金额作为原 Z 文化产权交易所投资人损失的解禁金额,解禁资金可以在平台流通交易,要解禁资金必须在×文交所平台上进行多次交易。操作过程如下:投资人在平台网站注册账户,下载交易软件,网签投资协议,将投资金转账到第三方资金托管公司"Y 资本管理有限公司"(×文交所旗下公司)的银行账户里,交易软件系统后台就会显示相关金额,投资人就可以使用软件进行交易、买卖以及提现。后×文交所资金链断裂无法出金提现,投资人报案,本案案发。经统计,本案被害人近百名,涉案金额达数千万元。

公安机关于 2017 年 2 月立案侦查,经检察院批准后依法对宋某某等人执行逮捕。经过两次退回补充侦查,公安机关最终认为宋某某等人构成集资诈骗罪、擅自设立金融机构罪、非法经营罪三项罪名,将宋某某作为第二犯罪嫌疑人将本案移送审查起诉。

审查起诉阶段,辩护人陆续提交三份法律意见书论证本案行为本质及宋某某的犯罪地位,积极主动与承办人进行沟通。最终,公诉机关部分采纳辩护人意见,仅以一罪提起公诉,定性为非法经营罪,并将宋某某作为第二被告人。

三、争议焦点

本案关键在于宋某某等人的行为定性,以及宋某某在其中的犯罪地位。控辩双方对以下三点存在巨大争议:

(1)宋某某等人整体行为应否以数罪评价?

(2)宋某某等人整体行为应评价为非法经营罪还是非法吸收公众存款罪?

(3)宋某某个人实施了何种行为?其犯罪地位如何?

四、辩护思路

最初，辩护人对本案作无罪辩护，但通过与公诉机关承办人的沟通以及根据控方的让步进行诉讼策略分析，辩护人认为无罪辩护的空间很小，罪轻辩护的可行性更高。本案犯罪数额达数千万元，辩护人经过细致的证据分析和事实归纳，认为宋某某的行为符合非法经营罪而非非法吸收公众存款罪，从刑罚和量刑方面切实保障宋某某合法权益。因此，辩护方向转为轻罪辩护，围绕行为定性和宋某某量刑情节展开。

（一）宋某某的整体行为仅构成一罪

最初，公诉机关默认按照《起诉意见书》中的三项罪名——集资诈骗罪、擅自设立金融机构罪、非法经营罪进行指控，辩护人按照其逻辑，对三项罪名作出分析和辩护。

首先，没有证据证明宋某某实施“使用诈骗方法非法集资”的行为。宋某某虽然挂了总经理之职，但是没有相应权利，也未实际参与×文交所的日常经营管理。宋某某没有从×文交所获得非法利益，其不具有非法占有他人财物的主观故意。

其次，×文交所是由肖某某等人在香港登记注册的，现有证据不能证实在香港注册此类性质的公司需经国家有关主管部门批准，不能确定该公司属于“金融机构”，且宋某某是投资人不是设立人，其投资行为不构成擅自设立金融机构罪。

最后，文化产权交易行为本身并不被我国“国家规定”所禁止，相反是为国家“文化＋金融”政策所鼓励的。宋某某向×文交所投资的行为本身没有“违反国家规定”，“将翡翠艺术品份额化、股票化”的行为依法不属于刑法意义上的“非法经营”行为。

宋某某等人设立×文交所的目的在于吸纳资金，二者是手段与目的的关系，宋某某不仅不符合上述三项罪名的犯罪构成要件，而且其吸纳资金本身只能被评价为一个行为，不应对其进行重复评价。

（二）宋某某的行为更符合非法吸收公众存款罪的构成要件

本案中，评价众人行为的关键在于×文交所自行经营翡翠艺术品股票交易平台并将翡翠艺术品份额化、股票化的行为是否具有发行股票、债券的真实内容，进而判断其通过公司网站、第三方代理人、代理公司向社会公众宣传、引诱投资人投资上述平台交易牟利的行为是否属于未经国家主管部门批准的非法经营金融业务。在明确整体行为仅能构成一罪的基础上，公诉机关认为宋某某等人无视国家法律，未经国家主管部门批准非法经营金融业务，符合非法经营罪的构成要件。辩护人则从两项罪名的构成要件出发，认为整体行为不具有发行股票、债券的真实内容，行为本质是面向社会不特定对象吸收资金，应将其定性为非法吸收公众存款罪。

首先，国务院发布的《关于清理整顿各类交易场所切实防范金融风险的决定》明令禁止“将任何权益拆分为均等份额公开发行”，而×文交所的行为正是违反了这项规定，将翡翠艺术品所有权“拆分为均等份额公开发行”。从非法经营罪的罪状来看，非法经营行为违反的“国家规定”不是泛指，而是其中有关经营需经行政许可的部分。无照经营或者超越经营范围本身并不是非法经营，只有当无照经营或者超越经营范围的行为需要行政许可才能经营时，才属于刑法意义上的非法经营行为。鉴于×文交所“将翡翠艺术品份额化、股票化”的行为不属于刑法意义上的非法经营行为，依法不宜将其定性为非法经营罪。

其次，最高人民法院发布的《关于审理非法集资刑事案件具体应用法律若干问题的解释》第 2 条第 5 项规定，不具有发行股票、债券的真实内容，以虚假转让股权、发售虚构债券等方式非法吸收资金的，应当依照《刑法》第 176 条的规定，以非法吸收公众存款罪定罪处罚。×文交所所谓的“股票”“资产包”实质上不具有发行股票、债券内容，系虚假的债券，其本质是向不特定对象吸收资金，依法构成非法吸收公众存款罪。

最后，参照当地中级人民法院 2016 年作出的多份刑事判决书，原 Z 交易所同样是通过网络投资平台公开宣传并引诱投资人购买该网络投资平台上交易的翡翠实物产权，相关参与者最终被认定为非法吸收公众存款罪。×文交所完全复制原 Z 交易所的运营模式，甚至大部分客户都是原 Z 交易所的代理商从其平台“平移”过来的。为确保法律适用的统一性以及可预见性，本案应同样以非法吸收公众存款罪对宋某某等人予以定罪处刑。

（三）宋某某在犯罪中所起作用小，系从犯

公诉机关根据宋某某在×文交所的占股比例、职位，认为其负责“翡翠资产包事宜和客服工作”,对其与其他被告人一视同仁。在明确本案的行为定性后,辩护人通过整理全案证据,提出宋某某个人未实施指控行为,其没有从中获取任何不法利益,其行为与肖某某等人存在本质区别,其应属从犯。辩护人通过整理涉案人员的职责得出×文交所的“翡翠资产包事宜和客服工作”均由他人负责,与宋某某无关的结论。同时,根据人物关系图以及供述比对表呈现的全部涉案人员对宋某某的职位无一致说法的事实,表明×文交所宋某某实际为挂职,不掌握实权。另外,涉案账户主要资金流向图可以表明资金都被肖某某等人占有或挪用,宋某某实际上并未取得任何利益;宋某某因肖某某等人的违法犯罪行为遭受巨大的经济损失,也是本案的受害人。综上所述,宋某某构成非法吸收公众存款罪的从犯,其行为与肖某某等人存在本质区别,依法应对其减轻或从轻处罚。

五、案件结果

通过沟通交流,承办法官表达了对辩护意见的认可。最终,法院采纳辩护人的主要辩护意见,考虑到现有证据未能查清款项的具体去向及用途,无法证实宋某某对集资的款项具有非法占有的主观目的,不以集资诈骗罪论处。本案经营模式并非法律明确规定的非法金融业务类型,宋某某的行为符合变相非法吸收公众存款的犯罪特征,故更正公诉机关的指控罪名,以非法吸收公众存款罪对宋某某等人定罪处罚。就宋某某的犯罪地位问题,法院认可其相较于其他被告人在犯罪中所起的作用较小,在量刑上比照其他被告人从轻处罚,故判决宋某某有期徒刑3年,并处罚金人民币5万元。

宋某某认罪服判。

六、经验分享

在刑事实务中,非法经营罪似乎成为经济类犯罪的一项“兜底罪名”,只要与经济活动有关的行为都有可能涉嫌该罪。本案的核心就是非法经营罪与非法吸收公众存款罪的界定。

针对非法经营罪进行辩护,无论是罪与非罪还是此罪与彼罪,办案人员都不能脱离犯罪构成要件,而要以此为抓手提炼出辩护观点。笔者立足于本案,结合以往办案经验,总结出该罪三个辩护要点。

(一)成立非法经营罪的前提是"违反国家规定"

非法经营罪属于行政犯,其引证罪状为"违反国家规定"。根据《刑法》第96条之规定,"国家规定"限于全国人大及其常委会制定的法律和决定、国务院制定的行政法规、规定的行政措施、发布的决定和命令。"非法经营"行为以"违反国家规定"为必要前提,就这一点,笔者建议实务人员关注以下内容:

1. 涉案行为当时是否存在相关国家规定

如果行为当时没有相关的国家规定对其进行规制,基于罪刑法定原则及期待可能性理论,该行为不应被评价为非法经营罪。

2. 在涉案行为持续期间是否存在两个以上相关国家规定对此类行为予以规制

由于近年新兴事物层出不穷,司法实务对新兴领域出现的不法行为做出反应需要一定时间,某些情况下为打击某种不法行为,有权机关可能先行发布一份较为粗糙、宏观的规范性文件指导实践,待到对该事物认识达到一定程度后再针对实践中普遍存在的问题出台相应文件。因此,涉案期间可能存在不同文件,评价行为时在适用上会涉及法律文件的溯及力以及效力问题。如果存在"从旧兼从轻"或者"特别法优先于一般法"的顺序,可能对当事人非常有利。

因此在审查案件是否"违反国家规定"时,要依照相关法律、行政法规及司法解释的规定准确把握。对于违反部门规章、地方性法规规章、行政机关内部文件规定的行为,应及时提出该行为"没有违反国家规定"的意见。

(二)只有出现"扰乱市场秩序"的结果才可能构成非法经营罪

非法经营罪规定在《刑法》分则第三章"破坏社会主义市场经济秩序罪"第八节"扰乱市场秩序罪"中,其保护法益为国家的市场交易管理秩序。某一行为违反国家规定,但没有对市场秩序造成侵害的,不应将其作为犯罪处理。

对于何为"扰乱市场秩序",应结合"情节严重"进行判断。目前多份司法解释主要围绕非法经营数额、违法所得数额、受行政处罚的次数等方面对此作出规定,因此办案人员必须对涉案数额敏感,将审查重点放在涉案银行账户的流水、审计报告上。另外,涉案数额的构成也需要特别注意,如违法所得额是指获利额,即以行为人违法生产、销售商品或者提供服务所获得的全部收入(非法经营数额),扣除其直接用于经营活动的合理支出部分后剩余的数额。

(三)"经营"必须是持续实施且具有营利性的行为

"非法经营",顾名思义,应当是违反国家规定,在社会主义市场经济中从事相关经营活动,扰乱市场秩序达到情节严重的行为,因此该罪适用的语境应当满足"市场""经济活动""经营行为"等要素。

在第七版《现代汉语词典》中,"市场"释义为"商品交易的场所","经济活动"释义为"社会物质生产和再生产的活动","经营"则指"商业、服务业出售某类商品或者提供某方面的服务"。市场经济活动离不开交易,经营行为离不开持续性买卖。如果交易是单一的、偶发的,又或者自我交易、左手倒右手(如自己刷卡养卡),这种行为不属于市场经营,不会对市场交易管理秩序构成破坏,也就不应被评价为非法经营罪。

营利性也包含了对主观目的的要求。非法经营罪属于目的犯,主观构成要件要求"以营利为目的"。如果行为不以谋取商业利益为目的,其不属于经营行为,不具有"经营性",未侵犯"市场秩序"这一法益。

七、商业启示

在企业经营的过程中,以非法经营罪为首的经济类罪名就像是悬在民营企业家头上的"达摩克利斯之剑"。为确保这把剑不落下,笔者认为企业应当从自身业务选择和整体合规建设两大方面开展工作。

(一)企业进入某一业务领域应对其有所把握

根据《刑法》以及众多司法解释、行政法规对非法经营罪的规定,该罪高发业务领域为证券、期货、资金支付结算业务、外汇、出版、烟草等,如果企业要经营上述国家规定实行专营、专卖的物品或者从事特殊行业服务,其必须确保自身通过行政审批、取得经营许可。同时,其应对公司所从事行业的相关规定有所了解,确认所有行政许可、资质均已申请,并以营业执照上确定的经营范围为准,确保经营活动未超出核定的营业范围。

实践中,非法经营犯罪形式多样,涵盖范围较广,企业如果不能谨慎经营,很有可能触犯刑法,承担刑事责任。因此,企业应当知晓法院认定经营行为构成犯罪的几种典型情况，避免踩坑：

(1)“外挂”虽然常见，但利用“外挂软件”代练升级、收取费用并形成一定规模，情节严重的可能构成犯罪。因为“外挂软件”在定性上属于非法互联网出版物，利用“外挂软件”“代练升级”，客观上构成对该非法互联网出版物的发行、传播，属于出版非法互联网出版物的行为，根据相关规定[1]，情节严重的行为应当以非法经营罪定罪处罚。

(2)利用 POS 机刷卡套现收取手续费，情节严重的可能构成犯罪。表面上看刷卡套现似乎未对刷卡人和支付人造成损失，实际上这是一种扰乱国家金融秩序的非法经营行为，因为在未发生真实商品交易的情况下变相将信用卡的授信额度转化为现金，就是将金融机构资金置于高度风险之中。因此，这种行为可能会被以非法经营罪追究刑事责任。

(3)自身资金充裕的企业，要注意避免以收取高额利息为条件对外放贷。相关规定[2]已明确，违反国家规定，未经监管部门批准，或者超越经营范围，以营利为目的，经常性地向社会不特定对象发放贷款，扰乱金融市场秩序的行为，属于非法经营行为。如果企业在两年内向不特定公众出借资金超过 10 次，且年利率超过 36%，就可能涉嫌非法经营罪，对企业而言得不偿失。

此外，非法经营罪在实践中还表现为“以牟利为目的，依托调查公司，非法经营为他人追讨债务、调查个人隐私”“私设收费路障，经营道路过路收费业务”等各种情形，此处不详述。

对企业家而言，只有守法才能行稳，只有行稳才能致深。为了企业的长久发展，企业家应当对其业务领域相当了解，如果对自身运营模式是否触犯刑法有顾虑或者无法把握的，应当及时联系法务或者风控部门，又或者是向专业的刑事律师咨询，事情做在前头总比亡羊补牢要好。假设企业或者其负责人、高管不幸卷入刑事追诉的旋涡，那么相关主体应当及时委托专业律师尽早介入案件，抓住庭前的黄金时期开展工作，尽可能避免对企业和个人造成严重影响。

---

[1] 参见最高人民法院《关于审理非法出版物刑事案件具体应用法律若干问题的解释》第 11 条。

[2] 参见《关于办理非法放贷刑事案件若干问题的意见》第 1 条。

（二）企业应视自身规模开展相应合规建设，定期开展业务经营情况合法性分析

企业合规是目前如火如荼的一项新策略、新方法，并主要通过刑事合规推动。企业合规涉及企业生产经营的方方面面，如安全生产合规、反贿赂合规等，任何不合规都会引发相应的行政制裁或民事处罚风险。既然能够认识到可能存在的风险，将问题扼杀在摇篮里是最为稳妥的。

考虑到合规并不是一件简单的事情，需要付出金钱和时间成本，企业在开展这项工作时要量力而行。企业不是无区别地都要在合规上达到国企的标准，否则有违市场经济规律。企业可以根据自身规模的大小，决定合规建设的方案，有条件的企业要实现内部各环节全覆盖，没有条件的也要对重点环节进行把控，定期开展业务经营情况的合法性分析。

首先，企业至少要进行制度合规。“没有规矩，不成方圆”，制度是行为的准则。企业应当制定良好的业务管理制度、劳动用工制度等，形成体系并严格执行和逐步完善。公司业务开展的每一个环节都应当有规则予以明确并配有专人进行严格把控，尤其是一些需要取得有关行政主管部门批准或需要取得相关许可证明的特定行业，其应当按照规定办理准入许可，并时刻关注有关许可证的有效期，以免超期导致非法经营。

其次，企业应定期对内开展业务培训和法律培训。笔者在实践中经常见到某些企业因对行业了解程度不够、法律意识不够强等触犯刑法，但“不知者”无法“无罪”，企业家作为企业直接负责人，本应充分了解公司业务开展情况，增强自身法律风险防范意识。同时，企业应自上而下在内部形成守法风气，应定期组织员工尤其是关键岗位人员进行业务培训和法律培训，使其充分了解业务开展的具体流程、注意事项、风险防范等，以实现“人人合规”“事事合规”。

第三章

金融诈骗罪

受害人在商业汇票汇兑中没有遭受损失不构成票据诈骗罪

——俞某某被控票据诈骗罪无罪案

李　龙*

一、导读

票据诈骗罪，是指以非法占有为目的，通过虚构事实或隐瞒真相的手段，利用金融票据实施诈骗活动，骗取数额较大财物的犯罪行为。其中，“冒用他人的汇票、本票、支票”是指行为人擅自以合法持票人的名义，支配、使用、转让本人不具备支配权利的他人票据的行为。本案由于没有受害人，案涉银行承兑汇票的付款人即银行及收款人均没有遭受经济损失，被告人的行为依法不构成票据诈骗罪。

二、案情简介

2013年1月16日，上海B公司（法定代表人为宠某某）与振某公司（法定代表人、董事长为俞某某）及A银行三方签订《合作协议书》，该协议书约定：（1）A银行向振某公司提供一定授信额度，定向支付振某公司向B公司购买货物的货款，B公司根据A银行指示向振某公司送达相应价值货物，如振某公司授信到期而B公司尚未将全部货物送达，则B公司应将未发货部分对应款项退还或承担商品回购责任；（2）振某公司每次提取货物时，需向

---

* 李龙，上海财经大学法律硕士，北京市东元（深圳）律师事务所高级合伙人、管委会副主任、刑事辩护及企业合规专业委员会副主任，深圳市律师协会商事犯罪辩护法律专业委员会成员，专注于刑事业务，在职务犯罪、商业贿赂犯罪及经济类犯罪案件方面积累了丰富的办案经验。

A 银行申请,同时在保证金账户存入相当于该次提货金额的保证金(或归还相当于该次提货金额的融资款项),A 银行向 B 公司发出发货通知书;(3)B 公司收到 A 银行出具的《发货通知书》后向振某公司发出《发货通知书收到确认函》,同时按通知书向振某公司发货;(4)A 银行出具的《发货通知书》是 B 公司向振某公司发货的唯一凭证。

俞某某以其拥有某市的房产(评估价格 6813.05 万元)进行抵押,同时,俞某某及正某集团有限公司(法定代表人为俞某某)作为振某公司的保证人,为振某公司对 A 银行依据上述合作协议书产生的债务提供了最高限额为 42,000 万元的保证。2013 年 3 月至 5 月期间,振某公司在不完全从事真实贸易的情况下,陆续向 A 银行申请开具银行承兑汇票。B 公司亦未遵守协议中关于放行货物的约定,而是自行决定是否向振某公司发货。A 银行共计开出了 20 张单张票面金额均为 1000 万元的汇票,收取了振某公司共计 8000 万元的保证金。案发时,B 公司已收到 12 张汇票,其中 10 张已贴现,2 张背书转让,另外 8 张汇票为涉案汇票。

另外,为筹集 A 银行承兑汇票所需的保证金,2013 年 5 月 10 日俞某某、振某公司与陈某某签订了《融资居间合同》《借款合同》,约定:俞某某向陈某某借款 7000 万元,用于振某公司在 A 银行(保证金开立银行)承兑汇票,借款期限为 15 天,利息每天 0.2%;振某公司为保证人,俞某某、振某公司收到陈某某出借的款项之后,向 A 银行申请开具 8 张单张票面金额均为 1000 万元的承兑汇票(上述 8 张涉案汇票),作为抵押担保交给陈某某保管。2013 年 5 月 15 日,陈某某按约定将 7000 万元转入俞某某指定的账户。16 日,振某公司安排人员到 A 银行领取了上述涉案 8 张银行承兑汇票,并将该 8 张没有任何背书内容的汇票交给陈某某,又安排陈某某到上海找 B 公司背书转让,但未果。2013 年 5 月 21 日,陈某某委托其在北京的朋友将涉案 8 张汇票在另一家银行贴现,拿到贴现款。

2013 年 10 月 9 日、10 日、16 日及 11 月 14 日,A 银行与某资产公司先后签订了 4 份《买断型债权转让合同》,转让了该行因开具汇票对振某公司所享有的全部债权(扣除保证金),转让总价款为 12,006 万元。至 2013 年 11 月 19 日,B 公司分 7 笔向该资产公司累计支付 12,206 万元,用途注明为委托收购款、受托代理费、委托代理费。

2013 年 8 月 18 日,B 公司与振某公司对账时发现 A 银行共开具了 20

张承兑汇票，但B公司只收到12张，另有8张汇票（每张票面金额为1000万元，共计8000万元）由A银行交给了振某公司，该8张汇票（收款人均为B公司）已被他人假冒B公司名义进行背书和贴现，A银行已发函要求B公司对8000万元承担赔偿责任。

经公安机关侦查，涉案8张汇票在北京某家银行贴现时的背书情况为：第1手是“B公司财务专用章”“庞某某印”背书给广西某产权交易中心有限公司；第2手是“广西某产权交易中心有限公司财务专用章”“俞某清”背书给南京裕某贸易有限公司；第3手是“南京裕某贸易有限公司财务专用章”“孔某某印”背书给上海金某实业发展有限公司；第4手是“上海金某实业发展有限公司财务专用章”“阮某某印”背书给北京一家银行。经鉴定，涉案8张汇票背书中的“背书人签章”栏盖有印文内容为“B公司财务专用章”及“宠某某印”的印章印迹，与B公司报案时提供的样本中相应印文、印章印迹不是同一印章所盖。

一审法院审理查明案涉事实及证据后，认为签订《合作协议书》各方均未完全遵守协议约定；A银行没有因振某公司开具银行承兑汇票发生损失，涉案的8张汇票没有造成银行和收款人B公司任何经济损失。因此，法院认为指控被告人俞某某涉嫌票据诈骗罪的罪名不成立。

三、争议焦点

（1）现有证据是否足以证实涉案8张汇票在第1手、第2手背书过程中存在虚假背书行为，是否足以证实被告人俞某某参与实施了对涉案8张汇票的第1手、第2手背书或虚假背书行为？

（2）在受害人没有遭受经济损失的情况下，能否认定被告人构成票据诈骗罪？

四、辩护思路

（一）票据上疑似伪造的印鉴未经法定提取、送检程序，不能作为指控证据

辩护人提出，公安机关并未调取B公司与振某公司往来中所使用的签章样本，其仅依据B公司2013年报案时所提供的样本进行鉴定，所形成的《文检鉴定书》不足以证实被告人实施了票据诈骗行为，况且被告人也否认

参与实施了虚假背书行为。

公安机关出具的《文检鉴定书》所依据的鉴定样本是B公司在2013年报案时所提供的样本,其未调取B公司与振某公司往来过程中(包括在A银行办理的银行承兑汇票业务)所使用的签章样本,且被告人俞某某否认在涉案8张汇票上进行第1手、第2手背书。案发后,公安机关未缴获涉案8张汇票有关B公司的印章,俞某某否认在涉案8张汇票上背书,现有证据不足以证实涉案汇票上的B公司的相关印章系俞某某冒用他人名义非法制作。综上,现有证据不足以证实涉案8张汇票的第1手、第2手背书情况及存在虚假背书,也不能证实俞某某参与实施了背书或存在虚假背书行为。

(二)受害人没有遭受经济损失,不符合票据诈骗罪的客观要件

辩护人提出,无论是付款人A银行,还是收款人B公司,均没有任何经济损失,公诉机关的指控证据不充分,其指控依法不应获得支持。

被告人在向A银行申请开具银行承兑汇票时,不仅向银行提供了8000万元的保证金,还提供了不动产产权抵押担保及第三人的担保。即使被告人在银行承兑汇票到期后无法偿还款项,A银行已通过扣抵被告人存入的8000万元保证金的方式收回了部分欠款,还与某资产公司签订《买断债权转让合同》,通过转让汇票的全部债权获得12,206万元对价的方式获取汇票剩余未偿还款项,最终A银行收回了其支付涉案20张汇票计20,000元的款项,没有遭受任何经济损失。而作为汇票收款人的B公司,贴现了涉案的12张银行承兑汇票共12,000万元,并于2013年11月19日前通过网上转账的方式支付给某资产公司委托收购款12,206万元。而某资产公司在收到该款后就转给了A银行作为买断汇票债权的转让金。因此,涉案8张汇票没有造成A银行经济损失。公诉机关以被告人冒用B公司名义将涉案8张汇票背书转让贴现、骗取银行承兑金额共计8000万元,造成银行经济损失为由构成票据诈骗罪的指控没有事实与法律依据,不应予以支持。

鉴于公诉机关指控被告人涉嫌票据诈骗的证据存在严重缺陷,且被告人坚持作无罪辩护,在充分分析及研究案卷材料并与被告人及家属充分沟通的基础上,辩护人在庭审中提出了"骑墙式辩护意见"——既作无罪辩护,又作罪轻辩护。公诉机关在本案中另行指控被告人涉嫌伪造公司、企业印章罪,公诉机关的逻辑是以被告人冒用或非法制作B公司相关印章,并在案涉汇票背书上使用,从而构成票据诈骗罪。但辩护人认为,公诉机关所提交

的关于被告人涉嫌伪造公司、企业印章罪的证据不充分、不确凿,无法形成证据链,无法排除合理怀疑,尤其是公安机关未缴获被鉴定机构认定为假冒B公司的涉案印章,被告人也否认其在涉案的汇票上背书,现有证据不足以证实涉案汇票上的B公司的相关印章系被告人冒用他人名义、非法制作的。因此,公诉机关关于被告人实施伪造企业、公司印章行为并在案涉汇票上使用该假冒印章企图诈骗A银行或B公司财产的行为,涉嫌构成伪造企业、公司印章罪及票据诈骗罪的指控不能成立。

五、案件结果

一审法院认为检察院指控被告人俞某某犯票据诈骗罪的证据尚未达到确实、充分的程度,指控不能成立,不予支持。

六、经验分享

(一)深入研判,透析案件焦点

本案所涉的票据诈骗罪必须具备受害人遭受经济损失这一前提条件,才能构成犯罪,若案件中没有受害人或者受害人根本没有任何经济损失,则不构成本罪。在本案中,出具汇票的银行并没有遭受任何经济损失。首先,被告人及其相关公司在向A银行申请办理汇票业务时,已经按A银行的要求将一定比例的保证金汇入了A银行专用账户;其次,被告人的关联公司以公司名下远超汇票金额的不动产为被告人向A银行申请银行汇票作抵押担保;最后,案发后,A银行已经扣抵了保证金并将剩余债权打包成资产包转让给了资产公司,其剩余未清偿的债权已通过资产公司支付的出让金抵偿,没有任何损失。而作为收款人的B公司,已汇兑了12张银行汇票,也没有损失。辩护人就是着重从银行汇票各方均没有遭受经济损失这一辩点进行论证,最终获得审判机关认可,对公诉机关对被告人关于票据诈骗犯罪的指控不予采纳。

(二)在充分掌握案件材料的基础上明确辩护方向并制定辩护策略

在办案机关没有确凿、充分的证据证明被告人实施了伪造单位印章进而冒用单位汇票的犯罪行为,无法排除其他合理怀疑的情况下,辩护人大胆地根据无罪推定、疑罪从无的原则,为被告人制定无罪辩护的策略,为被告人寻求合法利益最大化，获得了被告人及家属的认同。在确定上述无罪辩护的方向后，辩护人从控方提交的指控证据入手，找到其中的矛盾点，经过深入分析研究得出“办案机关所收集的指控被告人犯罪的证据存在收集、提取的问题”的结论，且由于办案机关未提取涉案方发生业务往来时被冒用单位当时使用的印章，也没有收缴接受公安机关委托的鉴定机构鉴定为假印章的案涉伪造印章，辩护人合理质疑公诉方指控证据存在严重缺陷。最终，辩护人关于被告人不构成票据诈骗罪的无罪辩护意见获得合议庭认可。

（三）关于“骑墙式辩护”的合法性及适用情况

所谓“骑墙式辩护”是指辩护人既为被告人作无罪辩护，又在量刑上为被告人作罪轻辩护。这种辩护策略曾被检法部门否定，认为辩护人既作无罪辩护，又作罪轻辩护，明显自相矛盾，要求辩护人二选一。但根据 2021 年 3 月 1 日起实施的最高人民法院《关于适用〈中华人民共和国刑事诉讼法〉的解释》（法释〔2021〕1 号）第 283 条第 2 款的规定，“对被告人不认罪或者辩护人作无罪辩护的案件，法庭辩论时，可以指引控辩双方先辩论定罪问题，后辩论量刑和其他问题”，律师在庭审辩护时作“骑墙式辩护”也有了法律依据。另外，2018 年 1 月 1 日施行的《人民法院办理刑事案件第一审普通程序法庭调查规程（试行）》（法发〔2017〕31 号）第 44 条规定：“被告人当庭不认罪或者辩护人作无罪辩护的，法庭对定罪事实进行调查后，可以对与量刑有关的事实、证据进行调查。被告人及其辩护人可以当庭发表质证意见，出示证明被告人罪轻或者无罪的证据。被告人及其辩护人参加量刑事实、证据的调查，不影响无罪辩解或者辩护。”该条款同样规定了辩护人作无罪辩护时，法庭可以对与量刑有关的事实、证据进行调查，被告人及其辩护人发表参加量刑事实、证据的调查，不影响无罪辩解或辩护。因此，辩护人可以根据具体情况援引上述法律依据维护被告人及辩护人的合法诉讼权利。关于辩护人在什么情况下才能提出“骑墙式辩护”意见，需具体案件具体分析，笔者认为适用前提有：

首先，要建立在对案卷及证据进行深入研究分析的基础上，发现公诉机关指控的被告人主要犯罪事实的证据存在重大缺陷或存在矛盾，可能会直接影响被告人罪与非罪的判断。

其次，被告人坚持做无罪辩护。

最后,在开庭前应就辩护策略与被告人进行充分沟通与释明,消除其心中的担忧与疑虑。或者也可以采取两名辩护人各司其职的方式提出“骑墙式辩护”,以平衡各方利益。通过说服被告人或其家属,聘请第二个辩护人为其辩护,两名辩护人进行分工,一名辩护人作无罪辩护,另一名辩护人则作罪轻辩护。

七、商业启示

民营企业或中小微企业等商业实体因融资难而基于有贸易背景的买卖合同与银行签订授信合同时,即使向银行申请授信额度的合同不完全具有真实贸易背景,在向银行提供保证金、不动产抵押担保及提供担保人多重保障的前提下,不应将其认定为对银行授信额度款项具有非法占有的目的。要引导民营企业加强内部规范管理。虽然目前无论是中央还是各地方政府都在出台和大力推行相关扶持民营企业和中小微企业的政策,但由于国营金融机构存在惯常思维,民营企业和中小微企业“融资难”的现状仍普遍存在。为了生存,部分民营企业和中小微企业的当家人铤而走险,通过其他非法途径(如高利贷、各种名义的非法集资等)获取资金以缓解企业经营或扩张过程中对资金的巨大需求。如此现象,使民营企业和企业家陷入了“违法”“犯罪”的泥潭中,更加容易受到行政处罚甚至刑事追责的严厉惩罚。因此,在民营企业发展或扩张的过程中,有必要进行合规治理和辅导,引导其内部进行规范管理,指导其对外依规守法从事商业活动,如此才能有效预防或避免民营企业及企业家陷入违法、犯罪的泥潭中。

要加强对公司印章的管理,规范用章行为。民营企业及中小企业大多在建设初期并未建立完善、规范的公司规章制度,甚至有的还存在家族企业管理的浓厚氛围。这一弊端在企业发展中后期会明显掣肘企业的发展。建立规范的印章管理制度非常重要,实践中企业的印章主要有:公章、合同章、采购章、财务章、法定代表人名章,还可能存在电子印章。而法定印章主要是公章和财务章,其他大多是基于企业运营过程中的交易便利所产生的,这种便利如果不加以规制,就很容易带来风险。从企业风险防控的角度而言,建议通过引入动态管理的模式来规制公司印章管理。动态管理包括:

第一,专人管理。印章的管理责任到人、责任到人,同时要分配管理。具体而言,一般企业的公章属于管理层中的总经理、总裁或董事长个人这一层级，对于有规模的企业或企业集团还可能涉及公章与法定代表人之间的阻隔设置，即公章使用的审批权及使用权应避免集中到法定代表人个人，这也是分权及制衡的必然考量。财务章审批权归属于财务部门中的负责人，一般是财务总监、财务经理。合同章及采购章审批权归属于业务部门即业务部门经理或采购部经理。而法定代表人名章的归属，因其等同于法定代表人签字，所以一般是由法定代表人本人管理或其特别授权他人管理。

第二，设立使用台账。基于上述印章的分散化管理，为了便于后续审核和事后监管、追责，必须对每个印章分别设立台账，使用台账的目的是实现印章使用的痕迹化。这种痕迹化至少体现在申请人、加盖人、审核人、用途、加盖文本及加盖时间。

第三，印章加盖前的合规及风控审核。这主要体现在对加盖文本的审核，主要的工作内容就是在加盖前对加盖文本的法律风险进行审核、提示和管控性修改意见的提出与告知，使印章申请使用人、审核审批人知道、理解和明确。

不规范使用票据的行为是否构成票据诈骗罪

——程某被控票据诈骗案

李亚兵* 肖 磊**

一、导读

票据诈骗罪，是指以非法占有为目的，利用金融票据进行诈骗活动，骗取数额较大财物的行为。票据诈骗罪规定在我国《刑法》分则第三章第五节金融诈骗罪中，罪名涉及金融票据和法律交叉领域，因此极具专业性。该罪与诈骗罪是特殊罪名和一般罪名的关系，因此除了犯罪手段和方法不同，对票据诈骗罪的认定也需符合诈骗罪的实质判定标准。

本案例的实质争议焦点在于使用融资类商票行为是否可以评价为票据诈骗罪。一般来说，使用融资类商票行为虽然无真实贸易背景，但并不存在欺诈企业等出票方或银行等金融机构的情形，也没有让他们在错误认识下交付财物。本案中，行为人向出票公司申请汇票时虽无真实交易，但并不存在欺诈行为，而且也支付了相应的开票费用，符合市场交易习惯。另外，行为人并不明知涉案公司系违法设立，没有票据诈骗的主观故意。因此，从案件事实及性质认定来看，足以证明行为人不构成票据诈骗罪。

但罪与非罪之间，往往只存在一线之隔。对于很多企业来说，它们会轻

---

* 李亚兵，毕业于广东外语外贸大学法学院，深圳市公安局前刑警，现为广东卓建律师事务所合伙人、斗木刑事团队负责人，是广东省首批刑事辩护律师库律师、广东省法律援助局援助律师。执业以来专注于经济犯罪辩护、刑事控告、涉外刑事等业务领域。

** 肖磊，广东卓建律师事务所律师，斗木刑事团队核心成员，毕业于海南大学法学院，法律硕士学位。专注于刑事案件辩护和代理，在经济类犯罪案件的办理上积累了丰富的经验。

易将不规范使用票据的行为仅视为普通民事行为,忽略了该行为引发行政责任甚至是刑事责任的可能性。因此,了解什么样的行为可能会构成票据诈骗罪,以及如何避免潜在的刑事法律风险,维护企业自身经济安全,是本文要重点探讨的问题。

二、案情简介

2010 年 6 月,薛某(另案处理)经与甲公司原法定代表人杨某协商,通过工商注册设立了甲公司深圳分公司及对公账户,由薛某担任分公司负责人。分公司成立后,薛某伪造了一枚甲公司的印章长期持有,公司长期未实际经营。

2016 年 9 月,薛某得知可以甲公司深圳分公司的名义在银行增设出具商业承兑汇票业务。被告人何某告知薛某,其可以向薛某介绍需要通过汇票进行融资的客户,双方可以签订虚假的购销合同并以甲公司深圳分公司的名义出票,出票后只需将汇票交付给购票人,薛某即可收取票面金额 2% ~ 4% 的手续费。受票人将票据背书转让后,薛某即可通过公开宣告的方式宣告票据作废,甲公司深圳分公司即可免除承兑的义务,以此谋取利益。薛某在充分了解商业承兑汇票的功能和风险、利益及出票公司的义务后,利用伪造的甲公司的印章伪造了一份授权书及职务任命书,以甲公司深圳分公司的名义在银行增设了商业承兑汇票出票业务。

当事人程某经何某介绍,于 2017 年 5 月在无实际货物交易的情况下,以自己实际控制的乙公司与甲公司深圳分公司签订虚假的购销合同,在转账支付 10 万元手续费后,甲公司深圳分公司以支付预付款的方式向乙公司开具电子商业承兑汇票 4 张,共人民币 400 万元。程某将其中一张人民币 100 万元的电子商业承兑汇票借给了丙公司,后又被背书转让给丁公司。2018 年 5 月,该 100 万元商业承兑汇票无法兑付,被最后一手持票人起诉到人民法院,经法院审理判决后,甲公司总公司被法院执行划扣 100 万元。

公诉机关认定,程某在无资金保证的情况下签发汇票,骗取财物,其行为触犯了《刑法》第 194 条第 1 款第 5 项的规定,建议对程某判处有期徒刑 4 年至 6 年,并处罚金。

三、争议焦点

(1)程某是否介绍过其他单位和个人到甲公司深圳分公司开具汇票,且其实施的汇票融资行为是否需要用刑法予以规制?

(2)程某是否具有"非法占有目的"?

(3)程某申请开具汇票时是否明知甲公司深圳分公司所开具的电子承兑汇票无资金保证,是否具有犯罪的主观故意?

四、辩护思路

接受委托时,该案已经处于审判阶段,时间紧、任务重。为了维护当事人的权益,辩护人第一时间就联系了法院阅卷,查看起诉书和量刑建议书。随后,辩护人及时会见了当事人程某,向其了解了案件的基本情况,并就起诉书指控的事实与其展开了深入讨论。在整个过程中,程某始终坚称自己无罪,辩护人充分听取了程某的意见,并且在分析论证之后,确定了该案有无罪的可能性。该案涉及多名被告人,但程某的情况和其他被告人并不相同,他并不是涉案公司员工,也没有介绍其他单位和个人到该公司开具汇票,他之所以牵连该案是因为其用 10 万元的开票手续费获取了 400 万元汇票的 1 年使用期限,到期后其中 100 万元因持票人兑付遭拒而提起诉讼追索,导致甲公司被法院划扣执行款 100 万元。

针对案件的争议焦点,辩护人确定了以下辩护思路:首先,程某仅实施了向甲公司深圳分公司申请开具汇票并自行使用的行为。除此之外,程某并未介绍其他单位或者个人到甲公司深圳分公司开具商业承兑汇票,亦未获得任何好处。其次,程某没有"非法占有目的",且无票据诈骗的犯罪故意。程某并不知道甲公司深圳分公司系未经授权设立且公司不具有商业承兑汇票资质,其也不清楚甲公司深圳分公司没有资金保证。最后,程某并非该罪的犯罪主体,其不属于"汇票的出票人"。因此,程某不构成票据诈骗罪。具体论述如下:

(一)程某的行为系不规范使用票据而非票据诈骗

实践中,商业承兑汇票除具有结算功能之外,还具有融资功能。本案的实质是汇票融资行为,程某使用汇票的行为并不构成刑事犯罪。乙公司同甲公司深圳分公司虽无真实的交易关系，违反了《票据法》第10条之规定，即票据的取得应当具有真实的交易关系和债权债务关系，[1]但对于程某来说，其仅是将这种融资行为视为普通的债权债务关系。在向甲公司深圳分公司申请开具汇票时，程某是乙公司的实际控制人，其自始至终都是在以乙公司的名义与何某对接，开票费也是程某通过其个人账户转给乙公司员工，再由员工转给何某指定的账户。

除了通过乙公司开具汇票，程某从未介绍过其他任何个人或者单位到甲公司深圳分公司处开具汇票。在案证据仅显示了程某向甲公司深圳分公司申请开具汇票的事件始末及汇票最终无法兑付的基本事实，这与程某的供述一致。同时，侦查人员在讯问同案被告人何某时，何某也明确表示程某从来没有给其介绍过开具商业承兑汇票的业务。

因此，在案证据足以证明程某没有实施票据诈骗的介绍行为，其行为虽然违反了票据使用的诚实信用原则，但并不构成犯罪，且程某也未介绍其他单位到甲公司深圳分公司开具无资金保证的汇票，不应被认为是票据诈骗罪的共犯。

（二）程某不具有票据诈骗罪中的“非法占有目的”

在论证程某没有实施票据诈骗行为的基础上，辩护人随后落脚在“非法占有目的”的论述上。辩护人提出，程某并无明知没有归还能力仍然骗取资金、肆意挥霍等非法占有行为。相反，从本案事态发展、程某的事后还款行为及还款能力等多方面足以表明其没有非法占有的目的。

辩护人认真比对了程某每一次的讯问笔录，还原了案件的基本事实：其向甲公司深圳分公司申请开具4张电子商业承兑汇票，共400万元。其将其中100万元电子商业承兑汇票借给了丙公司，后该汇票又被丙公司背书转让给丁公司。2018年5月，该100万元商业承兑汇票无法兑付，被最后一手持票人丁公司起诉到法院，经法院审理判决后，甲公司总公司被法院执行划扣100万元。自始至终，程某将100万元汇票借给丙公司没有收取任何费用，也不是为了冲抵公司到期债务，仅是基于两家公司早前建立的友好商业关

---

[1] 《票据法》第10条规定：“票据的签发、取得和转让，应当遵循诚实信用的原则，具有真实的交易关系和债权债务关系。票据的取得，必须给付对价，即应当给付票据双方当事人认可的相对应的代价。”

系进而给予的帮助。最后,丙公司未按照约定将汇票返还给程某,并将其背书转让给丁公司,导致程某无法及时归还汇票,甲公司被划扣100万元。事态的发展完全超过了程某的控制,但程某并没有坐视不理。法院的判决下达后,程某积极采取补救措施,并于2018年5月转给何某29,700元用于支付给丁公司,此笔欠款也由何某某的账户转给了丁公司实际控制人王某某。因此,从程某事后还款的行为可以看出其并无非法占有的目的。

同时,在会见程某的过程中,辩护人敏锐地发现程某在票据背书转让时享有远高于100万元的对外债权。根据程某提及的线索,我们按图索骥检索到相关执行案件,该执行案件判决显示:被执行人应当向申请执行人乙公司即程某实际控制的公司支付货款及违约金等共计5,554,900元。这份证据可以证明程某有能力归还100万元的金额,只是由于执行未到位,导致其资金链紧张,以至于无法及时全额支付给被害单位。

综上,从程某的事后还款行为及还款能力等方面分析,可以证明程某不具有"非法占有目的",不能单纯因财产不能归还就按票据诈骗罪处罚。

(三)程某不属于"汇票的出票人",其与甲公司深圳分公司所涉人员也无合谋诈骗的故意

1. 程某犯罪主体不适格

起诉书认定程某的行为属于"汇票的出票人签发无资金保证的汇票",认定程某伙同本案出票人开具汇票,构成票据诈骗罪共同犯罪。但实际上,程某并非本案出票人,与其他出票人没有共同的犯罪意思联络,也没有虚构事实、隐瞒真相,未欺瞒任何受票人,其不符合票据诈骗罪的主体要件。

2. 程某对于汇票是否无资金保证并不知情,不能认定其有合谋的犯罪故意

公诉机关认定,在甲公司原法定代表人杨某被查后,甲公司已经要求薛某注销深圳分公司,而薛某并未注销,反而伪造了甲公司深圳分公司的印章从事相关票据诈骗行为。薛某等人的目的就是套用甲公司的"外衣",欺骗其他单位向其申请开具汇票从而赚取开票费。

对于当事人程某来说,其并不知道甲公司深圳分公司系非法成立,程某在申请开票时也尽了审慎义务,亲自来到甲公司深圳分公司考察,并向何某了解甲公司深圳分公司的资质。何某回复称该公司是甲公司的分公司,具备开具电子商业承兑汇票的资质。此外,程某之前也基于融资需要在何某

的介绍下到其他公司开具过汇票,汇票到期后也全部兑付,没有出现任何问题。以上均能证明程某对于甲公司深圳分公司的无资金保证情况不明知,没有通谋实施票据诈骗的主观故意。甲公司的损失系前任法定代表人杨某违规操作、薛某伪造公章、员工开具无资金保证汇票、甲公司监管不严等多方面原因所致。

辩护人抓住以上辩护要点,区分了程某和其他同案被告人在案件中的作用和地位,在庭审中充分论述了辩护意见,庭后也针对争议焦点"程某是否具有'非法占有目的'"再次进行了详细补充,尽最大的努力去维护当事人的合法权益。

五、案件结果

一审法院最终认定程某构成票据诈骗罪,但认定其是从犯,将公诉机关给出的有期徒刑4~6年的量刑建议调整为有期徒刑2年6个月,并处罚金人民币两万元。

六、经验分享

经过辩护人的努力,相较于刚开始公诉机关建议对程某判处有期徒刑4~6年,最终法院判处程某有期徒刑2年6个月,已经最大限度地保护了被告人的合法权益,让被告人的刑期得到一定幅度的缩减,也达到了辩护的良好效果。票据诈骗罪中的"票据"包括汇票、银行本票和支票,是指由出票人签发的、约定自己或者委托付款人在见票时或指定的日期向收款人或持票人无条件支付一定金额的有价证券。办理票据诈骗案件,辩护人首先需要对票据的特征有较为准确的把握,也要清楚地辨析票据的出票行为、背书行为、保证行为、承兑与付款行为。只有这样,才能迅速对当事人涉案的行为性质作出判断,找到案件辩护的突破点。

其次,辩护人也要充分理解票据诈骗罪和普通诈骗罪的基本构造,在事实和规范间往返流转。也就是说,在符合普通诈骗罪构成要件基础上,认定票据诈骗罪还需要具备其他特别要素。构成本罪,票据只是行为人实施犯罪的工具,其内在实质还是对诈骗行为的认定。在接手该类案件时,辩护人要抽丝剥茧,看清本质,清楚是谁实施了虚构事实、隐瞒真相的行为,谁又在错误认识下交付了财物,损失结果又由谁来承担。厘清这些基本问题之后,诸多辩护困境就有应对之道了。以本案为例，甲公司账户最后被划扣了100万元，那么它就是案件中毫无争议的被害人，而行为的实施者则是意图通过商业承兑汇票出票业务获取手续费的薛某等人。程某如若想要同薛某等人建立犯罪上的连接，必须要有同薛某等人合谋实施诈骗的故意。但本案中，程某并不知道薛某开具的是无资金保证的汇票，也不知道甲公司深圳分公司根本就没有开具商票的资质。除此之外，本案也没有任何证据证成该指控，笔者认为，根据存疑时有利于被告人的原则，不能认定程某构成犯罪。

最后，在办理金融诈骗罪时，应重点关注办案机关如何认定行为人具有非法占有的目的。"非法占有目的"的认定虽有较为明确的相关规定，但仍然是审判实务中的难点，特别是在金融诈骗罪中，不能仅凭最后的财产不能归还就去推定行为人具有非法占有目的。例如，在本案中，如果仅凭融资时手头没有资金或者最后的汇票不能兑付就认定行为人有"非法占有目的"，则容易有认定错误的风险。在"非法占有目的"的认定标准上，辩护人要积极作为，不仅要通过重新呈现在案证据的方式去回应办案机关的指控，也要主动向当事人了解相关情况，还原案件事实。本案审理中，法官认为程某在购买汇票时，没有相应的资金保证，无法承担汇票到期承兑的风险，具有"非法占有目的"，但辩护人提出当时程某在外有远高于100万元的债权，并且有生效判决为证。虽然最终一审法院仍然作出了有罪判决，但是大幅的量刑减让，说明法官对辩护人的部分辩护意见予以采纳。关于诈骗类案件，从"非法占有目的"切入，往往能够起到不错的辩护效果。

七、商业启示

（一）了解商票本质，预防潜在风险

票据是商业界的"宠儿"，在我国具有较长的历史沿革。改革开放后，市场经济逐渐繁荣，票据才开始正式焕发生机。虽然其具有流通便捷等显著优点，但也蕴藏着不小的风险。当前，受国际、国内大环境影响，企业客户遭遇了不少商业汇票到期被拒绝承兑等问题，引发了诸多的票据纠纷，直接影响了企业的正常生产经营。笔者在经办此案后，充分意识到票据合规合法使用对企业及个人具有十分重要的意义。

在金融市场，商票是建立在商业信用基础上的一种支付、结算、融资工

具。因此,相关人员在使用汇票时应当对出票人、承兑人的商业信誉进行充分的了解。同时,不仅要看到商票的天然优势,也要充分意识其使用过程中存在的风险。在我国,商业承兑汇票和银行承兑汇票都对活跃市场经济起了重要作用,但持票人应当明白商业承兑汇票毕竟不同于银行承兑汇票,商业承兑汇票并不由银行信用产生,而是依托于企业的商业信用,倘若该企业出现资金链问题,即使过去一向信用良好,也会很容易出现商票无法承兑的情况。例如,在房地产不景气的大环境下,大型房地产集团持续"暴雷",履约能力已经出现大面积下降趋势,那么想要使用汇票的企业就应当及时了解商票的本质特征,作出有利于企业发展的判断,避免自身权益受损。

(二)规范票据使用,保障合法权益

对于某些大型企业来说,其应结合自身实际情况,制定有效合理的票据管理制度,就票据的印制、领用、管理、核销等方面进行规范,让企业财务管理工作更加制度化。特别要对企业的出票行为严格把控,避免签发空头支票或者无资金保证的票据。另外,也要防止相关公司借用公司资质在银行开具商业承兑汇票业务。因为一旦出现问题,必然会因为票据的追索性导致公司产生损失。例如,本案中的甲公司深圳分公司在银行开具商业承兑汇票业务时,银行未对公司进行实质性审查及风险评估,也没有相应的监管义务,这为甲公司的后续损失埋下了隐患。

对于接收商业承兑汇票的企业来说,应及时审查承兑人的商业信用、支付能力等,做好充分的背景调查,综合评估风险,再决定是否要接收商业承兑汇票。在这个过程中,要加强人员培训,要求相关的接收人员提高对真实汇票的鉴别能力,避免在工作中收到伪造、变造或者冒用的票据。除了形式审查,在交易双方于前期进行合同约定时,企业也应注意保留以基础法律关系主张权利的条款,同时约定好汇票无法按时兑付时,结算一方应支付延期付款利息,或者提供担保。当出票人、承兑人的履约能力已经出现明显下降的趋势的时候,要及时拒绝债务人以商票支付的方式付款,避免可能会发生的商业风险。倘若已经遭遇票据承兑风险,企业应依据《票据法》的规定,积极行使自己的票据权利,挽回经济损失。

从一审被判处有期徒刑七年到二审无罪

——杨某某信用卡诈骗罪

易　凡* 　彭祝孺**

一、导读

诈骗犯罪的辩护重点向来是"非法占有目的"的认定,信用卡诈骗罪不外如是。恶意透支系信用卡诈骗罪的一种表现形式,但其与典型的信用卡诈骗行为的不同之处在于透支系信用卡的重要功能之一〔1〕,逾期归还透支款项的行为可能属于民事违法,不必然构成犯罪。

在办理恶意透支型信用卡诈骗案件时,办案人员必须坚持主客观一致原则对罪与非罪进行判断,严格审查行为人是否具有"非法占有目的",避免单纯根据损失进行结果归罪,做到具体案件具体分析,严格坚守刑事法的最后手段原则,防止将民间借款纠纷犯罪化。

二、案情简介

2011 年 3 月,杨某某在某银行申办了一张信用卡,信用额度为 80 万元,资产调查显示当时杨某某在该行账户内的资金充沛,其名下有一套房产,还经营一家获得国家级、省级企业称号的化工公司(2004 年成立)。该信用卡

---

* 易凡,北京市盈科(深圳)律师事务所股权高级合伙人、刑事中心秘书长,广东省律师协会经济犯罪辩护专业委员会委员,深圳市律师协会商事犯罪辩护法律专业委员会委员。参与编著《刑事有效辩护案例精选》《常见证券犯罪辩护要点实务精解》。

** 彭祝孺,北京市盈科(深圳)律师事务所专职律师,参与编著《常见证券犯罪辩护要点实务精解》。

〔1〕《商业银行信用卡业务监督管理办法》第 7 条规定,本办法所称信用卡业务,是指商业银行利用具有授信额度和透支功能的银行卡提供的银行服务,主要包括发卡业务和收单业务。

刷卡的绝大部分资金被杨某某用于公司经营,2011 年 8 月 3 日前刷卡总金额 280 余万元,杨某某均及时全额还款。从 2011 年 8 月 4 日开始,杨某某使用该卡在甲公司刷卡 76 万元,后持续刷卡消费。截至 2012 年 5 月,杨某某还款约 28 万元,欠款 100 余万元。

该银行从 2011 年 9 月开始催收,拨通杨某某电话时其均承诺还款。2012 年 5 月,杨某某前往该银行与负责人商谈还款事宜,但未谈妥。2012 年 6 月该银行向公安机关报案,杨某某在被抓获后委托亲朋好友偿还该信用卡部分欠款。

公诉机关认为,杨某某以"非法占有目的"恶意透支信用卡,数额巨大,指控其构成信用卡诈骗罪,并给出了"判处杨某某有期徒刑六年以上、八年以下,并处罚金"的量刑建议,一审法院全部公诉机关意见,判决杨某某犯信用卡诈骗罪,判处有期徒刑 7 年并处罚金。杨某某不服,提出上诉。

三、争议焦点

在案件审理过程中,控辩双方对于杨某某是否恶意透支信用卡存在重大分歧,本案核心即杨某某对透支款项是否具有非法占有的目的。

四、辩护思路

信用卡诈骗罪作为诈骗罪的一项特别罪名,其主观构成要件同样要求以非法占有为目的。根据《刑法》第 196 条之规定,"恶意透支"属于信用卡诈骗罪的一种表现形式,指的是持卡人以非法占有为目的,超过规定限额或者规定期限透支,并且经发卡银行催收后仍不归还的行为。最高人民法院、最高人民检察院联合发布的《关于办理妨害信用卡管理刑事案件具体应用法律若干问题的解释》第 6 条明确规定,发卡银行催收达到什么程度上述行为就构成犯罪,罗列了"非法占有目的"的 6 项典型表现。因此,本案争议焦点是否具有"非法占有目的"是杨某某罪与非罪的关键。

本案中,公诉机关认为,发卡银行通过不同方式对杨某某多次催收,催收超过 3 个月其仍不归还,同时发卡银行上门催收找不到人,打电话催收也仅有一半概率被接听,杨某某甚至在透支后改变联系方式,其种种行为表现出明显的"非法占有目的",符合《刑法》和司法解释的相关规定,构成信用卡诈骗罪。

表面上看，杨某某的行为似乎完全满足信用卡诈骗罪的构成要件，但日常生活中透支信用卡的情况并不少见，行为人的主观心态为何，必须结合客观行为综合分析才能得出正确判断。因此，基于公诉机关的逻辑，围绕其观点，辩护人结合行为原因、款项去向、还款能力和意愿等方面逐一分析，指出杨某某不仅具有还款意愿，而且具备相应的还款能力，其明显不具有非法占有的“恶意”，一审法院对本案的认定存在违背“主客观相一致”原则的问题。本案信用卡逾期属于民事纠纷，完全可以通过民事途径解决，无须判处其刑事责任。

（一）杨某某逾期还款、变更联系方式具有正当理由

根据杨某某陈述，其系某知名企业的法定代表人，做生意资金周转不灵，才会在进货时刷涉案信用卡结账。因市场经济环境恶化，该公司在2011年6月之后陷入亏损，资金链断裂，而出于各种原因杨某某名下房产无法被及时处理，导致其未能及时归还信用卡欠款。从银行的催收记录可见，银行催收次数频繁，虽有几次未联系到人，但杨某某接听电话时还款态度明确，其电话号码、公司地址从未更换；虽然登记的家庭住址并非杨某某实际住所，但系其名下房产所在地。并且，其曾经与发卡银行支行的主要负责人线下商谈还款事宜，只是双方存在较大分歧，致使逾期时间进一步延长。现有证据并不足以证实杨某某透支后通过“逃匿、改变联系方式”的手段逃避银行催收。

根据该信用卡的流水情况，杨某某在甲公司刷卡的76万元是导致其最后不能还款的主要因素。杨某某供述该笔款项用于进货，证人证言显示该款项系因经营生意和房贷压力而套现，银行流水显示该信用卡的绝大部分交易相对方为企业，基本没有个人娱乐和生活消费。现有证据相互印证，本案无法排除杨某某系因经济环境恶化导致公司经营遭遇困境、个人资金周转不灵而逾期还款的可能性，没有足够证据证明其“肆意挥霍资金”，据此认定其在开立信用卡账户时及之后具有非法占有银行信用卡欠款的意图缺乏说服力。

（二）杨某某透支款项的去向绝大部分为生产经营

透支款项的用途是影响主观目的认定的另一个重要因素。如果将款项用于个人娱乐消费、赌博等活动，一般推定行为人具有非法占有故意。但

是，生产经营无法避免资金流断裂的问题，贷款是最常见的解决方法，不能因此推断经营者“明知没有归还能力而大量骗取资金”。

根据杨某某陈述，公司经营自 2011 年 6 月后陷入困顿，因此其自 8 月开始无法及时还款。杨某某是正当经营的商人，除非有相反证据，不能排除其想通过刷卡周转资金以改善公司经营状况的说法。该信用卡的后期流水表明款项基本流向企业，杨某某为维持经营刷卡付款的可能性很大。另外，不仅是涉案期间的流水，在办卡之后到 2011 年 8 月这段时间里，杨某某刷卡 40 余次，总金额 238 万余元，均及时足额还款。同时，在申请该信用卡时，其提供的均为真实信息并已经银行核实，因此银行才会给予其如此之高的信用额度。杨某某申请、使用该信用卡的整个过程都是围绕公司经营进行的，由此可排除其“明知无法还款而透支”。

（三）杨某某具有相应的还款能力和意愿

杨某某担任法定代表人的公司于 2004 年成立，截至案发一直正当经营。从杨某某有能力购置房产、申办信用卡时账户内有巨额存款、其本人及所经营的公司享有多项荣誉可知，该公司以往经营状况不错，杨某某本就有足够的债务履行能力，透支信用卡用于公司进货亦在其可承受范围内。

杨某某所持房产位于商业中心区，市场价值在 3000 万元以上，该套房产变卖后足以偿还信用卡欠款。只不过，2012 年 8 月杨某某因与另一家银行发生借款合同纠纷被起诉，该房产被法院查封，而本案涉案期间该房产未被及时拍卖处理，以致无法偿还债务，这表明杨某某具备偿还债务的基础，有清偿能力。

发卡银行委托报案人的报案笔录载明，在报案之前，杨某某亲自到银行与负责人就还款问题进行商议。在归案后，杨某某也通过亲属帮助变卖房产，向银行归还剩余欠款。这一系列行为均表明，杨某某一直有积极还款的意愿和行为，主观上并没有非法占有信用卡欠款的意图。

除了上述三点意见，辩护人还通过房产所涉的杨某某与另一家银行的民事案件指出本案发卡银行与杨某某之间本属于经济纠纷，通过民事诉讼途径即可解决，如果直接以刑事手段介入导致杨某某身陷囹圄，不能及时处理房产还债，也有违刑法的最后手段性。

五、案件结果

杨某某上诉后,二审法院公开开庭审理本案,公诉机关建议维持原判,辩护人提交补充辩护意见。经审理,基本事实和争议焦点均十分明确。2013年10月,二审法院认为原判认定杨某某构成信用卡诈骗罪,事实不清,证据不足,判决撤销一审判决,改判杨某某无罪。

二审法院基本采纳辩护人的观点,在判决书中对本案争议焦点进行长篇幅论述,核心观点为:认定"非法占有目的"应当坚持主客观一致原则,避免单纯根据损失结果归罪,做到具体案件具体分析。本案应属民间借款纠纷,当事人应循民事诉讼程序解决。

六、经验分享

"透支系信用卡的基本功能,行为人的透支行为是法律所允许的。"[1]信用卡透支的法律关系本质系民事借贷,因此恶意透支与其他典型的信用卡诈骗行为存在较大差别,刑民交叉属性明显。在这种情况下,犯罪构成的主观要素"非法占有目的"就是区分民事违法和刑事犯罪的关键。

在本案之后,最高人民法院、最高人民检察院等机关相继出台了多个与信用卡管理相关的司法解释[2],丰富了恶意透支的内涵,明确规定其入罪门槛,并对"非法占有目的"认定进行细化和诠释——持卡人未按规定还款的客观情况并不必然表明其具有"非法占有目的",应当根据持卡人信用记录、还款能力和意愿、申领和透支信用卡的状况、透支资金的用途、透支后的表现、未按规定还款的原因等情节,综合作出判断。这些标准的出现很大程度上避免了将民事违法行为错误认定为刑事犯罪。

---

〔1〕张建、俞小海:《恶意透支型信用卡诈骗罪出罪之实践反思与机制重构》,载《中国刑事法杂志》2013年第12期。

〔2〕包括最高人民法院、最高人民检察院《关于修改〈关于办理妨害信用卡管理刑事案件具体应用法律若干问题的解释〉的决定》(2018年12月1日实施)、《关于办理妨害信用卡管理刑事案件具体应用法律若干问题的解释》(2018年12月1日实施);最高人民检察院、公安部《关于公安机关管辖的刑事案件立案追诉标准的规定(二)》(2022年5月15日实施)等。

然而,从笔者的实务经验以及在裁判文书网上检索到的类案情况[1]来看,实践中公诉机关指控持卡人构成恶意透支型信用卡诈骗罪时,大多倾向于对主观目的进行形式判断,实质判断不足。因此,笔者立足于2018年修订的《关于办理妨害信用卡管理刑事案件具体应用法律若干问题的解释》,从推定存在主观目的的6大类行为特征中选取具有解释空间的两类行为,提示读者如何对其进行实质性判断并进行有效辩护。

(一)明知没有还款能力而大量透支,无法归还的

是否"明知没有还款能力"应从两个方面进行判断:

首先,应考察持卡人透支当时的财产状况,包括名下银行账户的存款数额、本人收入水平、名下有无不动产、不动产有无权利负担、信用卡征信记录等;像本案杨某某一样系公司法定代表人的,公司的经营时间、经营状况、经营内容等也是判断持卡人财产状况的重要因素。持卡人透支当时具有与其信用卡额度相匹配的财产,一般认定其具有还款能力。需要注意是对于企业家的透支行为,如果企业家将透支款项用于生产经营或以公司名义对外投资,后期因经营不善、资金周转不灵、投资失败无法清偿的,不能认定其没有还款能力。市场经济活动本身就存在风险,"如果将因投资失败不能归还透支金额,作为认定行为人明知没有还款能力的事实依据,则显然有悖于市场发展规律,也是从最不利于行为人的角度进行的司法裁量和判断,其合理性与合法性都值得怀疑"[2],因此只要持卡人透支当时具有还款能力[3],经营和投资活动正当,就不能单从结果推论其"明知没有还款能力"。

---

〔1〕参见湖北省十堰市茅箭区人民法院刑事判决书,(2018)鄂0302刑初357号;湖南省娄底市中级人民法院刑事判决书,(2019)湘13刑终693号;河北省磁县人民法院刑事判决书,(2019)冀0427刑初249号等。

〔2〕参见赵运锋:《恶意透支型信用卡诈骗罪"非法占有目的"研究》,载《中国刑事法杂志》2020年第4期。

〔3〕有论者认为,此处的"还款能力"不一定具有确定性,有还款能力但不稳定的也不必然具有"非法占有目的":"犯罪嫌疑人在使用信用卡透支消费时经济状况并不稳定,透支钱款用于存在一定风险的投资经营,即使其事后投资失败,无法归还钱款,也不能因此认定其对于没有还款能力属于主观明知。"这也可以为我们提供一定的参考。参见张鹏成:《准确认定恶意透支型信用卡诈骗罪非法占有目的》,载《检察日报》2018年10月26日,第3版。

其次，考察持卡人逾期还透支款后的还款态度，即是否为及时清偿债务作出过积极努力。行为人积极与银行联系沟通、尽可能筹措资金还款的，表明其有还款意愿。即便行为人后期因财产状况变化或筹措不成等客观原因而无法及时还款，也不应因此认定其具有“非法占有目的”，否认其为履行清偿义务所做的努力。

（二）透支后通过逃匿、改变联系方式等手段，逃避银行催收的

逃匿、改变联系方式等手段必须是为了“逃避催收”，仅因为联系不上透支行为人就默认其属于恶意透支，动用刑事手段追究其责任存在形式主义倾向。上述案例中，虽然杨某某改变了联系方式，但二审法院对该行为进行实质性判断后认定其改变不是为了逃避银行催收，否认其具有“非法占有目的”。

实践中，持卡人因意志以外的、类似于“不可抗力”的因素，如遭遇事故病重住院、涉嫌犯罪被收押，而未能及时与发卡银行进行沟通或者取得联系的，不能据此认定其具有逃避催收的故意，不应对其进行客观归罪。当然，持卡人需要承担相应的举证责任，提供证据证明其不能联系或不能及时还款的客观情况，如住院证明、医保记录、出入境记录、被采取强制措施的法律文书、财产被扣押冻结的法律文书；需要调查取证的，辩护人应及时提交调查取证申请书。

另外，对于持卡人选择性接听催收电话、无法在登记的联系地址找到本人的情形，可以从银行的催收手段和次数阐述其行为合理性。实践中某些发卡银行为了催收款项或者促使刑事立案，催收频率较高，催收手段多样，给并非“恶意拒绝还款”持卡人的正常生活带来一定负面影响，从情理上说，持卡人选择性接听是能够理解的。这不意味着选择性接听必然合理，要结合持卡人的态度等具体评价，如果持卡人接听电话的次数在催款电话总次数中占比过低，又或者接听后声称“打错电话”、表明拒绝还款等，则其行为就会被评价为逃避还款。

恶意透支是信用卡诈骗罪中唯一单列款项进行解释的罪状，针对该行为进行辩护，不仅要关注主观构成要件，还要从客观构成要件中挖掘辩护空

间,如"经发卡银行催收后仍不归还"是否满足有效催收的四个条件?[1]是否有有效的催收原始证据材料予以证明?发卡银行是否存在违规以信用卡透支形式变相发放贷款的情况?如认定为恶意透支,其数额由哪几部分组成,具体数额是否准确,是否达到入罪门槛?……篇幅有限,笔者在此处只简单列出要点。结合具体的案件情况,本罪还可能存在不同的辩护要点,此不赘述。

七、商业启示

生产经营的过程实际上是资金的流动和形式不断变化的过程,在千变万化的市场经济环境中,企业可能出于各种各样的原因面对资金周转困难的问题。一旦资金流动不畅,资金链断裂,公司可能因此遭受灭顶之灾。因此,公司的法定代表人通过其名下的信用卡将透支款项用于应对公司资金周转问题的做法在商事领域并不少见,当然这必然存在风险——由于为企业资金周转而透支的一般是大额甚至巨额款项,其后期无力还款时极有可能面临刑事追诉。

根据办案经验和检索的裁判案例,笔者在此给意欲采取此类做法的企业负责人一些小提醒,企业务必谨慎、合法经营,并不是所有类似行为都能像本案一样获得无罪的结果:

首先,不得不通过透支解决企业资金周转问题的,需注意对透支前企业和自身的财务状况进行合理分析。如果透支前公司已经长期入不敷出,负责人自身负债累累、名下的动产和不动产均有权利负担,那么一旦案发,负责人基本会被推定具有"非法占有目的",不太可能被认定为在透支时"有还款能力"。

其次,如果已经实施透支行为并且资金情况依旧不乐观,暂时无力还款的,必须积极与发卡银行取得联系,沟通协商还款事宜,尽可能减少利息等额外费用的负担。切勿逃避银行的催收,应积极配合银行的工作。除此之外,企业负责人应当为清偿债务做最大努力,通过各种合法途径筹措资金,

[1] 根据2018年修正的《关于办理妨害信用卡管理刑事案件具体应用法律若干问题的解释》第7条的规定,"有效催收"应当满足以下条件:"(一)在透支超过规定限额或者规定期限后进行;(二)催收应当采用能够确认持卡人收悉的方式,但持卡人故意逃避催收的除外;(三)两次催收至少间隔三十日;(四)符合催收的有关规定或者约定。"

尽快还清逾期欠款。在还款期限以及逾期还款的时间里,企业负责人要注意自己的消费结构,不应进行奢侈品消费、高端娱乐消费等,避免日后被刑事追诉时被认定为“肆意挥霍”。

最后,如果企业负责人非常不幸运地走到了最后一步——被指控犯信用卡诈骗罪,那么企业、企业负责人及其家属应当积极筹措资金,尽快清偿逾期款项,同时应当尽快让专业律师介入案件,为涉案人员合法权益最大化争取更多的时间和空间。

第四章
侵犯知识产权罪

销售假冒注册商标的商品案件中的“主观明知”探究

——H 涉嫌销售假冒注册商标的商品无罪案

方　亮[*]　贺志忠[**]

一、导读

销售假冒注册商标的商品罪，是指销售明知是假冒注册商标的商品，违法所得较大或者有其他严重情节的行为。根据相关法律规定，该罪名的构成要件有三个要素：一是主观上明知，二是客观上实施了销售行为，三是有一定数额的销售金额或违法所得。构成本罪的核心前提是主观上存在故意，即要求行为人主观上明知，或者推定行为人主观上明知。本案中，H 作为连锁便利店 A 公司的采购课长，在采购环节中已尽谨慎的审查注意义务，无论上游供应商是否采取了欺骗的手段，客观结果是 H 无法判断出涉案槟榔是假的，达不到指控罪名所要求的明知程度。H 作为某公司的员工，在本案中的行为均是履职行为，在 A 公司不构成犯罪的前提下，不应认定 H 个人构成犯罪。

二、案情简介

H 系某连锁便利店 A 公司深圳区采购课长，2019 年 3 月，供应商 B 公司

---

* 方亮，上海市锦天城律师事务所高级合伙人，深圳市律师协会商事犯罪辩护法律专业委员会主任，2020 年度 LEGALBAND 经济犯罪中国律师特别推荐榜 15 强，2021 年度 LEGALBAND 刑事合规中国律师特别推荐榜 15 强，主要执业领域为刑事辩护、企业反腐败及刑事控告、企业刑事合规、刑事被调查危机应对等。

** 贺志忠，毕业于西北政法大学，上海市锦天城（深圳）律师事务所合伙人，深圳市律师协会职务犯罪辩护法律专业委员会委员，深圳市律师协会商事犯罪辩护法律专业委员会干事，擅长刑事领域诉讼及非诉业务。

的负责人C找到H,双方就槟榔的供货事宜进行了具体协商。2019年4月,A公司与B公司签订了一份商品购销合同书,后A公司向B公司采购两种槟榔进行销售,但因槟榔生产厂家并未授权B公司向A公司销售上述槟榔,刚销售不久,B公司就被生产厂家断供了。因A公司对上述两种槟榔有需求,便要求B公司恢复供货。2019年6月,C称可恢复供货,但因未拿到生产厂家的正规授权,只能提供两种特通版槟榔。H向公司领导汇报后表示同意B公司供货,按正规采购流程,A公司在采购该改版后的槟榔时,应当要求B公司提供口味王公司授权销售合同、出厂质检报告等资料,但当时B公司并未及时提供上述资料。在采购特通版槟榔过程中,A公司仓库曾在2019年7月以该批槟榔与4月所供货的槟榔在版本、规格上不一致为由拒绝收货,之后H应C请求出面协调,让仓库收下了槟榔。

2019年7月中旬,A公司门店收到了各种关于特通版槟榔系假冒的投诉,A公司要求C提供生产厂家的公函来证明槟榔的真伪。2019年7月18日,C在微信沟通群里发送了一份盖有生产厂家公章的公函,该公函说明了槟榔改版、改规格以及没有奖票的情况。因投诉不断,质监部门要求A公司提供生产批次为2019年7月9日的槟榔出厂检验报告,A公司多次找C索要,但C一直无法提供。7月19日,H在沟通群里转发了一个微信截图,该截图显示:生产厂家商城在线客服明确表示涉案特通版槟榔是假货。7月20日,B公司的竞争对手夏某向A公司提供了一份由生产厂家出具的鉴定证明,称涉案的两种槟榔为假冒产品。7月22日,C为证明其所销售的槟榔系生产厂家的正规产品,又在沟通群里发送了一份加盖生产厂家的证明。之后,A公司其他工作人员多次要求C提供出厂检验报告,但C未能提供。7月29日,B公司发函称其所供应的槟榔可能是假冒的,要求下架召回。7月31日,H起草槟榔召回函,在经公司审批后发至各门店通知要求停止销售、下架召回。案发后,经公安机关调查,C提供的两份证明所加盖的生产厂家的公章均是伪造的,涉案槟榔也是假冒的。同时,C曾向H许诺给予其销售金额一个点的回扣。

公诉机关认为,H在明知该槟榔系假冒注册商标的商品的情况下,未采取下架或召回措施,致A公司门店销售假冒注册商标的槟榔共计116,257包,销售金额共计187.6605万元,应当以销售假冒注册商标的商品罪追究其刑事责任。

一审法院判决 H 销售假冒注册商标的商品罪名成立，判处有期徒刑 4 年，并处罚金人民币 52 万元。

后 H 某上诉至某中级人民法院，某中级人民法院裁定发回重审，辩护人在发回重审阶段接受委托并介入案件。

三、争议焦点

（1）现有证据是否可以证明 H 主观明知或推定其明知涉案槟榔为假冒注册商标的商品？

（2）如何评价 H 在本案中的履职行为？在公诉机关认为 A 公司不构成犯罪并对其作出绝对不起诉的情况下，是否可以判定 H 构成本罪？

（3）A 公司门店槟榔的销售金额是否可以作为对 H 的定罪金额？

四、辩护思路

（一）关于争议焦点一

1. H 有理由相信 C 供应的槟榔为真货

首先，C 系 H 的上级领导介绍的供应商；其次，2019 年 4 月引进 C 所在的 B 公司向 A 公司供应槟榔以及 2019 年 7 月恢复供货均履行了公司正常的采购程序，且 C 在 2019 年 4 月供应的槟榔为真货；最后，2019 年 7 月，C 再次供应槟榔的价格与此前的价格一致，且符合市场正常水平，没有显著低于市场价。

2. 当涉案的槟榔出现投诉问题时，H 已尽谨慎的审查注意义务，无法推定 H 明知涉案的槟榔为假货

首先，夏某为 C 的竞争对手，且多次欲对涉案供应的槟榔进行提价；其次，H 没有向 A 公司隐瞒任何信息，相关领导和同事从未作出涉案的槟榔为假货的判断，更不能要求 H 作出涉案槟榔为假货的判断；再次，“回扣”和“放行入库问题”不能成为推定 H 明知的理由；最后，现有的相反证据足以证明 H 主观方面确实不明知。结合本案的微信聊天记录及其他证据，辩护人梳理出关于 H 行动反应的时间线及分析，足以证明 H 主观上确实不明知。

3. 本案控方证据达不到排除合理怀疑的证明标准，且辩方已提交证据推翻控方主张的“推定明知”

判定行为人是否“明知”，必须达到排除合理怀疑的证明标准。只有相

关证据已达到确实、充分的证明标准,足以排除合理怀疑,才能认定行为人“明知”。如果不能排除合理怀疑,应当坚持疑罪从无原则,作出有利于行为人的推定。[1] 本案当中,根据公诉机关出示的控方证据,不能排除“H 主观上不是确定明知”的合理解释,应当作出对 H 有利的解释。

(二)关于争议焦点二

辩护人认为,本案 H 的行为是积极履职行为,且主观认知与 A 公司一致。2019 年 7 月 29 日,各门店在收到召回函后,按照法律规定和公司制度对涉案槟榔进行了召回。公诉机关既应认定 A 公司无罪,也应认定 H 无罪。

1. H 的工作职责

根据 A 公司提供的岗位说明书,H 作为深圳区采购课长,其职责为供应商管理,包括:(1)监督、协助供应链部指定落实需求计划,降低缺货率,满足门店的商品销售需求;(2)开发、审核评估新供应商,参与重点供应商的谈判及关系维护,对供应商进行日常管理,持续评估优化供应商的构成;(3)协助制定供应商管理策略并推进实施。结合上述规定,H 在本案中的行为正是积极履行其自身职责的表现,在出现投诉的情况下,其积极与供应商 C 进行联系、评估,并将获知的信息反馈给公司的上级。在整个公司不能确定涉案槟榔为假货时,不能期待 H 主观上判断出其一定是假货。

2. H 收到召回函后的处理程序

2019 年 7 月 29 日,在收到 C 发出的召回函之后,H 根据 A 公司《商品召回流程》启动召回程序,发布召回通知,上述行为符合该公司召回流程以及《食品召回管理办法》的规定和要求,不能因工作准备和审批流程需要时间,就认定 H 在此期间实施了销售行为。

3. A 公司商品销售的流程

本案证据显示,A 公司销售货物流程基本如下:(1)采购科提供采购建议;(2)供应链部向供应商下订单;(3)供应商发货、供应链部收货入库;(4)门店提出供货需求;(5)供应链部配送货物;(6)门店销售货物。从上述流程来看,H 作为采购课长提供采购建议是根据公司制度和要求完成产品销售中的一个环节。A 公司销售槟榔的客观行为是在公司不明知涉案槟榔是

[1] 参见《刑法中“明知”的判定方法》,载最高人民检察院网,https://www.spp.gov.cn/spp/llyj/201810/t20181024_396363.shtml。

假冒的情况下进行的,不符合犯罪构成所要求的主客观相一致的基本原则,因此不构成销售假冒注册商标的商品罪。在公司整体销售行为不构成犯罪的前提下,H 仅参与其中一个环节,自然不能认定其构成犯罪。

(三)关于争议焦点三

辩护人认为,A 公司客观上的正常销售金额不应当认定为 H 定罪的犯罪金额。

首先,A 公司销售槟榔的金额是正常销售行为产生的结果,不是犯罪行为产生的结果;其次,H 决定不了 A 公司的销售金额,将 A 公司正常销售的金额认定为 H 的犯罪金额是客观归罪;最后,A 公司的销售金额与 H 没有直接关联性,H 在 A 公司领取的是固定工资,并不从中获取提成,A 公司的销售金额与其没有任何关系。《刑法修正案(十一)》之所以将定罪标准由"销售金额"修改为"违法所得",法理基础就在于更加精确地对犯罪行为人进行处罚,因为此类犯罪行为的出发点与犯罪动机就在于牟利。但是,本案中 H 并不能从 A 公司的销售金额中获取任何利益,其没有理由"知假售假",更没有理由实施犯罪行为。

五、案件结果

2022 年 10 月,一审法院经重新审理,认为 H 作为 A 公司的采购课长,在 2019 年 7 月 20 日收到夏某提供的由生产厂家出具的鉴定证明时,有义务及时汇报给公司的管理高层,或者提请下架召回涉案槟榔,但 H 未履行其相应职责,H 的销售金额应以其主观明知之日即 2019 年 7 月 20 日起计算至 A 公司管理高层知道该情况即 2019 年 7 月 22 日止,实际只计算 2019 年 7 月 21 日当天 A 公司对涉案槟榔的销售量及销售金额,共计 112,636.85 元。据此,改判有期徒刑 2 年 6 个月(即判即放),并处罚金 10 万元。

一审重审判决后,辩护人建议 H 继续上诉。2023 年 5 月,二审法院最终判决 H 无罪,无罪理由与辩护人的意见一致,即 H 客观上为履职行为,主观上明知或推定其明知的证据不确实、不充分。

六、经验分享

(一)主动调查取证

"辩护人调查取证是还原案件事实的重要途径。"本案具备调查取证的天然条件，辩护人在与家属以及H本人沟通时，获得调查取证的一个重要线索：2019年处理槟榔投诉事宜时，H与供应商C、C的同事以及H的同事建有一个微信群，该微信群的聊天记录在H的工作计算机中有完整的保留，且该工作电脑存放于H的家中。于是，辩护人联系H家属，提取计算机中的微信聊天记录，一是全程拍摄录制聊天记录的内容（有20多GB），二是逐一截图并打印装订成册，三是对于语音部分不清楚的或者有方言的，在打印出来的截图上进行说明和备注。辩护人将完整的证据提前提交给法庭，并且在开庭时当庭出示和播放。通过梳理完整的聊天记录，可以完全还原当时H与各个人员沟通交流的过程，成为判断H主观上不明知的证据，这也是法院最后敢于判决无罪最强有力的支持。诚然，《刑法》第306条成为辩护人调查取证的"达摩克利斯之剑"，但是只要遵循调查取证规定[1]，就可以杜绝此类的风险，同时取得较好的辩护效果。

（二）充分质证，充分举证

"开庭就是质证，质证就是开庭。"刑事案件的质证，是指被告人以及辩护人对于公诉机关出示证据，围绕"两力三性"即证据能力、证明力及真实性、合法性、关联性发表意见，以供法官评判证据是否可以作为本案定罪的依据。由于质证环节的重点在于对事实的判断，而事实判断是进行法律评价的基石，因此质证环节显得尤为重要。本案中，辩护人质证的重点在于突出对H有利证据的认可[2]，对于公诉人出示的每一组、每一份证据都围绕"主观是否明知"这一核心焦点来进行质证，从而使法院固定对H有利的事实。同时，结合辩护人收集的证据，在举证环节对证据的证明内容和目的予以充分说明。当然，前提是准备好充分的质证、举证提纲，这一方法论可应用于每一个案件当中。

（三）坚定"打无罪"的信心

"无坚定的信心则无无罪判决。"辩护人在第一次阅读完家属提供的判决时，直觉上就认为这个案件是无罪案件。在看到所有卷宗后，更加坚定了无罪的信心。案件发回重审作出判决后，从刑期上看其实已经是即判即放

---

〔1〕 参见中华全国律师协会《律师办理刑事案件规范》第38条～第50条。

〔2〕 参见2017年11月27日公布的《人民法院办理刑事案件第一审普通程序法庭调查规程（试行）》第28条。

了,当事人及家属寻求律师建议,可以看得出他们有点打“退堂鼓”,认为结果已经不错了,不想“再折腾”了,但是辩护人坚定地告诉他们,这个案件“一定要上诉、必须要上诉”,否则将错失一个很好的机会。回首看来,幸好没错过。2023 年 5 月 27 日,西北政法大学刑事辩护高级研究院在海南三亚隆重举行“2021 年度(第七届)全国十大无罪辩护经典案例”颁奖典礼,北京市盈科律师事务所谭淼律师代表获奖的 10 件无罪案例作者在大会上作了精彩发言,称“每一个无罪案件都是法律职业共同体的集体荣誉”[1],其本意在于感谢公平公正地作出无罪决定的法官、检察官和警官。但是,在上诉案件中,律师的建议是开启无罪案件大门的一把钥匙,而这把钥匙,牢牢握在辩护人的手中。

七、商业启示

(一)企业合规的重要性

本案中,A 公司在案件的侦查阶段也被公安机关作为犯罪嫌疑人予以调查,只不过在审查起诉阶段,检察院最终对其作出不起诉决定。换个角度,A 公司在前期仍然面临被刑事调查甚至被追究刑事责任的风险,作为企业,应当如何防范这种风险?那就是企业合规,陈瑞华教授称“企业在经营过程中经常会与一些商业伙伴开展密切合作,这些商业伙伴又被称为第三方,通常是指上游的供应商、供货商……而这些合作伙伴一旦出现违法违规行为,就有可能使企业本身引火烧身……通常来说,企业合规机制的建立,是有效切割企业责任与第三方责任的制度保障”[2]。本案中,A 公司的供应商 B 公司被认定为单位犯罪,C 也被追究刑事责任。A 公司在采购环节审查 B 公司作为供应商以及 B 公司所提供的货物时,可能存在不合规的情形,如没有尽职审查到生产厂家授权 B 公司销售的书面文件、产品质检文件等,才会使公司以及员工陷入被刑事调查的境地。“大体来说,在第三方实施违法违规行为的情况下,企业要成功避免法律风险,就需要从两个方面建立企业合规机制:一是加强对第三方合规风险的评估;二是对第三方持续不断的合规监

---

[1] 参见巴蜀法眼:《谭淼:每一个无罪案件都是法律职业共同体的集体荣誉》,载网易新闻 2023 年 5 月 28 日,https://www.163.com/dy/article/I5R4DPS20551OS2Q.html。

[2] 陈瑞华:《企业合规基本理论》(第 2 版),法律出版社 2021 年版,第 260、261 页。

控和管理”[1]。作为A公司的律师，应该从采购环节入手，排查企业是否做到了刑事合规，以更好地实现企业以及员工法律责任的豁免。

（二）个人合规的重要性

本案中，H之所以最后被认定为无罪，不是辩护人有多优秀，而是取决于本案证据的留痕与保存，辩护人只是拂去掩盖住证据的灰尘，证明H与上游供应商无共同犯意联络。相对于企业合规，对于每个个体而言，个人合规更为重要。个人合规可以理解为两个层次：一是个人要遵守国家法律、企业规章；二是在履职时，应当善用企业的系统、软件、邮件、聊天记录等对工作进行留痕，以证明自己行为的合规性。相关司法解释规定，具有下列情形之一的，应当认定属于《刑法》第214条规定的“明知”：（1）知道自己销售的商品上的注册商标被涂改、调换或者覆盖的；（2）因销售假冒注册商标的商品受到过行政处罚或者承担过民事责任，又销售同一种假冒注册商标的商品的；（3）伪造、涂改商标注册人授权文件或者知道该文件被伪造、涂改的；（4）其他知道或者应当知道是假冒注册商标的商品的情形。这是一种刑法上的推定，允许相反证据予以推翻。因此，当面临企业内部调查或公权力机关调查时，如果个人做到合规，就可拿出证据予以应对。当然，若是已然面临刑事调查，甚至已经被当为犯罪嫌疑人予以立案，则应第一时间聘请专业刑事律师提供帮助。

---

[1] 陈瑞华：《企业合规基本理论》（第2版），法律出版社2021年版，第262页。

企业刑事合规整改的启动及落地

——K 公司销售假冒注册商标的商品罪合规不起诉案

时秋芳* 周 田**

一、导读

“拯救一个企业，挽救数个家庭”，这是涉罪企业合规不起诉制度具有的重要社会价值。2020 年 3 月，最高人民检察院部署 4 个省份的 6 个基层人民检察院相继开展了刑事合规不起诉第一期改革试点。2021 年 3 月，第二期改革试点在 10 个省份大力展开，试点范围扩展到 62 个市级人民检察院、387 个基层人民检察院。

作为与企业生产经营活动直接相关的销售假冒注册商标的商品罪，毫无疑问是企业刑事合规整改案件类型中的常见类别。但因本罪按照涉案金额大小来确定量刑档次，能否皆适用企业刑事合规整改是第一争议焦点。合规整改如何启动，整改计划如何落地执行，整改效果与本罪从轻、减轻相关度亦是本罪的第二大难点。本文中，虽企业涉案金额已属巨大，按照法律规定应判处 3 年以上 7 年以下有期徒刑[1]，但基于涉案企业系单位犯罪，本身具有稳定的经营基础、自愿认罪认罚，成功启动了合规整改，启动后结

* 时秋芳，广东国晖律师事务所创始合伙人，1997 年毕业于西南政法大学，现任国晖律师事务所副主任、合规中心主任，广东省律师协会涉案企业刑事合规委员会委员。善于处理各种纷繁复杂和突发性的事件，在企业风控刑事非诉等方具有丰富的实务操作经验。

** 周田，毕业于中国社会科学院大学法律硕士专业。系广东国晖律师事务所合伙人、管委会秘书长、企业合规中心副主任。专职于刑事辩护、企业家刑事风险防控以及刑事合规业务，致力于为当事人实现最大程度有效辩护。

〔1〕 本案适用《刑法修正案（十一）》前的法律规定及司法解释。

合企业自身特点制定并落实了行之有效的整改计划，最终以公开听证方式获得了单位不起诉，直接责任人员从轻、减轻的效果。

二、案情简介

2017 年 5 月 12 日，深圳市 P 公司负责人韩某某微信添加中山市 K 公司负责人陈某某称需采购 M 公司的变压器。此前陈某某已向 M 公司询问了变压器的生产时间及价格并以电话回复韩某某，因 M 公司生产工期无法满足韩某某要求，韩某某向陈某某表示可以只用 M 公司的资料，不用其变压器，同时要求陈某某价格不能太高，其他东西需要配合，韩某某不可能用一个正品的价格去购买一个赝品，否则无法向其股东交代。后韩某某将其要求的图纸通过技术人员电子邮箱发送给 K 公司技术人员陈某二，将采购合同（未有 M 公司变压器要求）电子版发送给陈某某。涉案单位 K 公司即按照上列图纸生产出韩某某要求的变压器，并配合采购其他部件，同时为保证韩某某提出的验收要求，将 M 公司铭牌贴于变压器上，并于外观处喷绘 M 公司标识，随后按韩某某要求于 2017 年 6 月 10 日送货至设备安装使用地。

2021 年 8 月，因上述变压器其中一台发生故障导致充电站使用人 C 公司损失，C 公司将设备返厂 M 公司维修发现变压器为假冒，加之韩某某拒绝处理及赔偿，同时表示对案涉设备情况不知情，于是 C 公司报案。案发后，陈某某被刑事拘留，其家属与 C 公司沟通，将 C 公司此次维修、更换设备的费用共计 15 万元全额赔偿，同时将本次变压器事件中的违法所得 6 万元全额退赔给 C 公司。

从以上犯罪事实可见，本案系在采购方 P 公司发起下实施的一起共同销售假冒注册商标的商品的行为。但 P 公司及其负责人韩某某在案发时并未被列为犯罪嫌疑人。故此，辩护人先以“无逮捕必要”为陈某某争取不批捕，后立即指导陈某某将其与犯罪嫌疑人韩某某的微信聊天记录进行证据固化，由陈某某向侦查机关递交证据及手机载体。案件于 2022 年 5 月以韩某某、陈某某共同涉嫌销售假冒注册商标的商品罪移送至深圳市某区人民检察院审查起诉。

三、争议焦点

(1)涉案企业是小微企业,且涉案金额巨大,能否启动企业合规整改?

(2)企业刑事合规整改计划如何落地及执行?

(3)刑事合规整改听证实操流程需关注重点是什么?

四、辩护思路

(一)明确合规整改要求,提出有效整改申请

首先,辩护人提出了本案系单位犯罪的辩护意见,即陈某某为单位负责人,其行为代表了单位意志,本案案涉合同由 K 公司签署,并由 K 公司履行。K 公司实施犯罪行为后,所得利益均归属 K 公司。该意见被承办检察院采纳。

其次,基于本案存在的客观情况,即涉案金额巨大,且发生在《刑法修正案(十一)》之前,依照从旧兼从轻原则,被告单位负责人应判处 3 年以上 7 年以下有期徒刑。同时涉案企业仅有 12 名员工,系小微企业,本案是否符合企业刑事合规整改基础条件是亟待解决的问题。依据 2021 年 6 月最高人民检察院会同司法部、财政部、生态环境部等 8 部门制定发布的《关于建立涉案企业合规第三方监督评估机制的指导意见(试行)》(以下简称《指导意见》)[1] 以及最高人民检察院发布的几批涉案企业合规典型案例[2],即便是可能判处 3 年以上有期徒刑的案件,依然符合企业合规整改要求。同时,无论是民营企业还是国有企业,无论是中小微企业还是上市公司,只要涉案企业认罪认罚,能够正常生产经营,承诺建立或者完善企业合规制度,具备启动第三方机制的基本条件,自愿适用的,都可以适用第三方机制。

---

〔1〕《指导意见》第 3 条规定:"第三方机制适用于公司、企业等市场主体在生产经营活动中涉及的经济犯罪、职务犯罪等案件,既包括公司、企业等实施的单位犯罪案件,也包括公司、企业实际控制人、经营管理人员、关键技术人员等实施的与生产经营活动密切相关的犯罪案件。"

《指导意见》第 4 条规定:"对于同时符合下列条件的涉企犯罪案件,试点地区人民检察院可以根据案件情况适用本指导意见:(一)涉案企业、个人认罪认罚;(二)涉案企业能够正常生产经营,承诺建立或者完善企业合规制度,具备启动第三方机制的基本条件;(三)涉案企业自愿适用第三方机制。"

〔2〕例如,最高人民检察院 2021 年 12 月 8 日印发的第二批企业合规典型案例中的上海 J 公司、朱某某假冒注册商标案,张家港 S 公司、睢某某销售假冒注册商标的商品案。

基于以上内容,辩护人先以律师尽职调查方式对被告人单位是否具备企业合规整改的基础提出法律意见,通过客观数据将被告单位自成立至案发所创造的经营数据、获得的资质认可以及第三方评价、目前被告单位的员工情况、管理情况及经营情况如实展示,向承办单位呈现出一个具备整改基础、很有整改必要的企业。

第三方律师对涉案单位 K 公司进行尽职调查,提出本案的法律风险系单位内部决策漏洞及主要负责人法律认知不足所致,主要责任人员陈某某明确认罪认罚,其家属积极退赔受害人,修复社会关系,降低犯罪行为所造成的影响,此为其申请合规的基础条件。K 公司自 2013 年 9 月 29 日成立后,围绕“生产、加工、安装、维护、销售:电力变压器、组合式变电站、高低压配电柜、电缆分接箱、电线电缆、电气元件、开关组合电器;承装、承修、承试电力设施;电力技术咨询服务”开展经营活动,此次陈某某个人决定但是以单位名义实施的行为,目的是缓解企业经营压力,所得收入亦全部归属企业用作经营。公司自成立以来,有且仅有一次违法犯罪行为,此为其申请合规的第二要件。K 公司具有稳定的经营收入,其员工大部分是公司初创时期人员,流动性不大,社保缴纳情况及纳税情况均良好稳定。K 公司除此前有过“L 商标”授权之外,在 2015 年还获得了自有品牌“K”注册商标,在业内具有一定的市场份额并具有较好的发展前景,此为其申请合规的第三要件。基于以上三要件,检察院同意了 K 公司的企业合规申请,K 公司在认罪认罚的同时签署了为期 4 个月的合规考察承诺书。

因被告人单位系小微企业,结合《指导意见》,在申请合规整改获批后,被告人单位结合企业规模、经营模式及管理模式,提出企业组织架构调整、规章制度重建、长效风险识别机制建立以及合规文化建设的合规整改计划,自此,被告人单位的企业合规整改之路正式开启。

(二)严格执行合规整改计划,拒绝“纸面合规”

在成功启动企业合规整改后,经由承办检察院组织,K 公司依照深圳市《企业合规第三方监控人名录库管理工作流程指引(试行)》选定了 A 律师事务所作为被告人单位本次合规整改第三方监控人。随后由涉案企业先行结合涉案情况、企业基本情况、经营情况进行了第一轮合规计划制定,集中体现在重新设立组织架构,构建合规制度、建设合规文化方面。从被告人单位决策机制调整到人事决策安排，从企业风险识别、风险防范、风险举报、风险处置机制设置到业务采购、生产、销售各个环节风险、风险控制，K 公司从多维度进行了周密的计划和安排，以期实现由点到线到面的“企业合规伞状保护体系”。

基础工作内容清单见表 1、表 2、表 3。

表 1 企业合规前期工作项目

序号	项目名称	项目意义
1	合规尽职调查	及时、主动、有效启动刑事合规
2	协助企业认罪认罚	
3	合规不起诉法律意见	
4	初期合规计划	
5	合规申请启动	

注：以上清单系针对本次涉案企业特别制定。

表 2 企业合规中期工作项目

序号	项目名称	项目意义
1	签署合规协议、合规承诺	快速、全面、真实运行合规整改
2	明确第三方监督、评估主体	
3	制订合规计划	
4	建立合规体系	
5	落实合规阶段工作	
6	明确合规计划执行、合规验收标准	
7	制订合规指南、工作标准	
8	确定风险识别清单、预防、应对机制	
9	针对风险建章立制	
10	长效运行机制落实、监控、自查自纠	

注：以上清单系针对本次涉案企业特别制定。

表3　企业合规后期工作项目

序号	项目名称	项目意义
1	探寻、定制、建立合规意识、文化	成功整改 顺利验收 模拟备战 万无一失
2	企业社会责任、社会价值体现	
3	模拟听证准备	
4	常年合规顾问服务	
5	指导合规整改报告	
6	合规听证验收	

注：以上清单系针对本次涉案企业特别制定。

围绕以上清单在合规顾问的指导下，被告人单位K公司调整组织架构，设立权责清晰、分工明确的组织架构体系，从决策层面预防、遏制了违法犯罪行为的再次发生。新设立的24项规章制度和操作流程在公司实际业务中开始执行和落实。其中包括：公司章程、股东会议事规则及工作流程、合规管理制度、合规手册、劳动管理规章、环境保护制度、财务制度、税收管理制度、产品质量管理制度、安全生产管理制度、采购管理制度、销售合规管理制度、合规管理评价制度、反腐败反商业贿赂、数据合规、保密管理制度、知识产权管理制度等。同时，K公司还建立了各类风险识别和防控档案，通过全面切实地推进、落实整改计划，在企业内部基本实现了业务、采购、生产、销售由点到线到面的全方位企业合规保护体系。

在合规意识及合规文化的建设方面，K公司先行通过"合规问卷"形式对公司员工的合规认识进行了解，随后召开公司全员的启动会、宣导会、沟通会来提升员工对于合规建设的积极性。K公司在了解员工合规知识的基础上制定了三期宣传栏及三期讲座培训，还专门开辟设置企业合规活动室，力求通过多种简单且高效的方式让公司员工对合规及刑事合规有所了解、认知。与此同时，K公司还进行了内部的自查自纠活动，通过自我排查、合规建设推进加快合规整改工作进度。

在风险识别层面，K公司依次从知识产权、税务、贪腐、资金、商品进出口五个方面进行了风险排序。经识别，合规顾问认为K公司在知识产权犯罪方面的风险等级最高。随即K公司便从生产方面、制度方面及意识方面进行了深刻地风险识别及讨论分析。

K 公司虽为小微企业，但其从企业内部出发，从企业经营模式、流程全方位考虑，在员工的入职、任职、离职，以及产品的生产、研发到出厂等建立了一系列切实有效且可行的规章制度。在合规整改期间，K 公司亦在经营的业务层面贯彻执行了上列制度中的内容，不但没有造成工作阻碍，反而帮助执行人员形成了有章可循、有规可依的办事流程。

（三）企业合规整改公开听证关注的焦点及应对措施

K 公司为期 4 个月的企业合规监督考察期限届满后，承办检察院依法对 K 公司的企业合规整改评定验收举行了公开听证。听证会由承办检察院党组成员、副检察长主持，同时还邀请了人民监督员、特约检察员、相关行政单位代表、企业合规第三方监控人员参加。听证会分为 12 项流程，围绕企业合规整改情况汇报、第三方监控人工作汇报、企业合规整改关注问题回答及听证人员评议几大板块进行。

为了顺利完整进行公开听证，在听证会召开之前辩护人便组织被告人单位 K 公司负责人、合规整改专员、本次合规整改律师在 K 公司进行了模拟听证，就汇报工作、合规整改中出现的问题进行了自我剖析及回答，以此为正式听证打下了良好基础。在正式听证时，K 公司合规专员以 PPT 形式向听证会主持人、参加人员及受邀人员直观展示了本次合规整改期间 K 公司所做的努力，对通过合规整改评定验收来说具有至关重要的作用。合规律师参与听证问答，在企业负责人回答问题不完整时进行补充归纳，亦起到了及时的辅助作用。

最终，三位听证员一致认为：K 公司负责人合规整改态度诚恳，实际整改执行情况良好，同意 K 公司通过本次合规整改评定验收，并建议检察院对 K 公司作出不起诉决定。

五、案件结果

2023 年 3 月 3 日，承办检察院对 K 公司销售假冒注册商标的商品罪作出不起诉决定，认为 K 公司涉案情节轻微，具有企业合规整改合格和认罪认罚情节，根据《刑法》及《刑事诉讼法》规定，决定对 K 公司作出不起诉决定。

同时，检察院对直接负责人陈某某建议从轻、减轻处罚，并建议判处有期徒刑 3 年并适用缓刑。

六、经验分享

“挽救一个企业就等于挽救数万个家庭”，这是本次企业合规整改最重要的意义。以K公司这样经营数十年的小微企业来看，所有员工均见证了企业的发展过程，对于这样人合性较高且稳定性较强的民营企业，合规整改无疑是新生，更是机遇。因此，整改企业结合企业本身具有的特点及人员构成进行整改，方能确保整改顺利、通过听证。

（一）尽职调查

企业合规整改申请前期，合规顾问律师通过收集企业资料、访谈人员、查询信息等方式，对企业的股权架构、核心管理人员、员工规模、经营业务范围、决策机制、财务税收、客户群体等信息进行全面了解，为后续申请合规整改、建立风险识别与应对机制、建设合规制度与合规文化提供依据。同时，这也是检察机关评估企业能否进行合规整改的关键因素。对于企业来说，向检察机关客观呈现所具备的合规整改要件，方能顺利获得检察机关批准启动合规整改，同时为今后验收合格打下坚实基础。

（二）建立风险识别与应对机制

通过前期的尽职调查，合规顾问律师利用自身的专业优势，结合相关法律法规，对公司目前存在的或潜在的合规风险进行识别评价，为公司整理了一套风险识别清单，指明了公司存在的风险问题，按照风险等级进行排序。随后合规顾问律师定向地针对高级别风险给企业制定专门的应对措施。

（三）合规制度建设

鉴于公司规模较小，仅有十几名员工，属于小微企业，为避免合规流于形式，在合规制度建设上不宜奉行“拿来主义”，合规顾问律师针对公司企业规模特点，设计了一套科学且实操性强的合规管理制度。为了使公司能够从内到外、从上到下进行合规整改，从决策机制调整到人事决策安排，从企业风险识别、风险防范、风险举报到风险处置机制设置，以及业务采购、生产、销售各个环节分析风险、风险控制等多维度进行了周密的计划和安排，以期最终实现由点到线到面的“企业合规伞状制度体系”。

（四）合规意识、合规文化建设

合规顾问律师通过“合规问卷”、合规会议、合规宣传、合规培训、合规自查自纠等进行了多方面的工作建设，使涉案企业的合规认知有了较为明显的改善。

（五）其他方面

针对涉案企业的特殊性，合规顾问律师还为整改工作提供了其他建议，如模拟听证。该建议在帮助企业成功整改、顺利验收上起到了显著效果。

七、商业启示

“企业刑事合规”，是指通过建立企业内部的治理体系和管理体系实现对刑事法律风险的防范。相对而言，企业刑事合规制度是预防企业刑事法律风险最有效的措施，其能够最大限度地防控源自企业内部或外部的刑事法律风险，从而促进企业经营目标的实现，实现企业利益的最大化。

作为当前国家及社会给予企业新生机会的重要举措，同时出于保障社会稳定、实现企业社会价值、承担企业社会责任的正向考量，企业合规整改承载了非常重要的法治意义和社会意义。一个科学健全、行之有效的合规体系会成为企业的定海神针，同样也是企业面临危机时的尚方宝剑。而不同企业的合规管理制度必须在准确识别企业类型、全面分析经营模式的基础上科学建立，方能确保其有效运行。市场经济主体平等参与竞争，多样化的合规管理制度方能保障平等主体依法经营，从而促进市场经济健康发展，与国际接轨，与时代并行。

销售假冒注册商标的商品罪案件中“刷单”金额性质的认定

——王某某销售假冒注册商标的商品罪一案

罗海婷*

一、导读

《刑法修正案(十一)》修订后,销售假冒注册商标的商品罪的量刑标准从“销售金额”变更为“违法所得及是否存在情节严重情形”,但尚无司法解释对销售假冒注册商标的商品罪中的违法所得金额、“情节严重情形”及“情节特别严重情形”的标准做进一步的规定,在司法实践中,销售金额仍是销售假冒注册商标的商品行为的重要量刑情节。

因当今社会网络购物的发达,销售假冒注册商标的商品犯罪现多发于网络购物平台,为了在网络购物平台中获取消费者的注意,增加销售货物的可能性,大多数销售假冒注册商标的商品罪的行为人会在实施销售假冒注册商标商品犯罪活动时委托他人在网络销售平台大量“刷单”,以提高在网络购物平台展示出来的销售量,取得消费者的关注。但案发后,此种因“刷单”所产生的虚假销售量却常被计算在销售金额中。因“刷单”产生的销售量不具有真实性,实际上并没有相应社会危害,且一般数额巨大,如认定为销售假冒注册商标的商品犯罪的销售金额将严重影响正确量刑。因此,在销售假冒注册商标的商品罪案件中,如何将“刷单”金额排除在销售金额外,成了辩护的难点。

---

* 罗海婷,西南政法大学刑法专业硕士,上海段和段(深圳)律师事务所执业律师,深圳市律师协会商事犯罪辩护委员会干事。

本案公诉机关一开始认为按现有证据不能证明王某某的相关销售记录中存在虚假刷单交易的情形,认为王某某网络销售平台记录的127余万元销售记录均是王某某的涉案销售金额,王某某的销售假冒注册商标的商品行为极其严重。王某某在本案中为主犯,在发现本案存在大量因“刷单”行为产生的金额,为王某某争取缓刑这一目标只能通过排除“刷单”金额而降低销售金额达成。经过笔者与公诉机关的多次沟通并向公诉机关指出能够综合证明王某某在网络销售平台存在大量虚假刷单交易的证据,公诉机关在对本案提起公诉时,认定的销售金额中排除了因“刷单”产生的虚假销售额,王某某在本案中的销售金额认定降至25万元以下,检察机关给予王某某3年以下有期徒刑的量刑建议,最终,一审法院对王某某适用缓刑。

二、案情简介

本案中,自2021年6月起至2021年9月案发,王某某与四名同案人通过网络销售平台向社会大众销售假冒国外多种知名品牌的化妆品。王某某为五人中的老板,在网络销售平台销售假冒国外知名品牌的化妆品的主意是由王某某提出的,其纠集同案人共同实施销售假冒注册商标的商品犯罪,负责销售假冒注册商标的商品活动的出资,指挥同案人租赁经营产地,支付同案人工资,并实际参与销售假冒注册商标的商品犯罪的实行。

2021年9月案发后,王某某与同案人均被侦查机关采取刑事强制措施,后侦查机关对王某某在网络销售平台中销售假冒国外多种知名品牌的化妆品的销售金额进行鉴定。经鉴定,王某某与同案人在网络销售平台中已销售货物金额共计127余万元,侦查机关以此销售金额移送检察机关审查起诉。如认定王某某的实际销售金额为127余万元,根据《刑法》第214条规定,王某某的销售假冒注册商标的商品行为法定刑在3年以上10年以下,王某某被适用缓刑的概率极小。

三、争议焦点

(1)因“刷单”产生的销售额是否应计入销售假冒注册商标的商品行为的销售金额?

(2)销售假冒注册商标的商品案件中,在没有直接证据证明销售金额是通过“刷单”行为形成时,有间接证据证明存在相应资金回转及交易习惯不正常，是否能够认定销售假冒注册商标的商品案件中存在“刷单”行为，并在认定涉案销售金额中，将因“刷单”行为产生的相应金额予以排除？

四、辩护思路

（一）针对争议焦点一

笔者认为，因“刷单”产生的销售额并非因真实的销售假冒注册商标的商品行为产生，且刷单额往往数量非常高，如认定为销售金额将严重影响正确量刑，对行为人的量刑最终会远高于其实际行为造成的社会危害，不符合罪责刑相适应原则，因此不应将“刷单”产生的销售额作为销售假冒注册商标的商品罪的量刑评价，应予以排除。

《刑法》第 214 条规定：“销售明知是假冒注册商标的商品，违法所得数额较大或者有其他严重情节的，处三年以下有期徒刑，并处或者单处罚金；违法所得数额巨大或者有其他特别严重情节的，处三年以上十年以下有期徒刑，并处罚金。”最高人民法院、最高人民检察院《关于办理侵犯知识产权刑事案件具体应用法律若干问题的解释》第 2 条规定：“销售明知是假冒注册商标的商品，销售金额在五万元以上的，属于刑法第二百一十四条规定的‘数额较大’，应当以销售假冒注册商标的商品罪判处三年以下有期徒刑或者拘役，并处或者单处罚金。销售金额在二十五万元以上的，属于刑法第二百一十四条规定的‘数额巨大’，应当以销售假冒注册商标的商品罪判处三年以上七年以下有期徒刑，并处罚金。”

从销售假冒注册商标的商品罪的法律规定可知，销售假冒注册商标的商品犯罪数额超过 25 万元，极有可能面临 3 年以上有期徒刑，在司法实践中，适用缓刑的可能性较小。而在销售假冒注册商标的商品活动中，往往犯罪嫌疑人、被告人委托他人进行“刷单”而产生的销售额巨大，如果将因委托他人“刷单”而产生的销售额认定为销售假冒注册商标的商品犯罪的销售金额，则在一般情况下，犯罪嫌疑人、被告人失去被适用缓刑的可能性，承担远超于其行为实际社会危害的刑罚。

深圳市中级人民法院、深圳市人民检察院及深圳市公安局在《办理侵犯知识产权刑事案件若干问题的会议纪要》（深中法发〔2019〕25 号，以下简称《会议纪要》）中提出，销售假冒注册商标的商品案件中，犯罪嫌疑人、被告人委托他人为其在网络销售平台上“刷单”后，因销售金额回转给实际“刷单”

人而明显低于销售交易金额的数据可予以剔除。

从《会议纪要》可知，对于销售假冒注册商标的商品犯罪活动中存在明显金额回转，实际销售金额明显低于实际销售时的价格或者并不存在实际销售金额的，可认定为“刷单”行为，而由“刷单”行为产生的销售额可以予以剔除。

综合本案案卷材料，王某某的“刷单”行为符合《会议纪要》中对“刷单”的定义，王某某与案外刷单人员之间有大额的资金回转，扣除了回转的金额后，实际上王某某与刷单人员之间的销售价格极低，与王某某在网络销售平台上的真实交易存在明显区别，结合相应证据，能够确认大额资金为案外人“刷单”产生的销售额。根据《会议纪要》，王某某在网络销售平台上通过案外人“刷单”产生的销售额，应从其销售假冒注册商标的商品罪中的销售金额中予以扣除，如此才能对王某某的销售假冒注册商标的商品行为正确量刑。

（二）针对争议焦点二

笔者认为，如证据能够证明犯罪嫌疑人、被告人在网络销售平台中的销售假冒注册商标的商品行为存在大额资金回转及交易行为异常，则能够确认销售假冒注册商标的商品犯罪中存在“刷单”行为，应将相对应的销售额在计算销售金额时予以扣除。

在与公诉机关的沟通中，因本案证据中并无直接证据证明王某某委托他人为其在网络销售平台中“刷单”，也没有直接证据证明哪些销售额为案外人“刷单”形成、哪些销售额为实际销售产生，笔者与公诉机关对于“刷单”行为是否能够形成闭合证据链存在争议。笔者认为，证明“刷单”行为存在的重点在于资金回转及交易异常的证据。

1. 王某某及其同案人在微信群中有实际提及“刷单”的聊天记录

王某某及同案人在与案外人的微信群中，存在大量与案外人沟通“刷单”事宜的记录，虽在微信聊天群中王某某及其同案人未直接与案外人沟通“刷单”事宜，但通过王某某及同案人与案外人在微信群中的聊天内容能够推断王某某及同案人委托案外人协助“刷单”，且每次在王某某及同案人提出要求后，案外人相应地会在微信群中回应实际“刷单”的数据及所需的费用。王某某及同案人与案外人之间的微信聊天沟通证据能够体现王某某及同案人与案外人之间沟通的实际性质。

2. 王某某案件中，存在明显的资金回转

在微信聊天群中，案外人会定期向王某某及其同案人发送在网络销售平台中的大量购买记录及相应的费用记录，王某某在案外人发送数据后，会根据案外人发送的销售记录及相应的费用，通过支付宝转账方式将“刷单”产生的销售额回转给案外人。资金回转为“刷单”行为的最典型特征，证明了王某某的销售金额中包含了大量“刷单”销售额。

3. 王某某的销售假冒注册商标的商品犯罪活动中，实际销售订单与“刷单”行为订单在销售金额及发货快递上存在明显区别

笔者通过与王某某的沟通得知，王某某及同案人对实际销售订单与“刷单”行为产生的订单在发货中选择的物流及在网络销售平台的标价存在差异。笔者在查阅材料时发现，王某某及同案人确实非常明确地区分了两者所使用的物流公司及标价。从王某某的网络销售平台记录可知，标价较低的交易记录对应的物流公司为 A 公司，而标价较高的交易记录对应的物流公司为 B 公司，两者之间的区别十分明显，标价较低且发送 B 公司物流的交易记录占整体销售比例较高且不尽合理。对比王某某网络销售平台的记录可知，王某某的销售中存在交易行为异常的现象。

王某某与案外人“刷单”的相关聊天记录、王某某与案外人之间的资金回转及王某某在网络销售平台中呈现的异常交易行为能够相互印证，已经形成完整的证据链以证明王某某在网络销售平台中存在因“刷单”形成的销售额。

五、案件结果

笔者确定了本案中王某某的销售假冒注册商标的商品犯罪活动中存在“刷单”行为及款项回转的证据后，多次与本案公诉机关沟通，公诉机关从一开始并不认同基于“刷单”产生的销售额不应计入王某某销售假冒注册商标的商品犯罪销售金额的观点，但经全面分析案件事实和相关法律，最终将“刷单”产生的销售额从销售假冒注册商标的商品犯罪销售金额中予以扣除。排除“刷单”产生的销售额后，王某某销售假冒注册商标的商品犯罪的认定销售金额减少了 100 多万元，降低到 25 万元以下，最终法院对王某某适用缓刑。

六、经验分享

(一)注意案件主体间的资金是否存在回转

认定销售假冒注册商标的商品犯罪活动中是否存在"刷单",最重要的一点就是是否存在资金的回转,在办理通过网络销售平台经营的销售假冒注册商标的商品案件中,辩护人需要向犯罪嫌疑人、被告人详细确认犯罪嫌疑人、被告人在经营过程中是否有委托他人进行"刷单"的情况,是否存在资金的回转。并在此基础上,辩护人仔细阅卷,通过研究银行流水、支付宝、微信支付等证据中体现出来的支付情况,发现、提炼出能够证明犯罪嫌疑人、被告人与他人之间资金回转的证据。

(二)注意发现、分析犯罪嫌疑人、被告人在案件中的不正常交易行为

仅凭犯罪嫌疑人、被告人与他人之间存在资金的回转,难以证明资金回转的性质,很难直接说服办案人员接受因"刷单"存在应予以排除的不真实销售金额。

但在通过网络销售平台经营的销售假冒注册商标的商品案件中,如果犯罪嫌疑人、被告人委托他人"刷单",因"刷单"产生的虚假交易往往与真实交易之间存在区别。

1. 经营中短时间内出现大量订单在正常的市场交易中,犯罪嫌疑人、被告人经营的网络销售平台店铺作为非官方商家在非活动期间内一般不会出现大量订单,且与犯罪嫌疑人、被告人自身经营过程中的正常交易量存在巨大区别。在阅卷时需要注意犯罪嫌疑人、被告人在网络销售平台中的销售量是否存在阶段性的异常,并分阶段进行比对。

2. 交易习惯的区别结合犯罪嫌疑人、被告人销售量存在异常的情况,应对比犯罪嫌疑人、被告人在异常销售情况下与正常销售时的销售行为是否存在区别,如价格是否存在差异、发送货物使用的快递是否存在差异、发送货物的类别是否过于集中等。在比对出确实存在销售量不正常,也不符合交易习惯的情况下,则进行数据汇总以用来证明犯罪嫌疑人、被告人的销售假冒注册商标的商品犯罪活动中存在因"刷单"产生虚假销售额。

(三)注意善用图表总结,便于向办案人员展现自身观点

与办案人员沟通过程中,仅提供书面观点或者进行口述,难以直观地向

办案人员证明“刷单”的销售额与犯罪嫌疑人、被告人向他人回转资金之间存在关联、交易行为存在相应的异常，但列表与画图能够非常清晰地体现出前述情况。

本案的银行流水十分繁杂，办案人员直接查看银行流水并不能清晰地知晓本案存在大额资金回转。但是通过图表整理，能够清楚地看出在不正常的大额销售背后，犯罪嫌疑人、被告人往往就会向他人回转相应的款项。同时，通过图表整理能够清晰地展现大额销售中的交易习惯与正常交易中的销售习惯的差异。

通过图表总结，更便于与办案人员进行沟通，使办案人员对案件的细节有所注意并还原案件事实，做出与犯罪嫌疑人、被告人行为相适应的处理。

（四）在与办案人员的沟通中，总结办案人员未考虑之处，加强与办案人员的沟通

因处理案件的思维习惯，办案人员往往会根据一般的案件情况对案件进行评判、处理，容易忽略个案的特性。因与犯罪嫌疑人、被告人的沟通更为深入，在办理案件时辩护人会发现案件的特殊之处而办案人员可能有所忽略。在与办案人员的沟通中，应注意发现办案人员可能忽略的个案中特殊之处，着重以方便办案人员查看的方式整理相应材料，并通过与办案人员的多次沟通向办案人员提醒本案的重点，以真正做到查清案件事实，正确量刑。

（五）处理案件时，回归法条本身

现行法律法规对销售假冒注册商标的商品罪的量刑仍以真实的违法所得或销售金额作为量刑标准（因仍未针对销售假冒注册商标的商品罪的“违法所得较大”“违法所得巨大”作出相应的司法解释，司法实践中仍经常以销售金额作为量刑依据，即仍以最高人民法院、最高人民检察院《关于办理侵犯知识产权刑事案件具体应用法律若干问题的解释》第 2 条的相关规定量刑），在笔者与公诉机关的沟通中，公诉机关提到侵犯商标权犯罪一经实行就已经造成社会危害，但回归到法条本身，在量刑上仍应以实际的违法所得或实际的销售金额作为量刑依据。因此，在有充分证据证明存在“刷单”产生的虚假销售额时，应予以排除。

七、商业启示

知识产权保护是我国长久以来权利保护的重点，《刑法修正案（十一）》

中提高了侵犯知识产权罪编各个罪名的法定最高刑，也体现了我国对知识产权保护的看重，对于知识产权的保护越来越全面。因法律意识的淡薄，社会上有些人对于触及侵犯知识产权犯罪将要承担的刑事责任并不清楚，导致市场上仍存在大量销售假冒注册商标的商品行为，个体或企业应加强自身的知识产权保护意识。

（一）个人方面

个人应停止实施侵犯知识产权犯罪的行为。如果以往确有实施侵犯知识产权犯罪行为且在实施犯罪活动中存在委托他人“刷单”的行为，应固定相关的资金回转证据、与实施“刷单”行为主体的聊天记录、证明销售行为存在区别的证据等。

（二）企业方面

企业应对自身内部是否存在侵犯知识产权行为进行排查，针对知识产权保护进行合规管理，成立相应的知识产权保护部门，规定企业中的知识产权保护的相关规章制度，减少企业本身或企业内部发生侵犯知识产权的行为，也以此尽早将员工的个人侵犯知识产权行为与企业分割，减少企业因侵犯知识产权面临的刑事风险。

实体程序“两步走”,助当事人获缓刑

——胡某某侵犯著作权罪一案

易　凡[*]　彭祝孺[**]

一、导读

对于在网络空间实施的知识产权犯罪,办案时要注意从实体和程序两方面挖掘辩护空间,重点关注管辖、电子证据取证、权利归属等问题。本案的办案机关在提取、扣押服务器作为检材提取涉案漫画作品的过程中未遵循程序规定,导致关键证据存在被污染的可能。辩护人发现并指出问题,削弱了该证据的证明力;同时,辩护人提出胡某某行为的社会危害性小、在共同犯罪中属于从犯等辩护意见。最终法院在侵犯著作权罪的法定刑以下对胡某某判处刑罚,实现“判处两年刑期、缓期执行三年”的有效辩护结果。

二、案情简介

2014 年 8 月,叶某某和江某某共同出资成立 M 公司(住所地为 S 市)。M 公司旗下运营两个网站,分别是 DM 网和 AMH 网(后者曾因侵权问题受过行政处罚)。叶某某负责 M 公司日常运营、财务和人事等方面工作;江某某负责 AMH 网技术方面工作;胡某某经亲戚叶某某安排,担任 M 公司法定代表人。

---

* 易凡,北京市盈科(深圳)律师事务所股权高级合伙人、刑事中心秘书长,广东省律师协会经济犯罪辩护专业委员会委员,深圳市律师协会商事犯罪辩护法律专业委员会委员。参与编著《刑事有效辩护案例精选》《常见证券犯罪辩护要点实务精解》。

** 彭祝孺,北京市盈科(深圳)律师事务所专职律师,参与编著《常见证券犯罪辩护要点实务精解》。

公司成立后，在未经著作权人许可的情况下，胡某某对通过各种途径搜集到的大量漫画作品进行整理编辑并上传至 AMH 网供访客免费观看，以此提高该网站访问量；同时，公司在该网站上提供刊登收费广告服务，截至 2015 年 4 月，收取广告费用共计人民币 182 万余元。

2015 年 5 月，某电子物证鉴定所对 AMH 网站涉案服务器硬盘进行了电子数据检查、收集和提取，公安机关将从中提取的 5000 余部漫画作品鉴材分别送交中国版权保护中心版权鉴定委员会、日本内容产品海外流通促进机构和韩国著作权委员会某代表处进行鉴定和确认。经中国版权保护中心版权鉴定委员会鉴定，涉案服务器硬盘内提取的 6 部美术作品与 T 公司网站上的 6 部美术作品的内容相同（T 公司托管的存放相关漫画数据的服务器位于 C 市 W 区）；经日本内容产品海外流通促进机构确认，涉案 5000 余部日本作品的权利人均未对 M 公司进行过任何授权；经韩国著作权委员会某代表处鉴定，AMH 网所传播的 23 部韩国漫画作品未经权利人许可而被使用。T 公司与 M 公司之间存在的交织关系见图 1。

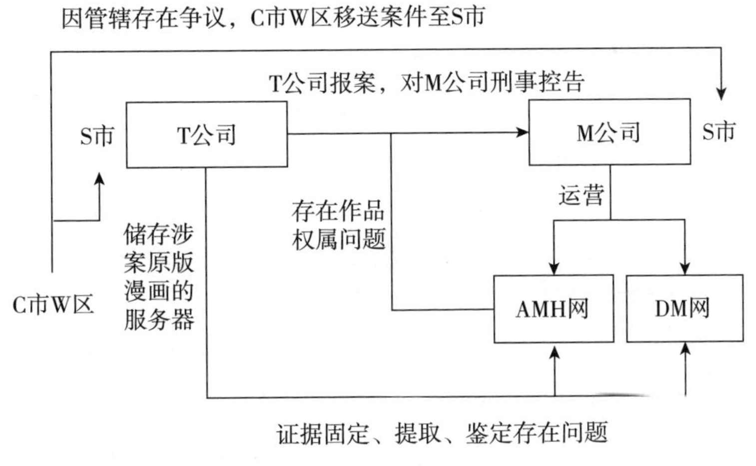

图 1　T 公司与 M 公司之间的交织关系

检察院以侵犯著作权罪对胡某某三人提起公诉，认为三人以营利为目的，未经著作权人许可，复制他人漫画作品，并通过信息网络擅自向公众传播，违法所得数额巨大，情节特别严重，且属于共同犯罪；同时因三人归案后如实供述，建议可以从轻处罚。若指控成立，胡某某至少面临有期徒刑 3 年的刑事处罚。

三、争议焦点

由于本案涉及的罪名系知识产权犯罪与网络犯罪的结合，知识产权载体和传播形式的非典型性决定了本案在实体和程序两方面都存在不少可以争辩的空间：

（一）实体层面

（1）涉案漫画作品作为“美术作品”可否归入“其他作品”中进行模糊化评价？

（2）涉案漫画作品权利归属不明的情况下能否直接认定侵权？

（二）程序层面

（1）本案办案机关对案件是否享有管辖权？

（2）本案关键证据的提取及鉴定程序是否合法？

四、辩护思路

提炼争议焦点的过程实际上就是形成辩护思路的过程。要分析指控逻辑，就必须先从争议最大的实体问题入手，通过论述涉案作品是否能被纳入“其他作品”予以评价，指出本案法律适用应关注的重点和存在的疑惑，提出涉案作品著作权权属问题，以回应指控。紧接着要论述程序问题，先从规范层面明确本案办案机关的管辖权归属，再论述本案关键数据是否具有合法性，罗列各项依据。在此基础上，辩护人提出了鉴定机构不具有鉴定资质、胡某某情节显著轻微等辩护观点，主张胡某某不构成犯罪。

（一）现行法律法规未明确规定“擅自在网络上传播他人美术作品”的行为构成犯罪，基于罪刑法定基本原则，本案在法律适用上存在障碍

依据《刑法》第217条的规定，以营利为目的，未经著作权人许可，复制发行其文字作品、音乐、电影、电视、录像作品、计算机软件及其他作品，或者是制作、出售假冒他人署名的美术作品等，违法所得数额较大或者有其他严重情节的，构成侵犯著作权罪。

鉴定报告明确，涉案漫画属于美术作品，基于前述法律规定，在侵权对象为美术作品的情况下，只有“制作、出售假冒他人署名的美术作品的”行为才构成犯罪。AMH网擅自传播他人美术作品而未向相关著作权人支付报

酬的确侵犯了著作权人的网络信息传播权，但现行法律法规或者司法解释对《刑法》该条中所称“其他作品”是否涵盖《著作权法》明确标示的所有作品类型没有明确规定，因此只能依据相关民事或行政法律法规追究胡某某等人的法律责任。

公诉机关将涉案漫画作品归为美术作品，将其纳入《刑法》第217条第1款第1项“其他作品”予以评价，认为胡某某等人构成侵犯著作权罪。辩护人则指出，“其他作品”即刑法条文中的兜底条款，对其解释应当符合解释原则，但《刑法》第217条的表述并非引证罪状，不能直接、毫无保留地将《著作权法》的相关规定应用于刑事案件。在没有任何法律法规、司法解释的情况下，将美术作品作为“其他作品”的应有之义，违反了罪刑法定原则。

辩护人以罪刑法定基本原则为基点，点明“其他作品”是否包含美术作品应当由全国人大及其常委会进行立法解释，而不属于自由裁量权范围。就本案而言，在相关法律规定未得到释明前，应从“有利于被告人”角度，认定胡某某的行为不符合犯罪构成，不成立犯罪。

（二）现有证据不能证明涉案漫画作品原始著作权人身份及转授权程序的合法性，也无法证明相关作品受我国法律保护

本案指控罪名为侵犯著作权罪，公诉机关以中国版权保护中心版权鉴定委员会、日本内容产品海外流通促进机构和韩国著作权委员会某代表处作出的鉴定结果报告书等文件为依据，认定涉案漫画作品除了T公司还存在其他明确的权利人，胡某某三人未经权利人许可在AMH网使用这些作品，侵犯权利人的著作权。

侵权的前提是有明确权利归属，尤其在被侵权作品为域外作品的情况下，涉案漫画作品是否存在权利人、该著作权是否受我国法律保护是本案的关键。辩护人将涉案作品分为两大类，一类是报案人T公司主张被侵权的漫画作品，另一类是胡某某等人上传至AMH网、DM网且无法证明已获著作权人授权的漫画作品。

对于第一类作品，辩护人质疑T公司提交的权利依据，认为其提交的H公司《授权书》等复印文件未与原件比对核实，真实性不明。同时H公司对涉案作品享有著作权的来源存疑，同样无法确认H公司是否有原始著作权人的授权、其转授权是否合法。

对于第二类作品，辩护人从其特殊性出发，强调鉴于域外作者对其作品

享有的著作权受我国法律保护的特殊情况，应当核实原始著作权人对涉案漫画作品是否享有著作权、著作权是否在保护期内、涉案漫画作品是否因违反我国法律[1]而不受保护等问题，但本案均未核实。

辩护人还指出，当前办案机关将涉案漫画作品分别送交韩国著作权委员会某代表处及日本一般社团法人内容产品海外流通促进机构进行鉴定，不符合《刑事诉讼法》规定，上述机构不具有相应的鉴定资质，无权对中国刑事司法程序中的关键证据进行鉴定，其出具的鉴定报告不具有证据能力，因此其确定的权属并无参考意义。

（三）办案机关以“T公司存储动漫作品数据的服务器托管于C市W区电信机房”为由对本案行使管辖权没有法律依据

本案中，C市W区公诉机关认为其与同级办案机关对本案均具有管辖权。本案被害人之一T公司存储相关漫画数据的服务器托管于C市W区，即被害人使用的计算机系统位于C市W区。根据《关于办理网络犯罪案件适用刑事诉讼程序若干问题的意见》[2]（以下简称《网络犯罪案件意见》）第2条之规定，被害人使用的信息网络系统所在地的公安机关、司法机关对信息网络犯罪案件享有管辖权。

辩护人则根据《关于办理侵犯知识产权刑事案件适用法律若干问题的意见》（以下简称《知识产权案件意见》）第1条的规定，认为C市W区不能被认定为权利人受到实际侵害的犯罪结果发生地，本案所有办案机关均无管辖权。首先，在上述转授权和原始授权存疑的情况下T公司是否属于被害人尚未可知，由其服务器托管地管辖缺乏依据。其次，从网络公司运营管理习惯来看，为提高用户对网络数据访问的相应速度，其都会选择在各大城市电信机房托管存储有数据库文件的服务器；这种连接点可以临时制造，如

---

[1] 如漫画作品涉及暴力、淫秽、反动等不良信息的，不受我国法律保护。

[2] 该规范性文件由最高人民法院、最高人民检察院、公安部于2014年5月4日发布实施，现被《关于办理信息网络犯罪案件适用刑事诉讼程序若干问题的意见》（2022年8月26日发布，2022年9月1日实施）废止。由于本案发生在2014年，适用当时的文件内容，在表述案情、辩护思路之时均采用该文件内容，但经验分享板块将按照新的司法解释进行。新的司法解释对管辖的规定与旧的司法解释基本保持一致，即针对或者主要利用计算机网络实施的犯罪，犯罪地包括用于实施犯罪行为的网络服务使用的服务器所在地，网络服务提供者所在地，被侵害的信息网络系统及其管理者所在地，犯罪过程中被告人、被害人使用的信息网络系统所在地，以及被害人被侵害时所在地和被害人财产遭受损失地等。

果以此作为管辖连接点,那么全国办案机关都可以对本案行使管辖权,知识产权犯罪案件管辖的意义将不复存在。

(四)本案关键证据的提取及鉴定程序不合理,存在程序瑕疵及证据被污染的可能,不应将其作为定案依据

辩护人立足于电子证据提取的相关规定审视本案,发现公安机关在调取涉嫌侵权作品时未对关键性数据和内容予以核实,在检查服务器及硬盘过程中恢复了部分硬盘数据,以C市W区作为管辖点却未对托管于此的服务器进行提取,公安机关提取电子证据的程序不合法,相关电子数据被污染,且电子数据未刻录成光盘并作为证据提交法庭质证,不能排除电子证据系伪造的合理怀疑。另外,虽然中国版权保护中心鉴定委员会等单位具备鉴定资质但其进行鉴定的对象是经过整理后的内容,鉴材存在被污染的可能,存在有关异同性鉴定程序不合理等问题,辩护人由此对胡某某等人是否构成侵权提出合理怀疑。

五、案件结果

法院部分采纳辩护人的意见,确认提取、扣押服务器作为检材提取漫画作品的过程存在瑕疵,但由于内容与其他证据相互印证,对该证据酌情予以采信。法院认定胡某某三人系共同犯罪,胡某某的行为表明其在共同犯罪中的作用较小,系从犯,有如实供述情节,可以从轻、减轻处罚,可以依法适用缓刑。

最终,法院判决胡某某犯侵犯著作权罪,判处其有期徒刑2年,缓刑3年,并处罚金。

六、经验分享

本案中,法院没有采纳辩护人对管辖、鉴定意见、侵权作品归类的法律适用等问题的意见,笔者依旧认为这些问题是切实存在的,只是在理论和实践层面都存在争议。辩护人绝不能因某一问题尚无定论而放弃争辩。

侵犯著作权罪是侵犯知识产权罪的一项重要罪名,对其开展辩护工作离不开上述要点。笔者将这些要点抽象为一般规则,以期为读者提供知识产权犯罪尤其是网络知识产权犯罪案件的辩护思路。

（一）网络知识产权犯罪案件的管辖应适用特别法规则

由于知识产权犯罪案件与网络空间的结合，实践中出现了不少积极制造连接点、以权利人住所地作为管辖地等引发争议的现象。当前，在《刑事诉讼法》及司法解释的基础上，有关知识产权犯罪管辖的规范性文件主要是《知识产权案件意见》，有关信息网络犯罪管辖的规范性文件则是《关于办理信息网络犯罪案件适用刑事诉讼程序若干问题的意见》（以下简称《信息网络犯罪案件意见》）。

在与《知识产权案件意见》相关的文章[1]中，意见起草者对该管辖规则的制定背景与目的作了阐释，该解释是参照《网络犯罪案件意见》等相关文件进行的有针对性的规定。也就是说，司法解释专门规定网络知识产权犯罪案件的管辖地，与一般的网络犯罪均不相同，那么“在司法解释对其中一类具体行为另行作出专门规定的情况下，基于特别优于一般的原则，在确定管辖地时仍应径行适用《知识产权案件意见》”[2]。

因为管辖关系到地方保护主义、当事人被追诉程序正义等，笔者建议办案人员关注管辖时要特别留意法律适用，对于管辖地与犯罪事实无关，或者是权利人在案发前随意、临时选择等显然不符合管辖基本原则的情况，必须有所关注。

（二）网络知识产权犯罪案件应注意电子证据取证全过程

2019 年公安部出台《公安机关办理刑事案件电子数据取证规则》，内容涵盖电子数据的收集、提取、检查、侦查实验、委托检验与鉴定等全过程。办案人员可以根据这一文件审查电子证据取证的合法性，一旦发现电子数据系篡改、伪造、无法确定真伪，或者存在增加、删除、修改等影响电子数据真实性等情形，应向办案机关指出该证据不得作为定案根据并举证论证。

实践中在电子证据取证不同环节中可能出现的问题，笔者简单列举如下，办案人员可予以重点关注。

1. 收集、提取电子数据

（1）侦查人员人数是否为二人以上，其有无在相应笔录中签字；

---

〔1〕 参见逄锦温、刘福谦、王志广等：《〈关于办理侵犯知识产权刑事案件适用法律若干问题的意见〉的理解与适用》，载《人民检察》2011 年第 9 期。

〔2〕 白帆：《侵犯知识产权犯罪案件管辖问题研究》，载《中国知识产权》总第 151 期。

（2）使用方法是否合法，以打印、拍照或者录像等方式固定相关证据后是否依法扣押原始存储介质或提取电子数据；

（3）收集以及提取过程有无制作笔录或对特殊情况进行原因注明，有无见证人员，见证人员有无签名或者盖章，没有见证人员时有无全程录音录像；

（4）现场提取数据的，是否满足法定条件，是否进行远程屏蔽，有无回存等情况，有无计算完整性校验值；

（5）在线提取数据的，该数据是否为“公开数据”，是否满足法定条件，有无计算完整性校验值，无法再提取或者数据可能出现变化有无录像、拍照、截屏，有无制作《电子数据提取固定清单》并签名或盖章等；

（6）调取电子数据是否依照特定流程进行。

2. 电子数据的储存、运输和保管

（1）有无扣押、封存笔录，笔录是否有侦查人员以及物品持有人的签字；

（2）储存、运输和保管有无进行封存，过程有无进行信号屏蔽，没有备份或者进行写保护处理的有无说明原因并全程录像、对比封存拍照；

（3）收集、提取的原始介质或电子数据是否以封存状态随案移送并制作电子数据的复制件一并移送等。

3. 电子数据的检验与鉴定

（1）送检的电子数据是否处于封存状态，数据的完整性如何；

（2）送检目的与检验、鉴定的资质、措施是否吻合，尤其是检验、鉴定的手段、措施是否符合行业标准。

（三）知识产权犯罪案件必须明确权利属性和侵权行为样态

《刑法修正案（十一）》加大了对侵犯知识产权犯罪的打击力度，提高对著作权及其相邻权利的保护，在侵犯著作权罪中增加了新的行为方式，根据实践需要与修改后的《著作权法》等相衔接。

以侵犯著作权罪为例，《刑法修正案（十一）》完善侵犯著作权罪中作品种类、侵权情形，增设有关侵犯表演者权等邻接权的规定。从此次修改可见，裁判依据的《刑法》对于“美术作品”能否适用第 217 条第 1 款第 1 项确实存在“法无明文规定”的情形。因此，办案人员在工作中首先要关注《刑法》规定的权利及其属性，以及对应的行为样态，坚守罪刑法定原则。

知识产权犯罪基本以侵犯知识产权为前提,而我国对于知识产权的保护采取的是私权利与公权力相结合的模式,因此公权力出具的相关文书可以帮助办案人员明确权利的归属以及是否处在保护期内。像本案一样在存在域外作者的情况下,办案人员要对权属问题保持警惕,重点围绕能否证明权利人存在、权利人是否依法享有相应知识产权、该知识产权是否处在保护期内等问题提出辩护意见。

七、商业启示

尽管本案未被认定为单位犯罪,但仍然可以从中提取出可供企业参考借鉴的经验教训。

(一)企业容易陷入的认识误区

1.“避风港原则”不能让企业免责

在快播案后,很多企业知道了所谓的“避风港原则”,但都以为只要事先表明“来源于网络,侵删”,在权利人通知或者主张权利后立马删除,就不需要承担法律责任。这种认识显然是错误的。

“避风港原则”仅适用于网络服务提供者,上述案例中 M 公司提供的不仅仅是网络服务,其侵权行为主要是通过上传侵权作品供他人阅读,通过点击量获取广告费;其明确知道自己行为的性质,因此无法援引“避风港原则”,也不能否认其侵权责任。因此,对一般企业而言,“避风港原则”不能成为其免责理由。

2. 从众心态与不知情无罪

在实践中,很多企业开展某项业务遵循的是所谓的“行业惯例”,秉持着“别人能做我也能做”的心态,没有动力去评估其中的法律风险,最终招致讼累。比如,对于在互联网公开的图片、音乐、小说,很多企业认为既然可以免费下载,那肯定也可以免费使用,结果因此涉嫌民事侵权甚至犯罪。实际上,《著作权法》有专门的责任豁免条款,严格限制了可不经权利人授权而使用权利作品的情形,企业为业务、宣传免费使用并不在其列。另外,很多企业会将“权利人不明”等同于“该作品没有相应知识产权”而使用作品,以“不是故意使用”作为“挡箭牌”。对权利人身份不知情不代表没有侵权的故意,根据一般认知,在使用被侵权作品之前应当查询作者、征询同意或者支付报酬,明知没有授权而(非合理)使用显然就是一种侵权行为。

(二)避免陷入误区的建议

1. 积极鼓励、推动创新,尽可能使用原创作品,形成品牌

企业应当鼓励、推动内部创新,不管是业务内容还是业务宣传,尽可能使用原创作品,绝不奉行"拿来主义"。企业一旦沦为"伸手党",就是将自己"架在火上烤",随时存在全盘皆输的风险。更重要的是,缺乏自主根基就无法形成品牌,难以实现企业的长远发展。

为了鼓励原创,企业可以在内部设立奖励机制,在外部选聘专业人才。在认定原创上,企业也可以考虑设立专门的认定人员或者聘请专业机构,对企业的产品、商标等进行原创性检测,确保排除侵权风险。

2. 尊重知识的价值,推动企业内部知识产权方面合规

知识产权合规主要围绕企业规章制度、合规意识、业务规范、事项管理等方面展开,企业应当树立合规意识,建立起相应的规章制度,指示流程和内容,规范业务涉及的知识产权问题,加强对知识产权事项人员、物品的管理等。笔者简单罗列以下三点:

(1)企业应自上而下树立尊重知识的风气,这不仅有利于防范侵权风险,还可以确保自身的知识产权得到尊重以及企业成员发自内心树立保护意识。建议企业通过章程、制度、员工手册以及培训等方式,让全体员工对知识产权有一定了解,并且明确划入保密信息的知识产权内容以及员工的相应保密义务。

(2)企业应当对已经获取授权的所有作品进行建档管理,动态性监控企业对这些作品的授权使用范围、授权使用时间、许可方式(排他许可、独占许可等)等,及时跟进。在独占许可的情况下,对于他人在规定的时间、地域内实施该项技术的,企业都可以主张他人侵权,维护自身合法权益;又或者授权使用时间即将到期,企业如果决定不续签或者权利人不同意继续授权,那对该作品的使用方式就必须及时做出调整。

(3)为了确保企业知识产权合规,应当建立相应的自查制度以及风险责任追究机制,规定自查周期、事项等,如未按照相应规则进行自查导致严重后果的,应当将责任落实到个人。

3. 积极"做背调",使用他人权利作品前应获得授权

在使用他人权利作品,尤其是上述提到的可以通过网络免费下载的图片、音乐、小说等之前,应当由专门岗位人员或专门部门与权利人进行交涉,签署《授权书》等文件确保授权合法,并支付相应报酬,在使用时注意标明作者及来源。

积极做知识产权背景调查工作的目的在于全面审核权利人身份以及其所拥有的权利,如权利人是谁、权属证明材料是否齐全及是否具有法律效力、权利是否仍在保护期内、是否有其他权利人等。一方面,在寻求授权的情况下,这项工作得以将企业侵权风险最小化。另一方面,在被警告甚至被起诉侵权的情形中,这项工作可以帮助企业内部核查确认是否构成侵权。如果侵权,应当与谁通过何种方式进行交涉,促成和解;如果未侵权,应当准备何种证据自证。

考虑到知识产权始终是一个专业度非常高的领域,笔者建议企业在有能力的情况下,应当设立专门的岗位或者部门负责相关事项;如果没有条件调整机构设置,可以通过外聘律师作为法律顾问进行处理,也可以在涉案后第一时间委托律师,获取专业指导与建议,避免因为企业员工法律意识不足作出于己方不利的陈述,陷入被动局面。

第五章

扰乱市场秩序罪

律师应充分重视审前辩护

——W涉嫌串通投标罪被不起诉一案

秦建军*

一、导读

刑事案件的庭审辩护是我们刑辩律师的舞台，但绝不是唯一的舞台。若律师把工作重心放在庭审辩护，一来相对滞后，二来成功率不高。近年来，在全国人民检察院大力推行“慎捕、慎诉、慎押”以及“刑事案件认罪认罚”的背景下，与刑事案件审前程序对应的审前辩护的作用就尤为凸显。鉴于此，刑辩律师应充分重视审前辩护，前置辩护端口到外线作战，做好审前程序中的捕前辩护（自侦查机关立案起至向人民检察院呈捕前开展以不予呈捕、撤销案件为目标的辩护）、捕中辩护（在人民检察院7天的审查批捕期内开展无逮捕必要的辩护）、捕后辩护（一般在犯罪嫌疑人被批准逮捕1个月后，开展羁押必要性审查等方面的辩护），以及在人民检察院审查起诉阶段的辩护（包括但不限于无羁押必要性审查辩护、变更强制措施辩护、不起诉辩护、退回补充侦查辩护、轻罪辩护、减少《起诉意见书》中涉嫌罪名数量的辩护、量刑建议辩护）等一系列辩护。试想，辩护律师通过审前辩护撤销案件、重罪名变更为轻罪名、罪数减少、犯罪嫌疑人共同犯罪中的地位或作用下降、取保候审、检察院不批捕、审查起诉阶段检察院取保候审、不起诉

---

* 秦建军，盈科全国青工委副主任、第三届盈科全国刑委会副主任，具有25年深厚的法律研究功底和实务经验。西北师范大学深圳校友会副会长、法律硕士研究生导师、兰州大学深圳校友会理事，广东法学会刑法学研究会理事，最高人民检察院民事行政案件咨询专家。获评“深圳市优秀专业律师”“盈科全国十佳刑辩律师”等，与人合著《从败诉案件看企业法律风险防范》《刑事有效辩护案例精选》等。

等，又何尝不是有效辩护、成功辩护？

二、案情简介

人民检察院《不起诉书决定书》显示，2017年，G市市政工程管理处通过J省公共资源交易网发布招标公告，将位于该市中心城区的亮化工程项目进行公开招标，总招标2亿余元。后该管理处变更招标文件，将该工程分为工程施工、特造灯具采购、灯光秀设备采购、控制系统采购等项目分别公开招标，工程施工项目分为一、二、三、四标段。被不起诉人W等了解到招标信息后，为非法牟利，组织、挂靠、联系H公司、Y公司、S公司同深圳K公司对该工程进行围标。2017年7月，H公司中标一标段，中标价格为1500余万元。

三、争议焦点

W涉嫌串通投标罪一案中，W是否符合《人民检察院办理起诉案件质量标准（试行）》（高检诉发〔2007〕63号）的起诉标准？

四、辩护思路

辩护人认为，公安机关《起诉意见书》及现有在案证据材料关于W涉嫌串通投标罪的事实不清、证据不足，本案不符合《人民检察院办理起诉案件质量标准（试行）》第1条"起诉案件质量标准"之前3款规定，建议人民检察院对W作出不起诉决定。理由是：

（1）《起诉意见书》关于W涉嫌的第一起串通投标罪的犯罪事实不能成立，现有在案证据不能证明W在该起事实中存在"串通投标报价"的行为。

我国《刑法》第223条第1款规定："投标人相互串通投标报价，损害招标人或者其他投标人利益，情节严重的，处三年以下有期徒刑或者拘役，并处或者单处罚金。"据此可以得出串通投标罪的犯罪构成要件包括：就侵犯客体、危害后果而言，扰乱了招投标市场秩序，损害了招标人或者其他投标人利益，情节严重；客观上是投标人相互串通投标报价，即"投标人在投标中（含投标前和投标过程中），共谋抬高标价或压低标价"〔1〕；犯罪主体为特殊

---

〔1〕 参见王爱立、雷建斌主编，全国人大常委会法制工作委员会行政法室编著：《〈中华人民共和国刑法〉释义及实用指南》，中国民主法制出版社2016年版，第431页。

主体,即只能是投标人(系投标人之间相互串通);主观方面是故意,即明知是串通投标报价而仍然参与。

现有《起诉意见书》中W涉嫌第一起串通投标罪的涉案项目“一标段”相关证据的情况具体包括:该项目“一标段”的招标人是“G市市政工程管理处”(见卷×第×页);该项目“一标段”的投标人是K公司、Z公司、S公司、Y公司等(见卷×第×页);第一个项目的开标时间是2018年××月××日(见卷×第×页)。

现有在案证据不能证明上述投标人在投标中(投标前和投标过程中),存在通过商量采取抬高标价或压低标价等行为。

关于《某县公安局补充侦查报告书》(见第1次补充侦查卷第×页)正文第×行的“围标串标”,首先,“围标”不是法律概念,百度百科对“围标”的定义是“围标也称为串通投标,是指几个投标人之间相互约定,一致抬高或压低投标报价进行投标,通过限制竞争,排挤其他投标人,使某个利益相关者中标,从而谋取利益的手段和行为”;其次,就本案而言,G市中心城区亮化工程项目系采用“摇球”方式招标,无须投标人报价,且上述投标人仅是商量一起参与投标,并未抬高标价或压低标价,故上述投标人的行为不应认定为围标及串通投标报价的行为。

退一步讲,即便上述投标人存在串通投标报价的行为,现有在案证据亦不能证明W参与了上述投标人之间相互串通投标报价。理由是:

首先,关于《起诉意见书》显示的“为提高中标率,犯罪嫌疑人A安排Y多开几家公司一起投标,并叫犯罪嫌疑人W配合犯罪嫌疑人Y的工作”,犯罪嫌疑人Y的《讯问笔录》显示“公司内部的有关这个项目的事情应该是W处理的,施工标投标的时候W也来了,住宿房间可能是她订的,一起去工地项目部找Z公司的人讲施工的事情,还有就是去购买采购项目的CA锁的事情等,有些事情我之前已经讲过了”。据此,必须指出的是:W系K公司职员,其所做的就是完成职责范围内的工作和上级领导交办的工作。在案证据中K公司市场部的周工作计划、工作总结等,只是其日常工作的一部分,由此并不能证明W有组织多家公司串通投标的行为。W的日记本上记载的内容,仅是其在公司会议上做的会议记录,不能据此认定其真正按照会议记录中的内容去操作,亦无其他在案证据予以印证,故现有证据不能证明W组织安排其他公司串通投标报价。犯罪嫌疑人S(系公司营销中心照明事业部副经理)的第 1 次《讯问笔录》、犯罪嫌疑人 W2 的第 1 次《讯问笔录》提及与 S 公司、Y 公司联系的只有 Y,均未提及 W。

综上,W 并未联系 Z 公司、S 公司、Y 公司参与投标。本案中,T 只是说让 W 去联系公司参与投标,但 W 实际上并未联系,而且上述 Y 的供述显示,Y 在联系了几家公司后,才告诉 W 的,此时 W 才知悉联系公司参与投标的事,故 W 事前并不知道联系公司的事。因此,W 未组织安排其他公司进行串通报价,其不存在《退补提纲》正文第 1 项中的"是否是叫几家公司去串标"的行为。

其次,关于《起诉意见书》显示的犯罪嫌疑人 W 开标期间预订了房间,领取了保函,与 Y 一起组织了 K 公司人员参与投标,犯罪嫌疑人 A 的第 8 次《讯问笔录》显示"具体的我不太清楚,我知道当时 G 中心城区亮化工程项目是安排了 Y 具体负责,W 配合";犯罪嫌疑人 A 的《讯问笔录》显示"我只是安排 W 配合 Y,W 具体做了哪些事情我不清楚,我没有去过问,W 也没有向我汇报";犯罪嫌疑人 F 的第 1 次《讯问笔录》显示,W 所做的只是一般的辅助性工作。

综上,必须指出的是:在 G 市中心城区亮化工程投标中,W 从事的是预订房间、领取保函等辅助性、可替代性、事务性的工作,而非核心的组织、决策工作。

(2)《起诉意见书》指控 W 涉嫌的第二起串通投标罪的犯罪事实不能成立,现有在案证据不能证明 W 在该起事实中存在"与招标人串通投标,损害国家、集体、公民的合法权益的"的行为。

第一,《起诉意见书》显示,2017 年 × ×月 × ×日,G 市中心城区亮化工程项目发布招标公告,采用综合评标法进行招标。犯罪嫌疑人 T 和犯罪嫌疑人 Y、W 说以其和市政工程处领导的关系,采购表采用评分法,他可以确保中标。必须指出的是在 G 市中心城区亮化工程采购标品目二中,采取的是"综合评标法",即把涉及的招标人各种资格资质、技术、商务以及服务的条款都折算成一定的分数值,总分为 100 分,评标时,对投标人的每一项指标进行复合型审查、核对并给出分数值,最后汇总比较,取分数值最高者为中标人。就本案而言,犯罪嫌疑人 T 第 1 次的《讯问笔录》、第 2 次的《讯问笔录》均未提及有跟犯罪嫌疑人 W 说过"他可以确保中标"的内容,上述公安机关《起诉意见书》所说内容无直接证据证实,亦无其他证据印证,故不能认定该事实。

第二,关于《起诉意见书》中犯罪嫌疑人T有和犯罪嫌疑人Y、W说以他和市政工程处领导的关系,采购标采用评分法,他可以确保中标的表述,必须指出:其一,犯罪嫌疑人Y的第11次《讯问笔录》显示"这个项目开始时W与T有联系的,本来W负责的项目,后来不知道什么原因T不信任她,T比较信任我,可能是我在这行做得比较长时间,后来就我与W一起与他联系的",据此不能认定W与T存在串通行为;其二,现有在案证据中,虽然R公司在G市中心城区亮化工程特造灯具项目的标书上传人和操作人记录的是W,该公司采购项目投标用的CA锁是W购买的,但这些证据只能证明W替R公司进行正常投标应做的事情,不能直接证明W参与了串通投标,更不能认定其参与了串通投标。综上,现有在案证据中不能证明W具有串通投标罪的主观故意,即明知是串通投标而仍然参与。

五、案件结果

检察机关认为,被不起诉人W实施了我国《刑法》第223条规定的行为,构成串通投标罪,鉴于W具有自首情节,为突破亮化工程串通投标,调查G市城市管理局、市政工程管理处有关人员职务犯罪等相关问题起到了积极作用,且解除终止合同,减少了国家利益损失,犯罪情节轻微,根据《刑法》第37条的规定,可以免除刑罚;依据我国《刑事诉讼法》第177条第2款之规定,决定对W不起诉。

六、经验分享

我国《刑事诉讼法》赋予人民检察院五种不起诉决定权,即证据不足(存疑)不起诉权(第175条第4款)、法定(绝对)不起诉权(第177条第1款)、酌定(相对)不起诉权(第177条第2款)、需经最高人民检察院核准的特殊不起诉权(第182条第1款)以及对未成年人的附条件不起诉权(第282条第1款)。据此,辩护律师应善于把握辩护时机,对符合上述不起诉条件的案件及时提交不起诉的辩护意见并附详细的理由及依据。

根据最高人民法院院长、最高人民检察院检察长每年向全国人民代表大会作的两院工作报告,全国各级法院的无罪判决率为万分之五到万分之八左右,而在审前程序以"撤案、不捕、不羁、不诉"等方式让犯罪嫌疑人获得无罪结果的概率总和是审判阶段无罪判决的 100 多倍。这些大数据充分说明：

（1）刑辩律师的主战场不应局限于审判程序，而应延展至审前程序；辩护律师应视检察官为审前程序的“法官”，在审前程序中充分表达律师的辩护意见，力争在审前辩护有所作为，而不要将一切问题都集中到审判阶段去解决；刑辩律师应充分重视审前辩护，深挖审前程序分流案件的巨大程序价值，前置辩护端口，打好辩护的“阵地战”“阻击战”。

何谓“审前程序”？刑事案件的审前程序系指刑事公诉案件自刑事诉讼启动至审判机关受理案件前的侦查、审查批捕、审查起诉、补充侦查等诉讼程序，包括立案、侦查、审查批捕、审查起诉等诉讼阶段。

何谓“审前辩护”？审前辩护与审前程序相对应，有别于庭审辩护，是侦查阶段、审查批捕阶段、审查起诉阶段律师辩护的统称，主要是指刑事公诉案件处于立案侦查、审查批捕、审查起诉等审前程序时，辩护律师在对证据、事实、法律等进行切实可行、行之有效的分析论证的基础上，依法行使各项法定辩护权，向办案机关书面（或口头）提出辩护意见、建议的诉讼活动。

（2）对于符合相关要求和规定的案件，审前辩护应着力实现“四不”目标。

“不立”，即侦查机关立案之初，往往是刑事辩护的黄金期，辩护律师要充分利用该时间段，最大限度掌握案件信息，及时与侦查机关沟通，对无罪的案件应明确提出无罪、撤案的辩护意见。若侦查机关不采纳撤案辩护意见，则要及时与检察机关侦查监督部门联系，要求其督促侦查机关撤案。对依法不应立案而立案的，检察机关应督促侦查机关撤案。若撤销案件，就意味着犯罪嫌疑人在立案侦查之初就摆脱讼累，获得无罪结果，这比无罪判决更有利于当事人。

“不捕”，即检察机关对不符合《刑事诉讼法》第 81 条逮捕条件的案件决定不予逮捕，此类案件侦查机关一般会变更强制措施或撤案。

“不羁”，即从增强取保候审的前置功能、发挥监视居住的替代功能、实现逮捕措施的兜底功能、赋予被追诉人申请变更强制措施的诉讼权利入手，对审前羁押予以全面规制。我国《刑事诉讼法》第 95 条规定的逮捕后羁押必要性审查制度赋予检察机关对刑事诉讼全过程羁押必要性的审查监督权，以严格控制审前羁押、降低审前羁押率、缩短羁押期限。

关于“不诉”,在审查起诉阶段,辩护人依法已能全面阅卷,要在全面复制案卷材料后及时阅卷,根据案情尽快形成审查起诉阶段的辩护意见,与承办人充分沟通交流,对于符合不起诉规定的案件,争取检察机关作出法定不起诉、酌定不起诉、证据不足不起诉等决定。

七、商业启示

(一)风险提示

1. 串通投标罪的刑法规定

招投标是政府机关、企事业单位等在采购设备、原材料、相关服务及在发包资源勘探、开发矿藏或承建工程前确定供应方的一种重要形式。

串通投标罪是企业参与市场竞争时较常见的一类犯罪,需引起高度重视,规范参与投标,避免违规操作或涉嫌违法犯罪等问题。我国《刑法》第223条第1款规定:“投标人相互串通投标报价,损害招标人或者其他投标人利益,情节严重的,处三年以下有期徒刑或者拘役,并处或者单处罚金。”该条第2款规定:“投标人与招标人串通投标,损害国家、集体、公民的合法利益的,依照前款的规定处罚。”

2. 串通投标罪的认定

该罪侵犯的客体是投标人或国家、集体的合法权益及社会主义市场经济的自由贸易和公平竞争秩序;在客观上表现为投标人相互串通投标报价,损害招标人或者其他投标人利益,情节严重的情形;犯罪主体是具有完全刑事责任能力的自然人或单位;主观上是故意。

3. 司法实践中串通投标罪的几种常见表现形式(包括但不限于)

(1)投标者相互串通投标,是指参加投标的经营者彼此之间通过口头约定或书面协议就投标报价互相通气,以避免相互竞争,或协议轮流在类似项目中中标,共同损害招标者或其他投标人的利益的行为。例如,投标人之间相互约定一致抬高投标报价或压低投标报价,或者在类似项目中轮流以高价位或低价位中标。

(2)投标者与招标者串通投标,是指招标者与特定投标者在招标投标活动中以不正当手段从事私下交易,使公开招标投标流于形式,共同损害国家、集体、公民(包括其他投标者)的利益的行为。例如,招标者故意泄露标底,招标者故意引导促使某人中标,招标实行差别对待,投标者贿赂获密,投标者给招标者标外补偿等。

(二)防范措施(包括但不限于)

(1)企业应设立严格的保密制度及责任人制度,对与招投标相关的文件、数据等严格保密,确保保密责任落实到人。

(2)企业不论作为招标方还是投标方,均应树立合法、合规的经营意识,严格遵守相关法律规定。

(3)企业作为招标人时,不得与招标人相互串通,不得以不合理的条件限制或排斥潜在投标人,不得对潜在投标人有歧视待遇,不得强制要求投标人组成联合体共同投标或限制投标人之间竞争,不得与投标人就投标价格、投标方案等实质性内容进行谈判。

(4)企业应对员工进行常态化法治教育培训,预防本企业员工主动实施串通招投标行为或者疏忽大意泄露招投标相关文件、数据,不得将依法必须进行招标的项目化整为零或者以其他方式规避招标。

企业招投标过程中的风险防范

——杨某串通投标案

李亚兵*

一、导读

随着社会的不断发展，企业的招投标活动逐渐成了一种用途、作用广泛的交易方式。虽然招投标这个名词近些年在社会上得到大范围使用，但是对于什么是法律上的招投标活动，缺少统一的规范尺度。《招标投标法》是我国关于招投标活动最为重要的一部法律，对商业主体之间进行的招投标活动从招标、投标、评标、开标、中标等多个方面进行了规范。但是，实践中招投标活动仍然存在大量不规范的情况。我国《刑法》第223条规定，串通投标罪是指投标人相互串通投标报价，损害招标人或者其他投标人利益或者投标人与招标人串通投标，损害国家、集体、公民的合法利益的行为。在行政违法和刑事犯罪的多重规制之间，商事主体在招投标过程中的行为边界在何处，什么样的行为可能被认定为串通投标罪，相信本案会给读者一些启发。

二、案情简介

2021年5月，甲公司要为乙公司（系甲公司的子公司）采购一批生产设备，于是甲公司采购员谭某在公司内部的采购系统中发布了采购要求，并在系统中邀请了四家供应商参与投标，告知截止报价日期为同年5月31日。

---

* 李亚兵，毕业于广东外语外贸大学法学院，深圳市公安局前刑警，现为广东卓建律师事务所合伙人、斗木刑事团队负责人，是广东省首批刑事辩护律师库律师、广东省法律援助局援助律师。执业以来专注于经济犯罪辩护、刑事控告、涉外刑事等业务领域。

四家供应商根据甲公司的技术要求进行投标。在此期间，甲公司负责商务评审的采购员谭某和乙公司负责技术评审的工程师张某，由于对采购设备的技术参数不熟悉，于是与A公司（四家供应商之一）的实际控制人杨某进行沟通，向其咨询待采购设备的技术参数问题，并接受了杨某的宴请。

开标前，谭某根据杨某提供的信息，对招标文件中的设备技术参数要求进行了变更，供应商根据新的技术参数要求更新报价和技术文件。在收到供应商的新投标方案后，谭某将其他供应商的投标方案及产品技术信息透露给A公司的杨某，并让杨某协助其制作评审表。

开标后，负责技术评审的工程师张某在收到投标方案后，篡改了其他供应商竞标产品的技术参数，使A公司在技术参数上获得竞争优势，并将篡改后的数据发给谭某审核。谭某在收到被篡改的产品技术参数邮件后，将未篡改的技术参数发给各个供应商审核，同时将篡改过的数据制作成审批表呈给甲公司的领导审批，最终A公司中标。此后，在甲公司与A公司签订项目采购合同时，谭某又将A公司竞标的未篡改数据写入采购合同。经审计，其他供应商投标方案的综合"年运行成本及采购成本"优于A公司投标方案，导致甲公司采购成本增加100余万元，年运行成本增加30余万元。

起诉书认为，谭某、张某和杨某构成串通投标罪，建议对杨某判处有期徒刑2年6个月，并处罚金，同时要求三人共同赔偿对被害单位甲公司造成的损失人民币100余万元。

三、争议焦点

(1)涉案采购行为是否属于招投标行为？

(2)谭某、张某和杨某之间是否存在串通投标行为？

(3)本案是否具有造成甲公司损失的危害后果？

(4)谭某等人是否应赔偿甲公司损失？

四、辩护思路

针对案件的争议焦点，笔者团队主要从几个方面展开辩护工作：首先是甲公司的招投标行为不符合法律意义上的招投标规范，不构成串通投标罪中的招投标；其次是在对串通行为的认定上，从证据分析的角度予以辩驳，认为三人之间不存在串通行为；再次是从危害后果的角度，通过对比几家供应商提出的报价方案,从各角度分析A公司中标未对甲公司造成损害;复次是从量刑的角度,通过检索同类型案例,说明本案公诉机关量刑建议过重;最后是财产辩护部分,明确提出不应赔偿甲公司损失的观点。

具体论述如下:

(一)涉案采购项目,属于一般采购行为,不符合招投标行为规范,不属于招投标行为

我国《刑法》规定的串通投标罪发生在招标投标过程,而此处的招标投标行为,应符合我国《招标投标法》对招标投标行为的要求。本案中,涉案采购项目并不符合刑法所定义的招标投标行为,仅系一般的企业采购行为。根据我国《招标投标法》的相关规定,招投标行为与一般的采购行为相比,最大特征在于程序的特殊性、法定性和强制性。规范的招投标行为,招标、投标、开标、评标、中标五个程序缺一不可,且有明确具体的形式要求。本案中,五个程序均不符合招投标规范:

1.《设备采购管理制度》中的要约邀请不符合招投标程序要求

招投标程序需要招标人向投标人发送招标文件,给投标人具体的评标标准,但甲公司只是将技术协议上传到采购系统,并没有向投标人发送招标文件。因此,甲公司发起的要约邀请根本不符合招投标程序要求。

另外,招标人可以对招标文件进行修改,但应给投标人不少于15天的准备时间。本案中谭某5月21日重新上传修改技术方案文件,并不违反《招标投标法》的禁止性规定,只是31日开价没有给足采购相对方准备的时间,这一点也不符合招投标程序规定。

2.甲公司缺少投标步骤

根据招投标的相关规定,投标人在将投标文件送达投标地点后,招标人应当如实记载投标文件的送达时间和密封情况,并存案备查。本案中,各供应商虽然在甲公司采购系统上上传了各自的技术方案和报价,但没有进行密封或加密,甲公司也没有签收的动作,不符合投标程序。

3.要约开价不是开标程序

甲公司内部的《设备采购管理制度》规定采购方依据运营规则在规定时间内开价,但《招标投标法》第34条规定开标应当在投标文件截止时间的同一时间公开进行。谭某供述证实,5月31日自己在采购系统中打开技术方案和报价文件,并没有邀请供应商到场监督开标,这同《招标投标法》中规定

的开标要求是不相符的。

4. 技术及采购评审不是评标程序

甲公司《设备采购管理制度》规定，采购开发部门打包各家技术方案给需求部门，由需求部门组织相关各方进行技术评议并输出《技术评审表》，如果技术评审表要求变更，由需求部门更新《公版技术要求》，交由采购开发部门进行技术澄清。同时，采购开发部门基于公平公正的原则进行议价，并将结果及技术评审意见汇总后输出《采购评审表》。同时该制度还规定，《技术评审表》须经需求方一级部门最高负责人批准。开价后，采购人员要与供应商进行议价，并结合《技术评审表》形成《采购评审表》。

在评议规则上，甲公司采用了《设备采购管理制度》规定的规则，除了考量价格，还需考虑供应商的技术实力与配合度，这是一个主观的评标方式，但依据《招标投标法》的要求，招标文件没有规定的评议标准和方法不得作为评标的依据。

综上，甲公司的所谓采购评审只是公司领导的审批过程，没有专门成立评标小组，没有评标程序，在评标标准上，甲公司也没有明确的评标依据，这并不符合招投标法对评标的要求。

5. 甲公司没有中标程序

证据显示，甲公司没有按照《招标投标法》第45条和第46条的规定向中标人A公司发送中标通知书，向未中标的其他供应商发送中标结果通知书，故而不能认定为中标。同时，甲公司与A公司订立的书面合同中的价格部分并不是A公司投标的价格，而是经过多次议价之后形成的价格，A公司与甲公司是合同关系，不是招投标关系。

涉案的采购项目从最开始标书的制作、组建评标委员会、中标后向中标人发送中标通知书等有关招投标的具体要求上均不满足招投标规范，因此不属于法律意义上的招投标行为。

（二）杨某与张某、谭某之间不存在串通行为

串通投标罪中，招标人与投标人串通投标，是成文且必要的构成要件要素，要求招标人以不正当手段与特定投标人私下串通，互相勾结，使招投标行为流于形式。本案中，杨某虽与张某、谭某之间有沟通联系，但并非刑法意义上的串通行为。具体而言：

1. 张某修改产品技术参数系个人行为，与杨某之间没有串通合谋

本案中，起诉书着较多笔墨描述张某篡改技术参数，与谭某之间互发篡改数据，呈请领导审批，最终促使A公司中标的事实。且不论张某对技术参数的修改是否对A公司中标产生了实质的影响，现有证据无法证实该修改行为是与杨某之间私下串通的行为。根据杨某的供述及其与张某、谭某的聊天记录可知，其从未明示或暗示张某修改技术参数，在整个竞争过程中，其一直是从产品技术层面、报价层面以及年运行成本等方面在与甲公司沟通争取。因此，张某修改产品技术参数，系张某个人行为，与杨某无关，二人之间不存在串通行为。

2. 谭某将竞争对手部分技术参数发给杨某不属于串通行为，且未破坏竞争秩序，不具有刑事违法性

在案证据显示，谭某将竞争对手部分技术参数发给杨某，此举虽然欠妥，但不属于串通投标行为，且并未破坏整体的竞争秩序，不具有刑事违法性。具体可从以下几个方面展开论述：

(1)《招标投标法实施条例》第41条规定了招标人与投标人串通的7种情形，其中第一种情形为招标人在开标前开启投标文件并将有关信息泄露给其他投标人。谭某将投标文件的有关信息发送给杨某的时间为2021年6月1日，此时已经开标，不满足该条款规定的"开标前"这一情形。

(2)谭某发送给杨某的是其他供应商的部分产品技术参数，其目的是基于对杨某的信任，让杨某指出竞争对手产品技术参数中存在的问题，以及让其帮忙填写评审表，并非为了使其具有不正当的竞争优势。由于张某入职时间较短，对技术不了解，为更好完成工作，谭某才找到其认识并认可的杨某，让其帮忙完成评审表。这一辩解结合谭某当时正因疫情被隔离，且其手头负责几类项目采购工作，以及谭某与杨某数年的合作关系等情节，具有一定的合理性。

(3)谭某所发送的产品技术参数并不会使杨某产生不正当竞争优势。其他供应商所对应的这几家厂商的机器、技术参数等数据信息均十分透明，可从官网或多种公开渠道获得。此外，谭某所告知的均是具体技术信息，对于核心的报价信息等内容，均未予以泄露。杨某提前知悉这些信息对其竞争没有任何益处。

(4)杨某在收到谭某所发送的产品技术参数后，所实施的行为也是按照谭某的要求,指出其他供应商技术参数中存在的客观问题,并没有提出任何与事实不符或贬低对手的评价。此外,杨某填写评审表也完全是按照所接收的数据进行填写,没有任何篡改或做出对竞争对手不利的行为。

综上,谭某将竞争对手部分技术参数发给杨某的行为,不属于串通投标行为,并未影响或者破坏竞争秩序,不具有刑事违法性。

(三)A公司产品竞争优势明显,其中标未对甲公司造成实际损失

按照技术协议要求,经从价格、运行成本、质量与工期保证、企业生产能力、技术水平、信誉等方面进行综合评定,A公司具有明显的竞争优势,采购A公司产品不会造成甲公司损失。具体展开如下:

1. 仅A公司满足项目技术协议中的气量全覆盖这一特殊技术要求

该技术要求是涉案采购项目的基本要求,若无法达到,将导致一系列问题的产生。其他供应商在类似采购项目上就曾因无法满足该技术要求导致工厂运行出现各类问题。同时,达到该技术要求会加大供应商成本。这也是为何在甲公司明确提出气量全覆盖要求后,其他供应商仍不提供符合该技术特点的搭配,因为这会导致成本上升。根据杨某与甲公司领导的聊天记录可知,如果A公司的方案不需要满足该技术要求,在成本上可以节约100多万元。因此,仅A公司能满足该特殊技术要求,其产品价格成本优势明显优于另外两家竞争对手。

2. A公司的报价方案中的运行功率应为195.5kW,报价方案中提及的314kW系总功率,计算年运行成本时,应以195.5kW作为计算依据

此事实涉及技术问题,相应厂商已就此问题专门出具说明函。若按该运行功率195.5kW计算,则A公司的总运行功率为2900.5kW,而竞争对手公司的总运行功率为2957kW,在年运行成本上,A公司优于竞争对手公司。此外,在衡量年运行成本时并不能仅依据耗能,同时需要考虑稳定性、是否能够满足特定技术要求,进而评价实际的年运行成本。

3. 其他供应商此前供应给甲公司的空压机均存在不合格问题

根据评审记录表中的商务意见,其他供应商此前中标了甲公司的其他项目,所供应的空压机目前无法正常使用,频繁报警、跳机,且问题一直无法得到解决。此外,其他供应商此前中标的其他项目还存在交期大幅延期、使用成本高、无法满足特定技术要求的问题。而A公司此前中标的其他项目

的交期与使用未反馈异常,符合本项目所要求的技术特征。可见,在过往的交易中,其他供应商均存在不合格的情形。

4. 其他供应商在本案采购项目中均存在数据造假的情形

其他三家供应商在报价方案中均存在数据造假的情形。在其他条件不变的情形下,B 公司的两次报价方案伪造了某一核心数据,存在数据造假情形。C 公司在两次报价中所提供的机器型号均为伪造。根据机器制造工厂所出具的说明,根本不存在 C 公司第二次所报型号的后处理设备,属于很明显的数据造假的情形。

因此,若从价格、运行成本、质量与工期保证、企业生产能力、技术水平、信誉等方面进行综合评定,A 公司毫无疑问将在竞争中获胜。从根本上来说,甲公司选择 A 公司符合综合成本最优选择,并未造成损失结果发生。

(四)责令杨某等人共同赔偿涉案损失缺乏事实与法律依据

本案中,无论从何种角度来看,要求杨某等人共同赔偿甲公司损失都缺乏根据。具体而言,可以从以下两个角度进行分析:

1. 甲公司并未存在实际经济损失

《专项审计报告》并不能反映甲公司究竟有无受到实际经济损失及损失的金额大小。审计的进行,仅仅是根据报价方案进行简单计算和比较,并不能反映甲公司实际采购及运行设备时发生的具体支出。审计的依据是报价的"方案",而非实际的投入,单纯对报价方案进行比较,显然无法得出甲公司实际遭受的损失。此外,A 公司的产品质量与其他供应商产品质量不同,在此前提下,对采购报价及年运行成本作简单的对比进而得出损失金额明显缺乏事实上的依据。

2. 责令杨某等人共同赔偿涉案损失系适用法律错误

我国《刑法》第 64 条规定:"犯罪分子违法所得的一切财物,应当予以追缴或者责令退赔。"在财产刑中,责令退赔所针对的是被告人存在违法所得,且违法所得灭失及被挥霍的情形。本案中,即便认定甲公司存在损失,也并非杨某等人的违法所得,甲公司因串通投标行为受到的损失,并非杨某等人违法所得的财物,因此不应适用责令退赔的措施,不应由杨某等人对该损失进行赔偿。

五、案件结果

一审法院最终仍然认定被告人杨某构成串通投标罪，但是在量刑上，合议庭认为公诉机关提出的有期徒刑2年6个月量刑建议过重，最终判处杨某有期徒刑1年2个月，并处罚金人民币5万元，同时责令被告人张某、谭某、杨某共同向被害单位甲公司赔偿损失。

六、经验分享

串通投标罪发生于各类商事主体开展的招投标活动场域。对于此类案件，第一个方面需要作出分析判定的是企业的招投标行为是否符合法律意义上的招标投标行为规范。虽然招投标得到了广泛的运用，但是并不是所有使用了招投标名称的，都是法律意义上的招投标行为。在招投标行为的判定上，应紧密结合我国《招标投标法》的具体要求展开。2021年3月15日，全国人大常委会法工委出台了《中华人民共和国招标投标法释义》。在该文件中，全国人大常委会法工委对招标投标的历史沿革、先行规定以及规定背后的原因都作出了明确的释义，明确了招投标行为的规范，对招投标行为的认定起到了重要的参考作用。我国《刑法》的串通投标罪在1997年就予以颁布，但当时尚未存在招投标的相关规定。近年来，随着社会经济的发展，有关招投标在行政法律层面的规定都已经日趋完善，我们作为辩护人在办理此类案件时，应对招标投标有更全面的认识。

第二个方面是对于串通行为的认定。我国《刑法》规定了两种串通投标的情形：一是投标人相互串通投标报价，损害招标人或者其他投标人利益，情节严重的；二是投标人与招标人串通投标，损害国家、集体、公民的合法利益的。不同主体间串通行为的认定，在串通内容、串通行为导致的后果等方面均有所不同。串通行为是串通投标罪的实行行为，对于是否存在串通行为，应结合我国《招标投标法》进行综合认定。例如，本案涉及的是投标人与招标人串通投标，损害国家、集体、公民的合法利益的行为，此时判断违法性，需考量招标人在确定中标人时是否以不正当手段与特定投标人私下串通，相互勾结。在办案时要避免只要招标人和投标人之间有接触就作出双方存在不正当勾结的认定。

第三个方面是关于量刑辩护的问题。串通投标罪所侵犯的法益是国家的招投标秩序和特定主体的合法权益，其法定刑是3年以下有期徒刑。在司法实践中，由于其社会危害性相对其他严重罪行而言比较小，所以在量刑时一般较轻。由于本案承办地司法机关此前从未办理过此类案件，所以公诉机关在提量刑建议时有较重倾向。辩护人除了可以在案件罪名定性上表达无罪辩护观点，也可同时从量刑的角度切入，通过类案对比的方式为自己的当事人争取最优化的刑罚结果。

七、商业启示

招标投标是一种十分常见的采购活动，但实践中存在众多不规范的招投标行为，更有甚者，部分招投标活动的相关主体还存在严重的违法违规行为。本案中，法院判决涉案企业的相关责任人员对串通投标行为承担相应的刑事责任，虽然笔者对其判决认定构成犯罪持有异议，但是判决本身也对于广大商事主体从事招投标活动具有警示教育意义。

首先，企业要强化内部招投标活动的流程监管。企业开展招投标活动应当严格遵守我国《招标投标法》等相关法律法规的要求，建设标准化的、合规的招投标制度，规范招投标流程，避免将招投标行为与一般的企业采购行为相混淆。企业需要清晰地认识到，只有符合法律意义上的招投标行为，才会受到行政、刑事法律的完整保护，在合法权益受到侵害时，才能获得法律的保护。

其次，企业也要加强对于招投标项目主管人员及相关责任人员行为的监督。企业通常会针对重大项目采用招投标的采购方式，这类项目往往具有涉及资金量大、利润可观等特点，故而在整个招投标过程中，投标方为了中标，向招标方行贿的例子屡见不鲜。倘若不对此类行为加以规制，对于企业来说，轻则合同无效，重则可能会造成较大的经济损失。对于个人来说，可能不仅要承担行政责任，还会被追究相应的刑事责任。

最后，投标人在参与竞标时，应注重以产品取胜，将注意力放在自身产品竞争力的提升上。在过往的招投标活动中，不乏投标单位为加大中标机会与招标单位相关人员之间存在不正当接触的情形，这其实对彼此都是一种潜在的风险和伤害。一旦产生刑事法律风险，对投标人而言，整个企业的生存都将出现困难，阻碍企业的发展。

诈骗案件的罪轻辩护路径：将罪名变更为合同诈骗罪

——邓某某合同诈骗案

谢燕娜* 李新建**

一、导读

合同诈骗罪是诈骗罪的一种特殊情形,相较于诈骗罪合同诈骗罪刑事处罚较轻,在当事人符合合同诈骗罪时作合同诈骗罪辩护是办理诈骗案件有效的罪轻辩护路径。为了实现这一目标,辩护律师可以从审查案件是否存在合同、被害人是否是基于合同陷入错误认识而交付财物、行为主体是单位还是自然人以及行为侵犯了什么法益四个方面进行努力。

二、案情简介

2018 年 8 月,当事人邓某某注册成立了一家广告传媒公司并担任公司法定代表人。公司成立后推出一款 App,客户缴纳 1 年费用人民币 3688 元之后,就可以注册成为会员,会员每天只要在这个 App 里面看一定时长的广告就可以获得相应返利和提现。公司通过这种模式招揽、吸收了很多会员。

2019 年 3 月,由于未能有效开拓市场,公司陷入经营困难。经过商议,

---

* 谢燕娜,毕业于北京理工大学,泰和泰(深圳)律师事务所执业律师,任深圳市律师协会第十届、第十一届刑事诉讼法律专业委员会委员,任广东省律师协会涉案企业刑事合规委员会委员。精于刑事辩护与代理,有十余年的刑事案件办理经验。

** 李新建,华中师范大学法律硕士,广东卓建律师事务所律师,斗木刑事团队创始成员,深圳市律师协会商事犯罪辩护法律专业委员会成员,广东卓建律师事务所刑委会成员。专注于办理刑事业务,对经济类犯罪案件的办理积累了丰富的经验,曾发表多篇学术论文。

公司向客户推出新的“广告包”套餐业务，用户购买 500 ~ 5000 元不等的套餐，15 天后就能收回本金，还能赚 15% 的佣金。后因为无法兑现以上业务，邓某某注销了公司，并将公司财物搬空。

侦查机关以邓某某等人涉嫌诈骗罪移送审查起诉，诈骗金额为 20 余万元。

三、争议焦点

(1)公司从成立到案发，实施的行为是否都属诈骗？

(2)邓某某的行为是成立诈骗罪还是合同诈骗罪？

(3)本案犯罪主体是涉案公司还是邓某某个人？

四、辩护思路

侦查机关在向检察院移送审查起诉时，认定邓某某等人涉嫌诈骗罪，诈骗金额为 20 余万元，根据《刑法》规定，这种情况属于诈骗数额巨大，应判处 3 年以上 10 年以下有期徒刑。

辩护律师介入案件后，首先论证了本案是否有无罪辩护的可能性。根据查阅证据材料和会见邓某某了解到的信息，邓某某的公司在 2019 年 3 月经营陷入困境，公司在持续没有盈利的情况下，仍推出广告包业务，广泛接收他人的认购，随后不久，邓某某等人就注销了公司，并将公司财物全部搬走。各种证据表明邓某某及其公司的行为确有诈骗的嫌疑。经过论证，辩护律师认为本案不宜采用无罪辩护，经与当事人沟通，决定采取罪轻辩护。

为了切实保护邓某某合法权益，辩护律师做了以下几个方面的努力。

(一)明辨是非：将正常经营行为和诈骗行为区分开

侦查机关认为邓某某所在的公司在明知其模式不可能盈利的情况下，推出支付 3688 元会员费注册成为会员看广告返现的项目，不断招揽、吸收新会员，继而于 2019 年 3 月在公司濒临倒闭的边缘推出所谓的广告包套餐，邓某某等人以非法占有为目的，骗取被害人 20 余万元。

侦查机关将公司成立以后至案发的行为全部认定为诈骗，将“被害人”的全部损失认定为诈骗金额，但是辩护律师认为公司在 2019 年 3 月之前的行为是正常经营行为，不应将该段时间内收取的用户每年 3688 元的会员费计入诈骗金额,只有 2019 年 3 月之后,公司继续推出广告包套餐收取用户费用的行为才涉嫌诈骗。

成立诈骗罪要求行为人具有“非法占有目的”,但这一目的必须是实施骗取财物行为时就具备。公司在经营初期为了增加用户和流量,推出了用户每年付 3688 元服务费在 App 上注册会员,通过每天看广告返利的项目。公司按照约定向达到要求的用户进行了返利,并且也有会员已经将本金收回。这种通过返利吸引注册用户,增加用户活跃度的行为是互联网行业常用的商业模式,是一种合法经营行为。公司收取客户 3688 元的会员费时没有“非法占有目的”,更不存在诈骗行为。因此,不能把前期收取的该部分会员费未退还部分计入诈骗数额,而扣除该部分金额后,涉案诈骗金额为 10 余万元。

此外,本案并不是侦查机关所认定的“在明知其模式不可能盈利的情况下”仍推出经营项目。创业本身就是有一定风险的,涉案公司要做的互联网广告推广业务是一种新型业务,不能因为公司没有实现盈利,就否认公司具备盈利的可能进而将公司正常经营行为评价为诈骗。如果是一项根本不可能盈利的业务,4 名股东也不会各出资 10 余万元至数百万元。

实际上 2019 年 3 月以后,当公司已经陷入困境,在明知没有返还能力的情况下,公司还推出广告包项目收取客户 500 ~ 5000 元的投资款,该行为才具有刑法评价的意义。

在审查起诉阶段,公诉人采纳了笔者的辩护意见,将诈骗金额由 20 余万元调整为 10 余万元。区分合法经营行为与诈骗行为的意义不仅在于降低诈骗数额,实现量刑上的从轻,更重要的是只有明确了公司的何种行为涉嫌诈骗,才能进一步分析构成何种罪名以及犯罪主体是谁。

(二)据理力争:本案是诈骗罪还是合同诈骗罪?

合同诈骗罪,是指以非法占有为目的,在签订、履行合同过程中,使用虚构事实、隐瞒真相等欺骗手段,骗取对方当事人财物,数额较大的行为。合同诈骗罪是从一般诈骗罪中分离出来的一个独立罪名。根据特别法优于一般法的法律适用原则和《刑法》第 266 条关于“本法另有规定的,依照规定”的规定,对于构成合同诈骗罪的,不应以一般诈骗罪论处。本案涉案公司推出“广告包”项目的行为符合合同诈骗罪,不应被评价为诈骗罪。具体理由如下：

一方面，本案存在合同诈骗罪所要求的“合同”。合同诈骗罪规定于刑法分则第三章“破坏社会主义市场经济秩序罪”之第八节“扰乱市场秩序罪”中，不仅侵犯他人财产所有权，而且侵犯国家合同管理制度，破坏了社会主义市场经济秩序，因而一般认为合同诈骗罪中的“合同”必须能够体现一定的市场秩序。根据《合同法》第10条的规定，除法律、法规规定采用书面形式的情形之外，合同的订立既可以采用书面形式，也可以采用口头形式或者其他形式。[1] 口头合同与书面合同均为合法有效合同，同样受到法律的保护。

本案中涉案公司运营广告业务，用户投资一定的金额后，每天观看公司App上的广告，连续观看15天即可返还本金以及本金15%的佣金收益。公司与客户之间就这一投资项目达成了口头协议，并且双方已经履行或者部分履行——客户支付了投资款，公司对用户观看广告提供了技术支持，部分用户也已取得佣金收益。该口头协议具有投资性质，当然体现一定的市场秩序。

另一方面，涉案公司在签订和履行合同过程中骗取了被害人的财物，具体表现为涉案公司在没有实际履行能力的情况下，通过先履行小额合同的方法诱骗对方当事人继续签订合同，或是在没有实际履行能力的情况下，以虚假的口头投资合同骗取对方当事人财物。

本案中购买广告包的客户绝大部分是前期交3688元会员费看广告获得返利的人，公司在2019年3月中旬陷入困境后，仍推出了广告包项目，通过继续履行之前“交3688元获得返利”项目中“满100可以提现”的约定，诱骗这些客户继续订立购买广告包的合同，骗取客户的投资款。而对于极少数未参加过“交3688元获得返利”项目用户，涉案公司虚构了购买广告包可以获得返利，并借助合同骗取了客户的投资款。公司在明知经营陷入困境，没有实际履行能力的情况下仍吸引客户购买广告的行为，明显具有非法占有的目的。而被害人也正是因为广告包合同陷入认识错误作出财产处分，最终遭受经济损失。

涉案公司在没有实际履行能力的情况下，通过先履行小额合同的方法

[1] 现为《民法典》第469条。

诱骗对方当事人继续签订合同，或者以虚假的口头投资合同骗取对方当事人财物。涉案公司的行为分别符合《刑法》第224条第3款和第5款的规定，应当成立合同诈骗罪。如前所述，本案是单位实施的犯罪行为，根据《刑法》第231条的规定，单位犯合同诈骗罪的，对单位判处罚金，并对其直接负责的主管人员和其他直接责任人员，依照该节各该条的规定处罚。

最终，公诉人采纳了笔者的辩护意见，将本案的罪名由诈骗罪变更为合同诈骗罪。

（三）观点鲜明：本案是单位犯罪还是自然人犯罪？

单位犯罪，是指为本单位谋取非法利益或者以单位名义为本单位全体成员或多数成员谋取非法利益，由单位的决策机构按照单位的决策程序决定，由直接责任人员具体实施，且刑法明文规定单位应受刑罚处罚的犯罪。单位犯罪的主要特点在于，犯罪行为是决策机构按照单位的决策程序决定的，体现了单位的整体意志。单位犯罪也通常表现为为本单位牟取非法利益或者以单位名义为本单位全体成员或多数成员牟取非法利益。

如前所述，涉案公司的行为有刑法评价意义的只有2019年3月之后的广告包套餐活动，而前期交会员费看广告返利的活动是公司正常的经营行为。在明知公司陷入经营困境的情况下，公司还推出500~5000元不等的广告包活动吸引客户投资，该行为确实存在诈骗嫌疑。

但是，该诈骗行为的主体应当是涉案公司，因为根据同案人的供述，该行为是公司股东开股东会做出的决定，并非邓某某一人所决定。推出广告包项目所骗取的客户资金也都经由公司支付宝账户转入公司归公司所有，体现了为本单位谋取非法利益。

此外，根据在案证据，在公司的经营过程中，公司的其他股东也实际参与了公司的所有经营行为。《受案登记表》中记载的内容也是称被害人被涉案公司所骗，而非指明任何的一个股东。《立案决定书》中的立案对象也是涉案公司而非邓某某个人，这些都能印证是公司实施的诈骗行为。

将本案认定为单位犯罪，才是对案件事实的准确评价。这种评价的现实意义还在于合同诈骗罪的犯罪主体既可以是单位，也可以是自然人，但诈骗罪的犯罪主体只能是自然人。若认定本案属于单位犯罪，即便公司行为是诈骗，罪名只能是合同诈骗罪。而合同诈骗罪的立案标准更高，每个量刑区间对应的起点金额远大于诈骗罪。

对本案而言,根据最高人民法院、最高人民检察院《关于办理诈骗刑事案件具体应用法律若干问题的解释》和广东省高级人民法院《关于办理破坏社会主义市场经济秩序犯罪案件座谈会纪要》的规定,在深圳地区,诈骗数额10万元以上属于数额巨大,而合同诈骗罪要达到30万元以上才属于数额巨大。本案侦查机关认定的犯罪数额是20余万元,如果被定性为诈骗罪,当事人的刑期在3年以上10年以下;如果被定性为合同诈骗罪,当事人的刑期就在3年以下。

公诉人起初并未同意笔者提出的该案是单位犯罪的辩护意见,经过笔者据理提出辩护意见和多次沟通,在本案第二次开庭时,公诉人认可了该辩护意见。

(四)临门一脚:通过认罪认罚获取量刑的进一步从轻

在审查起诉阶段,辩护律师向检察院提交上述辩护意见的同时,也和当事人沟通了认罪认罚的事,以获取量刑上进一步从轻处理。

但是受疫情影响,检察院没能提审当事人,本案没能适用认罪认罚制度。检察院将本案定性为合同诈骗罪,将数额认定为10万余元,并结合其他犯罪情节,给出了1年以上1年6个月以下的量刑建议。

而根据法律规定,认罪认罚可以大幅度减轻量刑。在获悉公诉人的量刑建议后,辩护律师多次和检察官沟通,表明当事人愿意认罪认罚,公诉人表示可以进一步依法将量刑从轻。

开庭时,庭审进行得非常顺畅,公诉人当庭对当事人适用认罪认罚,将量刑建议调整为10个月至1年2个月。

五、案件结果

最终法院判决认定,涉案公司以非法占有为目的,在签订、履行合同过程中骗取对方当事人财物,数额较大,邓某某作为涉案公司法定代表人,属于对合同诈骗行为直接负责的主管人员,其行为构成合同诈骗罪,判处被告人邓某某犯合同诈骗罪,判处有期徒刑1年2个月。本案实现了即判即放的良好辩护效果。

六、经验分享

(一)诈骗案的罪轻辩护路径——将罪名变更为合同诈骗罪

本案通过律师的辩护,公诉机关将罪名由诈骗罪变更为合同诈骗罪,实现了量刑的大幅降低。该思路也是辩护律师在办理诈骗类案件时罪轻辩护的一个重要路径。

诈骗罪和合同诈骗罪的量刑区间都有三档:3 年以下、3 年到 10 年、10 年以上,分别对应数额标准是数额较大、巨大、特别巨大。两罪的区别在于,合同诈骗罪每个量刑区间对应的起点金额远大于诈骗罪。因此,实践中经常会出现类似本案的情况——诈骗数额确定的情况下,若定诈骗罪,量刑在 3 年到 10 年之间;若定合同诈骗罪,量刑在 3 年以下。

以深圳地区为例,根据最高人民法院、最高人民检察院《关于办理诈骗刑事案件具体应用法律若干问题的解释》和广东省高级人民法院《关于办理破坏社会主义市场经济秩序犯罪案件座谈会纪要》的规定,将两罪的数额起点对比见表 1。

表 1　诈骗罪与合同诈骗罪数额起点

单位:万元

罪名	数额较大起点	数额巨大起点	数额特别巨大起点
诈骗罪	0.6	10	50
合同诈骗罪(个人)	2	30	150
合同诈骗罪(单位)	10	150	750

案件能否由诈骗罪变更为合同诈骗罪,需要辩护律师审查案件是否存在合同诈骗罪所需的合同、被害人是否是基于合同陷入错误认识而交付财物、行为主体是单位还是自然人以及行为侵犯了什么法益。

合同诈骗罪是在签订、履行合同过程中骗取对方当事人财物的行为,合同的存在是本罪区别于诈骗罪的关键。由于合同诈骗罪规定在《刑法》第三章破坏社会主义市场经济秩序罪中的扰乱市场秩序罪这一节,该罪中的"合同"应是以财产为内容、体现了合同当事人之间财产关系的财产合同。有关身份关系的合同、行政合同以及赠与合同等不能反映为经济活动的合同,一般不能认定为合同诈骗罪中的"合同"。至于合同的形式,既可以是书面合同，也可以是口头协议。

值得注意的是，很多普通诈骗案件中也存在合同，并非有合同存在，行为人又实施了诈骗行为，就都成立合同诈骗罪。成立合同诈骗罪要求行为人虚假签订、履行合同的行为是导致被害人陷入认识错误而作出财产处理的主要原因。如果虽然存在合同，但是由于合同以外的因素使被害人陷入了错误认识而交付财物的，只能认定为诈骗罪。

辩护律师在办理诈骗类案件时，还应当审查行为是以单位名义做出的还是以个人名义作出的，如前所述，如果属于单位犯罪行为，只能成立合同诈骗罪，不能成立诈骗罪。

在处理具体案件时，还可以以合同诈骗罪侵犯的法益为切入点，结合行为模式进行论述。合同诈骗罪不仅侵犯他人财产所有权，而且侵犯国家合同管理制度，破坏了社会主义市场经济秩序。如果诈骗行为所依附的行为模式是一种普遍的市场经营活动，就可以认为行为扰乱了正常市场秩序，可以认定为合同诈骗罪。

（二）选择恰当的时机提交辩护意见及与办案人员沟通

在审查起诉阶段，辩护律师阅完卷就发现侦查机关将公司从成立到案发给被害人造成的损失全部都认定为诈骗金额，这意味着在侦查机关看来，公司从成立开始就一直在实施诈骗。这种认定显然是有问题的，因为公司最初为了增加用户，采取缴纳 3688 元会员费看广告返现的活动是正常经营行为，这其间给用户造成的损失不应计算为诈骗金额。

但是，辩护律师结合会见和阅卷的情况，意识到虽然侦查机关认定的诈骗数额存在不当，但是其统计的“广告包套餐”项目的被害人也可能存在遗漏，该辩护意见不宜过早提出。

最终，辩护律师等到两次退回补充侦查结束，案件再次移送给检察院时，向检察官提出诈骗金额认定存在的问题，为后续争取一个轻的量刑结果增加了有利因素。

由于认罪认罚能较大幅度地降低当事人的量刑，在案件定性没有争议，主要事实也已经查清的情形下，辩护律师应当和当事人及时沟通是否要认罪认罚，以免错失机会。

七、商业启示

(一)创业投资有风险,违法红线不能碰

收益越高,风险也越高,创业投资尤其如此。很多创业者在初期能做到依法依规经营,但是随着时间的推移,风险意识变得薄弱,当经营出现困境,为了渡过难关,有的企业不惜铤而走险,甚至抱着捞一笔就跑的心态,实施了违法犯罪行为。但是,创业投资出了问题,最坏的结果就是遭受财产损失,而一旦以身试法,则可能面临法律的制裁,导致人财两空。

正如本案当事人邓某某,在公司经营陷入困境时,其不是调整经营方向,而是在明知没有履行能力的情况下,推出所谓的广告包套餐项目,骗取被害人财物,终遭受刑罚。

因此,无论是创业投资还是企业日常的经营,违法红线是断不能碰的,只有依法合规经营,企业才能安全、长远发展。

(二)出现问题要面对,注销跑路非良策

本案当事人邓某某在公司经营陷入困境,推出广告包套餐项目后不久就注销了公司,将公司财物搬走,以为这样就能将自己与公司“切割”开,不用对被害人的损失负责了,这显然是对法律的误解。

根据2002年最高人民检察院《关于涉嫌犯罪单位被撤销、注销、吊销营业执照或者宣告破产的应如何进行追诉问题的批复》,涉嫌犯罪的单位被撤销、注销、吊销营业执照或者宣告破产的,应当根据《刑法》关于单位犯罪的相关规定,对实施犯罪行为的该单位直接负责的主管人员和其他直接责任人员追究刑事责任,对该单位不再追诉。因此,对于公司实施的犯罪行为,相关责任人试图通过注销公司逃避法律追究,显然是行不通的。

另外,本案中涉案公司推出广告包套餐项目后不久,在发现没有能力兑现用户购买广告包套餐的返本付息承诺时,曾通过用户微信群、电话等方式联系告知客户,并提出偿还方案。根据实践经验,如公司此时按照方案完成了全部偿还义务,很可能就化解了本次刑事风险。这也启示企业在出现问题后,要及时面对和解决,试图规避责任只会让问题加剧。

采用加价回购方式履行合同是否构成合同诈骗罪

——俞某某被控合同诈骗罪无罪案

李　龙*

一、导读

合同诈骗罪，是指以非法占有为目的，在签订、履行合同过程中，采用虚构事实或隐瞒真相的手段骗取对方当事人的财物，数额较大的行为。本案中，被告人客观上没有实施合同诈骗行为，大部分购销合同是没有实际货物的交易往来，以后合同的付款解决前合同的回购资金，以加价空单回购的方式来履行合同，这种交易方式是购销双方经商定同意的，不存在谁欺骗谁的问题；现有证据不能证实被告人主观上具有非法占有对方货款的目的，因此，其行为不构成合同诈骗罪，其与J公司的合同欠款属于民事纠纷，能通过民事诉讼等途径解决，而不应上升为刑事犯罪。

二、案情简介

从2010年10月开始，被告人俞某某以其名下Z公司、D公司、H公司等公司和J公司进行油品贸易。在贸易过程中，俞某某多次拖欠J公司货款。为解决拖欠货款事宜，同时也为给新上任的J公司总经理萨某某做出些业绩，双方经协商约定以回购方式——采用以后合同的付款解决前合同的回

---

* 李龙，上海财经大学法律硕士，北京市东元（深圳）律师事务所高级合伙人、管委会副主任、刑事辩护及企业合规专业委员会副主任，深圳市律师协会商事犯罪辩护法律专业委员会成员，专注于刑事业务，在职务犯罪、商业贿赂犯罪及经济类犯罪案件方面积累了丰富的办案经验。

购资金,以加价空单回购的方式来履行合同:由俞某某名下公司和J公司签订没有实际货物往来的购销合同,在收到J公司支付的货款后,俞某某无须交付货物,只提供货权转移证明及发票交由萨某某在J公司入账,其后,俞某某名下的公司通过加价和J公司新签订购销合同回购油品,用J公司支付的货款解决合同回购所需资金和之前所欠债务。

公诉机关指控:在2013年1月6日、1月9日、2月6日,为非法占有J公司货款,被告人俞某某在没有实际履行能力的情况下,采用虚构事实和隐瞒真相的手段骗取J公司信任,以名下Z公司、H公司与J公司签订4份油品买卖合同。合同签订后,俞某某将收到的J公司货款387,580,000元占为己有,用于偿还银行到期欠款、偿还他人欠款和公司日常花费。2013年1月21日,为非法占有J公司货款,被告人俞某某以名下Z公司与J公司签订油品买卖合同,以每吨单价9168.76元在J公司处购买混合芳烃。合同签订后,俞某某将取得货权的33,700吨(价值308,987,212元)混合芳烃分别以每吨单价7500~7600元低价销售,并将套现的人民币246,552,034.8元用于偿还银行到期欠款、购买房产、付偿他人欠款和公司日常开支,骗取J公司混合芳烃33,700吨(价值308,987,212元)。案发后,被告人俞某某及其家属退赃54,748,18.26元。

公诉机关指控认为,被告人俞某某以非法占有为目的,在签订、履行合同过程中骗取他人财物,数额特别巨大,已触犯刑法,应以合同诈骗罪追究其刑事责任。

一审法院审理后认为,被告人俞某某作为公司法定代表人或实际经营者,没有采取欺骗手段签订、履行合同,也没有证据证实其想将J公司的货款非法占为己有,其行为不构成合同诈骗罪,其与J公司的合同欠款属于民事纠纷,应通过民事诉讼等途径解决,而不应上升为刑事犯罪。

三、争议焦点

(1)被告人客观上是否有实施合同诈骗的行为?如何评价加价回购合同这一交易方式?

(2)被告人主观上是否有非法占有J公司货款的目的?

(3)公安机关委托的司法鉴定机构所鉴定的9份涉案合同是否客观全面?

四、辩护思路

（一）加价回购的履行方式不能认定存在合同诈骗行为

辩护人认为，被告人名下公司与J公司通过协商，采用加价回购的交易方式履行购销合同，盘活从J公司所获货款和银行贷款，对各方均有利，没有采用虚构事实的诈骗手段骗取对方当事人的财物，不存在合同诈骗行为。

J公司的《情况说明》称，2011年2月，因俞某某名下公司拖欠J公司合同款项，俞某某提出以向J公司加价回购的方式履行合同，需要与J公司另外签订购销合同并支付货款，俞某某名下公司用这些货款来解决回购前合同的资金，J公司也同意这种方式。且从2011年2月开始就存在这种交易方式，至2013年9月案发前，一直使用这种交易方式，不存在谁欺骗谁的问题。俞某某称，自2010年10月开始，他名下公司和J公司共签订了29份购销合同，大部分没有实际货物往来，以后合同的付款解决前合同的回购资金，以加价空单回购的方式来履行合同，这种方式是他与J公司新上任的总经理萨某某商定的。J公司新上任的总经理萨某某也称，其想做出点业绩，想借用J公司的资金做大做强自己的公司，于是就与俞某某商定了这种加价回购的交易模式。另外，俞某某在收到J公司货款后并没有逃匿，也没有采用虚构的公司或冒用他人名义签订合同，或者以伪造、变造、作废的票据或者其他虚假的产权证明作担保，本案也不符合以先履行小额合同或者部分履行合同的方式诱骗对方当事人继续签订和履行合同的情形。综上，俞某某客观上没有实施《刑法》第224条规定的合同诈骗行为。

（二）检方现有指控证据不能证明被告人具有非法占有货款的目的

辩护人认为，公诉机关的指控证据不能证实被告人主观上具有非法占有J公司货款的目的。

从双方签订、履行合同的情况看，俞某某名下公司从2010年10月开始与J公司进行油品贸易，至2013年9月案发前共签订了29份油品购销合同，合同数额达二三十亿元，上述29份合同中，只有少部分有实际货物交易，大部分没有实际货物往来，双方协商以空单加价回购的方式履行，通过加价回购，J公司得到类似于利息的补偿，而俞某某名下的公司则通过这种模式借用J公司的货款，以偿还银行的到期贷款，保证银行贷款不逾期，同时又可获得银行新增贷款,用于支付回购合同的“货款”,从而在贸易中达到对J公司和银行资金的循环利用周转。

从资金的去向看,根据俞某某名下公司的财务资料,其从J公司处所获得的货款大部分用于支付银行国内信用证、承兑汇票、保证金及各相关单位往来款,这证明这些款项主要用于正常的公司运转而不是被俞某某用于个人挥霍、进行违法犯罪活动或者抽逃、转移、隐匿。

从客观行为看,虽然在29份合同履行中俞某某名下公司在提走J公司的货物后有低价出售的情况,但俞某某及其下属员工均称是销售时国内油品价格下跌所致,且近几年油价一直下跌也是事实,故不能反映出其主观上具有非法占有的目的。

(三)仅针对部分合同进行鉴定不客观全面

辩护人认为,公安机关仅对涉案的9份合同进行鉴定,而包括该9份合同在内的俞某某名下公司与J公司的购销合同均没有进行结算,也没有确认已履行完毕,因此,公诉机关仅以涉案9份合同的鉴定金额作为合同诈骗的数额进行指控,明显不够客观全面,指控涉案的数额事实不清,证据不足。

俞某某名下公司与J公司一共签订了29份合同,但公安机关仅依据J公司一方的意见,委托司法会计鉴定机构对J公司认为尚未履行完毕的9份合同进行鉴定,并将鉴定结欠J公司货款788,777,031.3元作为俞某某合同诈骗的数额进行指控。但辩护人认为,应对全部未经结算的29份合同进行鉴定而不是选择其中9份合同进行鉴定,这样才客观全面。因为在上述购销合同中,双方没有进行结算确认,也没有确认已经履行完毕。而且,俞某某认为,有部分合同既交付实物又支付回购款,属重复履行;有部分合同在回购时多付款,还有部分合同已付款但J公司没有交付实物。公诉机关以司法会计鉴定机构对9份涉案合同进行会计鉴定所得出的数额作为俞某某合同诈骗的数额进行指控,明显不够客观全面,指控涉案的数额事实不清,证据不足。

五、案件结果

一审法院认为检察院指控被告人俞某某犯合同诈骗罪的理由不成立,被告人俞某某没有采用欺骗手段签订、履行合同,也没有证据证实其想将J

公司的货款非法占为己有，其行为不构成合同诈骗罪。其与J公司的合同欠款属民事纠纷，应通过民事诉讼等途径解决，而不应上升为刑事犯罪。

六、经验分享

（一）抓住办案机关指控证据的漏洞或缺陷，突出解读对被告人有利的空间

1. 办案机关明显带有“有罪推定”的思想，仅收集对被告人不利的证据

在本案中，公诉机关指控的合同诈骗罪所涉的购销合同存在部分合同在被告人名下公司既交付了货物又支付了回购货款的重复履行情形；部分合同在被告人名下公司已付款的情形下，卖方却没交付货物；还存在后合同以加价回购的方式抵销前合同所欠货款的抵销履行的情形，但侦查机关所收集或提取的相关证据均仅以举报人单方提供的证据材料为依据，却忽略了对被告人名下公司与举报人多年往来的交易背景及双方认可的交易模式进行侦查，片面地收集对被告人不利的证据，未对有利被告人的证据进行提取或收集，明显带有传统的“有罪推定”思想，不符合现代法治社会的精神以及刑事领域“无罪推定”法治理念的贯彻与推行。

2. 严格遵循“无罪推定”“存疑证据有利于被告人”的刑诉法原则及理念

正如前述，办案机关仅依据举报人的举报材料收集、提取指控被告人犯罪的证据，却忽略对被告人无罪或罪轻证据的收集、提取，明显违反了“无罪推定”的刑诉法原则，本案就存在这一问题。辩护人紧紧抓住办案机关对涉案关键指控证据收集或提取方面存在的这一漏洞或缺陷，在被告人也矢口否认并且关键指控证据具有时效性、无法进行补正或补强的情形下，运用刑诉法的规定，提出应由指控方承担举证不能或指控证据不足以证明被告人实施了起诉书所指控的犯罪行为的后果。最终法院也采纳了辩护人意见，根据“存疑证据有利于被告人”的现代司法审判规则，认定被告人不构成合同诈骗罪。

3. 深入研判分析，紧抓案涉罪名构成要件进行论证

合同诈骗罪主观上必须具有“非法占有目的”，若能证明被告人在本案所涉的购销合同签订、履行过程中不具有非法占有对方当事人的货物及款项的目的，则不构成本罪。辩护人通过查阅卷宗、会见被告人，向被告人名下公司的相关人员了解案涉购销合同签订、履行过程中的详情，梳理被告人

公司员工为签订、履行案涉合同所做的准备,包括筹集资金、备货等,还通过将被告人名下公司收到案涉货款后用于归还银行贷款、用作承兑汇票保证、用于支付公司日常经营开支费用等,说明被告人不具有非法占有对方当事人财物目的。

(二)通过制作图表等可视化方式,清晰明确地向审判机关传递辩护意见

本案所涉的相关油品购销合同多达29份,参与交易的被告人名下公司众多,交易对手也较多,所涉金额巨大,总金额超过20亿元,还涉及各种金融支付方式及交易凭证等。因此,有必要将繁杂多样性的材料进行梳理简化,通过图表罗列这一可视化的方式向审判机关清晰展示涉案材料的全貌,同时也有效传递辩护人对被告人的有利辩护意见。这样做的效果明显,既为合议庭了解案情提供了完整、清晰的背景及证据材料;同时也为合议庭查阅并了解辩方提交的证据材料及辩护意见提供了方便,引导合议庭向辩方指引的方向聚焦,从而为最终作出最大限度地保护被告人合法权益的裁判结果而努力。

七、商业启示

(一)风险提示

1. 合同诈骗罪所保护的法益

合同诈骗罪被列在《刑法》分则第三章破坏社会主义市场经济秩序罪第八节扰乱市场秩序罪中,因此,该罪所保护的法益既有财产权,也包括正常的市场秩序,所以要求行为人所利用的"合同"也需具有"市场秩序"的属性,而在此之外的赠与合同、身份关系合同、主要受行政法律关系调整的行政合同以及劳动合同等,由于不具有"市场"属性,不应认定为该罪中的"合同"范围。

2. 如何区分合同诈骗与合同纠纷

在认定合同诈骗罪的司法实践中,存在困难的是如何区分合同诈骗与合同纠纷。二者的根本区别在于行为人是否具有"非法占有的目的",若有,则可能涉嫌构成合同诈骗罪;否则属于合同纠纷。判断行为人是否具有"非法占有目的",要在综合考察以下客观情况的基础上加以确定:

(1)审查行为人主体资格是否真实。对于虚构主体身份,冒充他人身份与对方当事人签订合同的,一般可以认定具有非法占有的目的。

(2)考察行为人在签订合同时履行合同的能力。签订合同时有履行合同的能力,一般来讲,体现在行为人希望通过履行合同实现其经济利益;而签订合同时几乎没有履行合同的能力,往往体现在行为人在主观上没有履行合同的诚意。

(3)行为人有无履行合同的积极行为。如果有履行合同的诚意而不是想非法占有对方财物的,就会有履行合同的积极行为。反之,如果行为人主观上具有非法占有的目的,通常就不会有履行合同的行为,或者虽然履行了小部分合同,但长时间地不履行大部分合同。

(4)考察未履行合同的原因。如果行为人是由于不可抗力的原因导致没有履行或没有完全履行合同的,则说明行为人主观上不具有非法占有对方财物的目的,应以合同纠纷处理;如果合同没有履行是由于行为人主观上不愿意履行所致,就可以认定行为人具有非法占有对方财物的目的,应以合同诈骗罪追究刑事责任。

(5)考察行为人在对方当事人履行或部分履行合同后的表现。如果行为人在对方当事人履行部分或者全部合同后,不是积极地准备履行合同所确定的义务,而是携款或者变卖货物逃匿的,那就说明行为人具有"非法占有目的",应认定为构成合同诈骗罪。反之,则说明行为人不具有"非法占有目的",对此,应以合同纠纷处理。

(二)防范措施

1.合同诈骗罪的表现形式

合同诈骗罪的危害行为和危害结果在签订、履行合同过程中体现虚构事实、隐瞒真相,骗取对方当事人财物且数额较大的行为。具体表现为:

(1)以虚构的单位或者冒用他人名义签订合同的;

(2)以伪造、变造、作废的票据或者其他虚假的产权证明文件作担保的;

(3)没有实际履行能力,以先履行小部分合同或者部分履行合同诱骗对方当事人继续签订和履行合同的;

(4)收受对方当事人给付的货物、货款、预付款或者担保财产后逃匿的;

(5)以其他方法骗取对方当事人财物的。

2. 市场主体应当遵循诚实守信原则

市场主体应当坚持诚实守信原则，在合同谈判过程中，对于合同的签订要秉承诚实守信的原则，不虚假承诺，不搞欺骗，不虚假宣传。在签订和履行合同过程中切忌提供虚假的文件，切忌提供虚假的证明，切忌提供虚假的产权作担保，切忌以虚构的主体签订合同。在合同签订后应当依约严格履行，不得在收到合同款项后没有实际的履行行为。在合同签订后，由于客观情况的变化导致无法履行合同的，应当明确告知对方，不可以提供虚假的证明欺骗对方，更不得在收取合同款后“玩失踪”，致对方当事人无法联系。

3. 市场主体应当设立法务部门或者聘请专业的法律顾问团队把控签约的履约风险

市场主体应当设立专门的法务部门或者聘请专业的法律顾问团队，由法律专业人士对合同的法律风险进行评估并按照评估、修改意见切实修正。法律专业人士参与合同的前期谈判、合同拟定、签订、履行等各个环节，可以有效减少或防范市场主体在商业合同行为中的各种风险。

4. 如何区分单位行为与个人行为?

由于合同诈骗罪的主体既可以是单位，也可以是自然人，尤其是现今社会，有不少是公司主体授权管理人员或员工实施包括洽谈、签约、履约等商业行为，也有部分商业行为是员工在没有获得授权的情况下实施的，所以有必要加以区分，以厘清认定到底是单位犯罪还是自然人犯罪。在实践中，可以结合以下几个方面对单位与个人行为加以具体判断：

(1)单位是否真实、依法成立

对于为了进行违法犯罪活动而设立的公司、企业、事业单位实施犯罪的，或者公司、企业、事业单位设立后，以实施犯罪为主要活动的，由于不符合单位设立的宗旨，且通常具有借此规避法律制裁的非法目的，故应按自然人犯罪处理。

(2)是否属于单位整体意志支配下的行为

单位犯罪是在单位意志支配下实施的，行为人是单位意志的体现；而个人犯罪则完全是在其个人意志支配下实施的，体现的是其个人意志。单位意志一般由单位决策机构或者有权决策的人员通过一定的决策程序加以体现。未经单位集体研究决定或者单位负责人决定、同意且经过法定决策程序的行为，一般不能认定为单位意志行为。

(3)是否为单位谋取利益

在故意犯罪中,只有为本单位谋取利益的行为才能被认定为单位行为,如为单位牟取非法利益而进行走私,违法所得全部归单位所有的,即属单位行为。相反,即便以单位名义走私,但违法所得由参与人员个人私分的,则一般应认为是自然人共同犯罪。

合同诈骗罪与合同(经济)纠纷的区分界限

——陆某平涉嫌合同诈骗及建设工程施工合同纠纷案

吴荣凯*

一、导读

根据《刑法》第 224 条规定,合同诈骗罪是指以非法占有为目的,在签订、履行合同过程中,采用虚构事实或者隐瞒真相的手段骗取对方当事人的财物,数额较大的行为。

本罪具有两个关键特征:(1)“以非法占有为目的”;(2)“采用虚构事实或者隐瞒真相的手段”。这两个特征是律师对该类案件进行“罪”与“非罪”辩护的重点,也是区分合同诈骗犯罪与一般合同(经济)纠纷界限的关键点。

本案中,当事人陆某平既不是“以非法占有为目的”实施案涉行为,也没有“采用虚构事实或者隐瞒真相的手段”,其不构成合同诈骗犯罪,公诉机关(检察院)最终对其依法作出不起诉决定。案件随即进入国家赔偿及民事诉讼程序,并在不同的诉讼程序中呈现不同的争议焦点。

二、案情简介

案件当事人陆某平自称是深圳市华某金劳务建筑有限公司(以下简称华某金公司)的业务经理,从 2016 年 10 月开始,陆某平便以华某金公司的名

---

* 吴荣凯,中山大学经济学学士,中国人民大学法学硕士,执业于上海市锦天城(深圳)律师事务所。现任广东省律师协会“两代表一委员”工作联络委员会(提案工作委员会)委员、刑民交叉法律专业委员会委员,深圳市律师协会商事犯罪辩护法律专业委员会委员。

义承建广东深汕某实业有限公司（以下简称深汕实业公司）所属“深汕飞黄1号”项目的土方工程、基坑支护、边坡支护等工程（以下简称前期工程）。2016年年底至2017年2月期间，“被害人”卢某辅、李某国、陈某兵等人得知上述前期工程后，分别主动联系陆某平，希望承包（转包）相关工程。双方达成合意后，卢某辅于2017年3月6日至3月31日陆续向陆某平妻子的个人银行账户支付了履约诚意金合计人民币200万元，并于2017年3月31日与华某金公司签订了“深汕飞黄1号”（5－14号楼）及地下室施工总承包工程（以下简称后续工程）劳务承包合同，同日华某金公司“深汕飞黄1号”项目部负责人孙某坚向卢某辅出具了班组进场施工通知单，而李某国、陈某兵也于2017年3月2日至4月14日陆续向陆某平支付了履约诚意金合计人民币248万元，并于2017年4月13日以深圳某劳务建筑有限公司的名义与华某金公司签订了“深汕飞黄1号”（5－14号楼）及地下室施工总承包工程（以下简称后续工程）劳务承包合同。

2017年4月28日，华某金公司（陆某平）虽参与上述后续工程相关投标但并未中标，该项目后续全部工程最后交由某建工集团承包。2017年5月24日，陆某平以华某金公司的名义与深汕实业公司签订了退场协议书。

因上述所收诚意金已被使用于华某金公司的相关项目及日常营运，相应工程款又未能及时收回，故在陆某平从深汕实业公司工地退场后，“被害人”卢某辅等人便以不能全额退回诚意金，陆某平涉嫌合同诈骗为由，向公安机关报案后公安机关立案侦查。在陆某平被刑事拘留并被批准逮捕后，其家属委托律师担任该案辩护人。

在案件审查起诉阶段，检察官采纳了辩护律师提出的“犯罪嫌疑人陆某平的行为属于合同（经济）纠纷，其不构成合同诈骗犯罪”的辩护意见，对犯罪嫌疑人陆某平依法作出了不起诉的决定。案件随即进入国家赔偿阶段，代理律师提出检察院应同时支付精神损害抚慰金的意见和要求，并最终得到赔偿机关（检察院）的支持。同时，几位刑事案件“被害人”对当事人陆某平及华某金公司提起民事诉讼，请求华某金公司退还全部诚意金并支付资金占用费，陆某平应负连带赔偿责任。

三、争议焦点

本案是一起典型的刑民交叉案件，案件在不同的诉讼阶段，呈现不同的

争议焦点:

(1)在刑事诉讼程序中,争议焦点是犯罪嫌疑人陆某平的行为属于合同(经济)纠纷,还是属于合同诈骗犯罪?

(2)在国家赔偿程序中,争议焦点是是否应认定侵权行为导致赔偿请求人陆某平产生精神损害并造成严重后果,是否应同时向其支付精神损害抚慰金?

(3)在民事诉讼程序中,争议焦点是陆某平是否应被认定为华某金公司的实际控制人,其是否应对收取的诚意金负退还的连带责任?

四、辩护思路

(一)对于本案犯罪嫌疑人陆某平的行为属于合同(经济)纠纷,还是属于合同诈骗犯罪的问题

在案件侦查阶段,经审查,检察机关认为犯罪嫌疑人陆某平已涉嫌合同诈骗罪,依法决定批准逮捕陆某平。

辩护律师在批捕后接受委托介入案件,经多次会见当事人向其详细了解案发经过,在审查起诉阶段查阅全案证据材料后,总结、提炼出本案三个关键事实:

1. 陆某平没有虚构相关工程事实进而实施诈骗

陆某平以华某金公司的名义承建深汕实业公司相关前期工程的事实不容置疑,是"被害人"卢某辅等人得知相关信息后,希望承包(转包)相关工程,主动到上述工地找到管理人员并通过他们获取了陆某平的联系方式,双方经协商达成合意后才支付了相应的诚意金,并签订了相关后续工程劳务承包合同。

2. 陆某平认为其可以继续承包拟转包的后续工程

在律师会见当事人陆某平时,其提到一个关键信息,即深汕实业公司相关高管曾对其口头承诺,如陆某平前期工程做得好,质量有保障,后续工程会优先考虑交由其继续承包。也就是说,陆某平收取诚意金并与"被害人"签订相关后续工程劳务承包合同时,也并没虚构事实,而是其相信发包方高管的口头承诺。

3. 陆某平不存在非法占用被害人诚意金的目的

在陆某平确定不能取得后续工程承包权并退场后,其已采取适当的方

式，对收取的相关诚意金作出支付方可接受的处理，或由“深汕飞黄 1 号”项目部代陆某平退还部分诚意金（如对卢某辅退还 100 万元），或与相关方约定将诚意金的性质转变为借款，并签订相应还款协议（如与李某国、陈某兵签订协议）。

在上述事实基础上，结合合同诈骗罪的两个关键特征，通过详细分析合同（经济）纠纷与合同诈骗犯罪的区别，辩护律师得出本案“犯罪嫌疑人陆某平的行为属于合同（经济）纠纷，而不构成合同诈骗犯罪”的结论，并作为辩护意见提交主办检察官，要求变更对当事人的强制措施，建议对其取保候审。

在审查起诉阶段，根据辩护律师提出的上述辩护意见和提供的证据线索，检察机关两次将案件退回补充侦查，综合全案证据材料，最终认为当事人（被不起诉人）陆某平与“被害人”卢某辅、李某国、陈某兵等人之间系经济纠纷，陆某平的行为不属于合同诈骗罪，并依照《刑事诉讼法》相关规定，对陆某平作出不起诉的决定。

在国家赔偿阶段，检察机关认定原案（对陆某平被不起诉的决定）处理决定正确，赔偿请求人陆某平有依法取得国家赔偿的权利，检察院作为赔偿义务机关应依法给予赔偿。

（二）对于本案是否应认定侵权行为导致赔偿请求人陆某平精神损害并造成严重后果，是否应向其支付精神损害抚慰金的问题

代理律师除了递交国家赔偿书面申请材料，还主动约见承办检察官，由赔偿请求人陆某平当面向承办人陈述因刑事案件被羁押期间对其身体、心理等方面的伤害及其他不良影响，以及对华某金公司的业务尤其是应收工程款催收的严重影响，并且向承办检察官提出应向赔偿请求人陆某平同时支付精神损害抚慰金的事实、理由与法律依据。

检察机关认为，陆某平因本案被采取逮捕措施后被限制人身自由长达 254 天，后因被不起诉终止追究其刑事责任，应认定其人身权益已受侵犯。公民人身权益遭受侵犯是适用精神损害赔偿条款的前提条件，但仍需判定上述侵犯人身权益行为是否“致人精神损害”以及是否“造成严重后果”。对于受损害人没有犯罪事实，应当认定为侵权行为致人精神损害并且造成严重后果，本案中，陆某平因没有犯罪事实而限制人身自由 254 天，属于造成精神损害严重后果之情形。因此，本案符合《国家赔偿法》第 35 条之规定，应

当向陆某平支付精神损害抚慰金。关于精神损害抚慰金数额,应当结合陆某平丧失人身自由时间、精神损害事实和严重后果的具体情况,综合考虑后作出决定。

(三)对于被告陆某平是否应被认定为华某金公司的实际控制人以及应否对华某金公司前述债务承担连带赔偿责任的问题

在民事诉讼一审阶段,代理律师提出被告陆某平只是华某金公司的业务经理,刑事“被害人”(原告)的诚意金均转到华某金公司,而不是转给陆某平本人,且所交诚意金均用于华某金公司的相关项目及日常营运,而不是由陆某平个人占用、挥霍,故相关诚意金应由华某金公司负责退还,而陆某平无须对华某金公司前述债务承担连带赔偿责任。

一审法院认为,根据《公司法》的规定,实际控制人指虽不是公司的股东,但通过投资关系、协议或者其他安排,能够实际支配公司行为的人。本案中,首先,华某金公司成立后的法定代表人为陆某强,其与时任华某金公司业务经理的陆某平为兄弟关系,陆某平的妻子区某蓉既为华某金公司的股东,又同时担任公司监事。而根据检察机关作出的《不起诉决定书》所查明的事实,陆某平以华某金公司的名义从事“深汕飞黄 1 号”项目土方工程、塞坑支护等前期工程承包事宜。由此可见,陆某平虽只为华某金公司的业务经理,但已通过安排其兄弟陆某强担任公司法定代表人、妻子区某蓉为华某金公司的股东、监事,并以华某金公司的名义从事工程承包,其已成为能够实际支配公司的行为人。其次,华某金公司、陆某平在答辩意见中承认华某金公司因陆某平被刑事立案后关押 8 个多月,在建工程无法按时完工,且很多工程款无法收回,这给华某金公司造成了极大经济损失。亦可看出陆某平不仅为华某金公司的业务经理,现实中其能够影响甚至决定华某金公司的运作和经营。据此,应认定陆某平为华某金公司的实际控制人。最后,2018 年修正的《公司法》第 20 条第 3 款规定[1]:“公司股东滥用公司法人独立地位和股东有限责任,逃避债务,严重损害公司债权人利益的,应当对公司债务承担连带责任。”根据举轻以明重的处理原则,对实际控制人滥用公司法人独立地位,逃避债务,严重损害公司债权人利益的,亦应当类推适用

---

〔1〕 本案审理时适用 2018 年修正的《公司法》。相关规定参见 2023 年修订的《公司法》第 23 条第 1 款。

上述规定。本案中，陆某平通过其妻子区某蓉向卢某辅收取涉案工程履约诚意金200万元，华某金公司、陆某平辩称该款项已使用在公司的相关项目及日常营运之中，但未提供证据予以证明，故认定陆某平利用其实际控制人地位转移华某金公司的财产。华某金公司现已无力偿还涉案工程履约诚意金100万元，陆某平的上述行为严重损害了债权人卢某辅的合法权益。因此，一审法院判决陆某平应对华某金公司涉案债务承担连带赔偿责任。

陆某平不服一审判决提起上诉，但一审代理律师没再担任该案二审代理人，据了解，该案二审法院维持了一审判决。

五、案件结果

(1)在案件侦查阶段，检察机关认为陆某平已涉嫌合同诈骗罪，同意批准逮捕陆某平；但在审查起诉时，检察机关对犯罪嫌疑人陆某平最终依法作出了不起诉的决定。

(2)国家赔偿阶段，检察院(国家赔偿机关)除了向赔偿请求人陆某平支付人身自由赔偿金，还依法支付了相应的精神损害抚慰金。

(3)民事诉讼阶段，一审法院判决被告华某金公司退还诚意金并支付资金占用费，被告陆某平对上述债务承担连带赔偿责任；二审法院维持一审判决结果(二审阶段律师没再代理该案)。

六、经验分享

(一)本案属于刑民交叉案件，如何区分、释明“合同诈骗”与“合同纠纷”的界限，笔者认为是该类案件无罪辩护能否成功的关键

合同诈骗与合同纠纷确实存在诸多相似之处，如两者都产生于民事交往过程中，并且都以合同形式出现；在履约过程中，两者都对合同约定的义务不履行或者不完全履行；两者都存在不同程度的欺诈/欺骗；两者都可能占有了对方的财物等。尽管如此，两者还是有着本质的区别，即合同诈骗罪具有两个关键特征：主观上，犯罪嫌疑人必须“以非法占有为目的”；客观上，犯罪嫌疑人必须“采用虚构事实或者隐瞒真相的手段”。

辩护律师在审查起诉阶段总结出本案的3个重要事实：(1)陆某平没有虚构相关工程事实进而实施诈骗；(2)陆某平认为其可以继续承包拟转包的后续工程；(3)陆某平不存在非法占用“被害人”诚意金的目的。辩护律师从

主客观两个方面论证了当事人陆某平的行为应属于“非罪”的合同（经济）纠纷，从而排除了该行为的严重违法性（犯罪），该无罪辩护意见得到检察机关的采纳，最终得以绝对不起诉。

（二）在刑民交叉案件中，刑事诉讼阶段是整个案件的核心和关键，刑事辩护的结果（效果）决定了后续相关程序的有无

本案只有在审查起诉阶段经律师有效辩护，公诉机关作出了不起诉决定之后，才会有后续的国家赔偿程序；民事诉讼程序的提起，也与不起诉决定结果密切相关。假如当事人的行为构成犯罪，最终被提起公诉，所谓刑事案件“被害人”可能通过刑事诉讼程序由法院判决责令退还相应诚意金，或者另行提起刑事附带民事诉讼，从而没有后续的单独民事诉讼案件。

（三）刑民交叉案件与民事诉讼不同，辩护律师在刑事诉讼阶段的取证/举证具有一定的风险性，必须采取既有效又合适的方式

在案件刑事诉讼阶段，当存在对犯罪嫌疑人有利的情节，而侦查机关却没有侦查、呈现相关事实与证据时，辩护律师面临如何取证/举证才能既帮助到当事人，又能保护自己的问题。本案辩护人采取及时向检察机关提出相关事实并提供证据线索的方式开展辩护。

在辩护人会见本案当事人时，其提到两个关键的信息：(1)“被害人”卢某辅等人与陆某平原本并不认识，在得知陆某平承建相关前期工程后，是卢某辅等人主动到工地通过管理人员获取了陆某平的联系方式，再主动联系陆某平，双方经协商达成合意后，才支付了履约诚意金并签订了相关后期工程承包合同；(2)广东深汕实业公司相关高管曾口头承诺如陆某平前期工程做得好，质量有保障，后续工程会优先考虑交由其继续承包。而上述两个信息是当事人是否有合同诈骗嫌疑的关键信息，但在最初的证据材料中，并没有提及相关事实更没有提供相应证据。辩护人便主动联系、拜访深汕实业公司相关高管，确认其确实有相关口头承诺后，制作了律师调查笔录并由承诺人签名确认，并作为相关事实的证据线索，提交给主办检察官，经补充侦查后，上述两关键事实才在案件中得以呈现，并促使检察机关最终认定当事人（被不起诉人）陆某平与“被害人”卢某辅、李某国、陈某兵之间系经济纠纷，陆某平的行为不构成合同诈骗罪，并依法最终对陆某平作出绝对不起诉的决定。

深汕实业公司相关高管的口头承诺属于言词证据，又是犯罪嫌疑人提供的信息，存在较大的“主观性”。如果直接由承诺人出具书面证词，或者申请其出庭作证，均属于被告人（辩方）提供的证据，该证据须经法庭质证或者庭审发问，与检察机关（控方）提供的证据所呈现的效果是不同的，可能会影响法院的采信程度。本案辩护人通过制作律师调查笔录先由“承诺人”签名确认，再作为相关事实的证据线索提交主办检察官，经补充侦查后提交的证据（询问笔录）就归属于控方证据，其证明责任主体产生转变，同时也减少甚至消除了辩护人直接提供证据/证人可能存在的伪证的相关法律风险。

（四）刑民交叉案件，不同诉讼阶段证据运用规则不尽相同；刑事诉讼阶段犯罪嫌疑人“承认/确认”的某些事实，在民事诉讼阶段作为证据使用时，不一定具有“证明力”

本案当事人陆某平实际收到了两方的诚意金，最后只有卢某辅一方起诉要求华某金公司退还另100万元诚意金并支付相关资金的占用费，陆某平承担连带责任；李某国、陈某兵一方刚开始也起诉了，但经协商最终同意撤诉并与陆某平达成采取其他还款方式的协议。

在李某国、陈某兵起诉时，案由为民间借贷合同纠纷，诉讼请求为陆某平支付借款本金248万元（原来提交的诚意金），利息每月按借款本金的2%计算（还款协议约定的利率）。事实与理由是，在陆某平从工地退场后，经协商同意双方将诚意金转换成“借款”，并签订了还款协议；在刑事侦查阶段，当事人陆某平也承认了该协议的真实性。而且，有关该还款协议，也是辩护人在案件审查起诉阶段一再向主办检察官提及的重要证据，证明犯罪嫌疑人主观上并不存在“以非法占有为目的”，相反其具有积极还款的意愿。

在民事诉讼阶段，代理律师（辩护人）承认了还款协议的真实性，但不认可协议的内容（按月利率2%计算利息的约定）。在双方协商同意将诚意金转换成“借款”的当时，有关利率约定是有效的，但在原告方向公安机关控告陆某平合同诈骗犯罪时，其行为已自我否定了还款协议的效力，故该协议不能作为其利息请求的事实根据。也就是说，在刑事诉讼阶段，虽然犯罪嫌疑人对协议的真实性进行了“确认”，但该“确认”在民事诉讼阶段不应认定其具有“证明力”。因此，李某国、陈某兵一方才同意撤诉并接受陆某平提出的其他还款方式。

有关刑民交叉案件在民事诉讼程序和刑事诉讼程序等不同诉讼阶段各自的证据运用规则,以及相互之间的区别与变化,笔者将尝试另文进行分析、探讨。

七、商业启示

第一,一个公司,作为独立的企业法人,必须规范其经营管理制度尤其是财务制度,做好公司的合规管理。本案的华某金公司是民营企业,也是典型的"家族企业",其主要股东为当事人陆某平的弟弟陆某强和妻子区某蓉,其中陆某强担任公司法定代表人兼总经理,区某蓉担任公司监事兼管财务。该公司在日常运营中存在诸多不符合公司规范之处,因此,民事案件一审法院才认定陆某平为该公司的实际控制人,并判决陆某平应对该公司涉案债务承担连带赔偿责任。由于公司运营、管理的不规范,本属于公司的"有限债务",最后却变成了个人的"无限债务(责任)"。

第二,对于刑事案件的不起诉,虽然被告人不被追究刑事责任,但并不能免去其应负的民事责任。本案在刑事诉讼阶段,虽然检察机关最终认为当事人陆某平与被害人之间系经济纠纷,其行为不构成合同诈骗犯罪,并依法决定对其不起诉,但在民事诉讼阶段,一审法院根据事实和法律判决被告华某金公司退还诚意金并支付资金占用费,被告陆某平对华某金公司上述债务承担连带赔偿责任;二审法院依法维持了一审判决。行为人没有犯罪事实,不被追究刑事责任,但并不是当然"免去"其应负的民事责任,刑事责任与民事责任是两种不同类型的法律责任。

具有单位背景的黑社会性质组织与恶势力犯罪集团如何区分

——杨某某强迫交易案

梁佳丽*

一、导读

随着社会经济的发展,越来越多的黑社会性质组织、恶势力犯罪集团开始以公司或者其他单位的形式实施犯罪行为。本案的其中一个争议焦点在于如何在全国范围内开展扫黑除恶专项斗争期间,准确区分黑社会性质组织和恶势力犯罪集团;此外,本案的三名被告人均系民营医院的工作人员,虽然具有决策权的医院领导层另案处理,但是如果能够通过证据证明本案三名被告人的行为系出于医院的决策意志,便可以认定涉案医院构成单位犯罪,进而追加涉案医院作为被告人,通过对单位的追责来尽可能保护被告人的合法权益。

二、案情简介

2015 年 9 月 23 日,深圳某某泌尿外科医院有限公司成立。2017 年 11 月 24 日,该公司改名为深圳某某泌尿外科医院。深圳某某泌尿外科医院成立后,通过多渠道的广告形式吸引患者上门求诊。在患者求诊的过程中,深圳某某泌尿外科医院各岗位人员分工明确、形成体系,接诊医生、治疗护士、

---

* 梁佳丽,广东融关律师事务所专职律师,中国政法大学"律师刑事辩护规范化"课题研究员、广东省律师协会刑民交叉委员会副秘书长、深圳市律师协会优秀女律师、广东省律师协会刑民交叉委优秀委员、深圳市律师协会福田律工委优秀个人,专注于刑事业务,在枪支弹药类、涉黑恶类、金融诈骗类案件的办理中具有丰富的经验。

手术医生等相关工作人员相互配合，通过各种手段进行医疗欺诈，让患者接受过度医疗，达到收取高额医疗费的目的，并称作“开发”病人。患者上门后，诊疗医生会让患者做身体检查，检验科医生配合诊疗医生修改患者的检查数据，诊疗医生以修改过的检查数据为依据，给患者讲解病情，开出手术治疗的方案。手术医生接到患者手术后，在手术室利用患者渴望治愈的心理，把“无病”变成“有病”，“小病”变成“大病”，威胁恐吓患者，迫使患者接受进一步高额治疗。术后，护士在为患者进行术后护理的过程中，安抚患者，并继续提高护理费用。被告人张某某自2015年1月至2018年9月在深圳某某泌尿外科医院任医务科长，负责处理医疗纠纷；被告人杨某某自2017年5月至2018年5月在深圳某某泌尿外科医院任外科手术医生；被告人蒋某某自2015年11月11日至2018年8月在深圳某某泌尿外科医院任治疗室护士。

2017年11月，被害人杨某学到深圳某某泌尿外科医院就诊要求进行600元的包皮切割手术。在逃犯罪嫌疑人王某某（另案处理）接诊被害人杨某学，并采用欺诈的方式让被害人接受费用较高的包皮切割手术套餐。被告人杨某某任手术医生，在为被害人杨某学手术进行一半时，趁被害人麻药即将退去之际，要求被害人增加手术项目，被害人不同意。被告人杨某某带被害人杨某学去见在逃犯罪嫌疑人王某某。随后被告人杨某某、在逃犯罪嫌疑人王某某相互配合，迫使其接受更多的治疗。被害人共花费医药费22,889.46元。术后，被害人杨某学感染，便向有关部门投诉。被告人张某某出面安抚被害人并开展协调工作。经深圳市医师协会认定，涉事医师在为患者杨某学提供医疗服务的过程中，存在过度医疗和医疗欺诈行为。

2017年6月3日，被害人陈某超到深圳某某泌尿外科医院进行包皮切割手术。在逃犯罪嫌疑人温某某（另案处理）等采用上述手段，威胁、强迫被害人接受高额手术。术后，被害人陈某超接受了相关护理。后因被害人报警，跟医院协商减免费用，被害人最终只缴纳828元。

2017年6月5日，被害人黄某到深圳某某泌尿外科医院就诊。手术医生在为被害人黄某手术进行一半时，趁被害人麻药退去之际，要求被害人增加多项手术，被害人被迫接受。被害人共花费医药费35,588.78元。

2019年7月11日16时许，公安人员在深圳市某某整形医疗美容医院将被告人蒋某某抓获；与此同时，公安人员在深圳市某某医疗美容门诊部将杨某某抓获。当日18时许,公安人员在深圳市某某妇科医院将被告人张某某抓获。

公诉机关认为,被告人张某某、杨某某、蒋某某以威胁手段强迫他人接受服务,情节严重,应当以强迫交易罪追究其刑事责任。被告人张某某、杨某某、蒋某某为共同实施犯罪组成较为固定的犯罪组织,系恶势力犯罪集团。被告人张某某组织、领导犯罪集团进行犯罪活动,系犯罪集团的首要分子;被告人杨某某积极参加犯罪集团活动,系主犯;被告人蒋某某在犯罪集团中起次要、辅助作用,是从犯,应当从轻、减轻处罚。

三、争议焦点

(1)本案是否构成黑社会性质组织犯罪或者恶势力犯罪集团犯罪?

(2)被告人杨某某是否构成强迫交易罪?有几起强迫交易行为?

(3)本案是否构成单位犯罪?

四、辩护思路

(一)针对争议焦点一:此罪与彼罪、罪与非罪的问题

在检察院最后移送起诉的起诉书中虽然没有指控三名被告人犯组织、领导、参加黑社会性质组织罪,但由于本案发生在特殊严打时期,存在从严指控的可能;并且在审查起诉阶段与承办检察官沟通的过程中,其未明确表示最后以何罪名起诉,故为充分准备辩护策略,做到"有备无患,留有余地",在前期阅卷以及归纳辩护思路时,笔者对本案构成黑社会性质组织犯罪还是恶势力犯罪集团犯罪进行了重点分析。

依据相关立法以及司法解释,实务中基本明确了黑社会性质组织需要具备四大特征:(1)组织特征,需要形成较稳定的犯罪组织,人数较多,有明确的组织者、领导者,骨干成员基本固定;(2)经济特征,有组织地通过违法犯罪活动或者其他手段获取经济利益,具有一定的经济实力,以支持该组织的活动;(3)行为特征,以暴力、威胁或者其他手段,有组织地多次进行违法犯罪活动;(4)非法控制特征(危害性特征),通过实施违法犯罪活动,称霸一方,在一定区域或者行业内形成非法控制或者重大影响,严重破坏经济、社会生活秩序。

对于恶势力犯罪集团，虽然相关的司法解释对其的规定没有黑社会性质组织具体，但是基本上也可以将其特征归纳为三类：(1)组织特征，经常纠集在一起，一般为 3 人以上，纠集者相对固定；(2)行为特征，使用暴力、威胁或者其他手段；(3)危害性特征，扰乱经济、社会生活秩序，在一定区域或者行业内多次实施违法犯罪活动，造成较为恶劣的社会影响，但尚未形成黑社会性质组织。

在本案中，从组织特征来看，以民营医院为背景的管理模式在一定程度上的确具有组织性，然而，这种组织性兼具合法和部分涉嫌违法的特性，公诉机关提供的关于涉案医院主体性资质的相关证据最多能够证明其具有医院的组织特性，但是从黑恶势力的组织特性来看，尚未有客观证据能够证明涉案 3 人之间具有超出医院式管理的联系，最多具有扩展“业务”的默契，但是这种默契难谓之构成较为稳定的犯罪组织。从经济特征来看，所谓的强迫交易收入与一般的医疗业务的经营收入是一致的，都归属于医院，但是同样存在准确区分正常经营收入和涉嫌违法的强迫医疗行为所带来的收入间的不同的必要性；是前者支持了医院的经营，还是后者支持了医院的经营？本案中，公诉机关未提供明确的证据证明涉嫌犯罪的强迫医疗行为所带来的收益占医院日常经营收益的比重，此外却有证据证明部分受害人与涉案医院已经进行了和解，并收到了手术退款，就此而言，从金额以及占比上，经济特征都难以满足黑社会性质组织的构成要件。从行为特征来看，涉案三人涉及强迫交易行为，那么对行为特征的定性就涉及是否构成强迫交易罪中的“暴力、威胁手段”，符合强迫交易罪的构成要件。这是本案的另一个焦点，后文将予以分析。从危害性特征来看，二者都需要在一定区域或者行业内多次实施违法犯罪活动。本案中，其一，认定“一定行业”的证据不足，在涉案医院主营的泌尿科相关医疗业务范围内，如前所述没有证据证明涉案业务在该医院该行业内的占比；其二，“多次实施犯罪活动”是构成要件的“因”，而非共同犯罪“部分实行，全部责任”的“果”。《刑法》第 26 条规定，除首要分子以外的主犯，应当按照其所参与的或者组织、指挥的全部犯罪处罚。该条规定适用的前提是已经构成犯罪集团。而构成恶势力犯罪集团的前提需要多次实施犯罪活动。本案中，可能有证据能够证明杨某某存在“开发”病人的强迫交易行为的只有一例，不能先假设涉案三人构成恶势力犯罪团伙，然后再把三人各自的犯罪行为进行叠加，从而认定构成多次犯罪，从法律逻辑上而言,这属于“因果倒置”;从构成要件符合性角度而言,这是颠倒了三阶层理论的推理顺序,从而形成了错误结论。按照常规的法律逻辑,其如果不构成多次犯罪,那么就不构成恶势力犯罪集团成员,也就不存在严打时期的从重情节。

(二)针对辩护焦点二:强迫交易罪认定以及强迫交易行为数量问题

对该问题的辩护,仍然需要回到刑法罪名的具体构成要件本身。刑法中的强迫交易罪在本案中的行为表现主要可能是:以暴力、威胁手段强迫他人提供服务或者强迫他人接受服务,情节严重的。所谓暴力,是指行为人对被害人的身体实行打击或强制,使其不得不提供服务或者强迫他人接受服务。所谓威胁,是指行为人对被害人以立即实行暴力侵害相威胁,或以其他方式进行精神强制,使被害人出于恐惧而被迫提供服务或者强迫他人接受服务。此外,本罪属于故意犯罪,犯罪嫌疑人是否具有主观故意也是本罪的构成要件之一。故从行为性质和主观故意两方面而言:

1. 杨某某客观上没有实施强迫交易罪所要求的“暴力、威胁行为”

传统的暴力、威胁行为是容易理解的,然而本案所谓的术中“开发”行为不应当认定具有暴力或者威胁性质。起诉书指控“杨某某在杨某学手术进行一半时,趁被害人麻药退去之际,强迫增加手术项目”。但按照证据以及当事人供述所反映的事实是:在割包皮的手术过程中、杨某某根据手术时的情况建议杨某学做个降敏术,当时杨某学问可不可以不做?杨某某并未强行推荐,而是回答其到时看主治医师王某某的意见。割包皮手术做完后,才去见接诊医生王某某。这里需要关注两点:首先,并非起诉书所说“手术进行到一半”,本案的事实是手术已经做完;其次,杨某学直至手术前,杨某某都未给予任何医疗方案,其做手术的行为是在患者签订手术同意书和手术知情书后才实施的。

此外,本案认定存在威胁行为的另一个依据源自《过度医疗和医疗欺诈行为认定意见书》,公诉人认为依据《过度医疗和医疗欺诈行为认定意见书》中对当时杨某学进行手术的过程描述,可以认定杨某某和王某某在杨某学手术进行一半时,趁被害人麻药即将退去之际,要求被害人增加手术项目;公诉人认为在此情形下,杨某某和王某某对杨某学形成了事实上的威胁,虽然并无暴力行为。

然而,《过度医疗和医疗欺诈行为认定意见书》并未认定杨某某需要对该起手术负责。手术后,被害人杨某学将涉案医院投诉至深圳市卫生和计划生育委员会(现由深圳市卫生健康委员会行使职权),并委托深圳市医师协会进行认定。深圳市医师协会做出认定:涉事医生王某某对杨某学的诊疗过程负有直接责任。涉事医院医师王某某收到认定意见书后向深圳市卫生监督局提出了异议,并提交了复核申请,深圳市卫生监督局委托深圳市医师协会复核,深圳市医师协会维持《过度医疗和医疗欺诈行为认定意见书》中所作出的认定意见:"深圳某某泌尿外科医院涉事医师在为患者杨某学提供医疗服务的过程中,存在过度医疗和医疗欺诈的行为。深圳市卫生监督局给予深圳某某泌尿外科医院罚款人民币10万元的行政处罚,给予直接责任医师王某某暂停执业一年行政处罚。"如果公诉人将《过度医疗和医疗欺诈行为认定意见书》作为本案的有罪证据,就应当同时注意到该认定意见书仅认定了王某某的责任,并未认定杨某某的责任。而另一责任承担方系涉案医院,同时也可以说明本案应当构成单位犯罪。

2. 杨某某主观上不具备多次实施强迫交易行为的故意

强迫交易罪,在主观方面表现为直接故意,间接故意与过失都无法构成本罪。公诉机关认定杨某某与涉案医院医生、护士构成强迫交易的共同犯罪,而共同犯罪在主观上必须要求各被告人具有共同的犯罪故意。杨某某是手术医生,专门负责手术;手术之前接触患者或者提供相关医疗方案由其他医院工作人员进行。换言之,即使存在"开发"病人行为,因为各自工作的独立性,杨某某没办法知道在手术前患者是否被诱导过,也不对手术后患者可能的医疗纠纷负责。即使因为患者的临时性和不特定性,部分程度上可以认为杨某某具有概括故意,但是概括故意仍然需要符合构成要件的判断。如果杨某某对医院其他工作人员的"开发"对象毫不知情,那么这些行为就不应该被杨某某的概括故意所包含。而在案的证据中,能够证明杨某某有强迫交易嫌疑的仅杨某学一单,其他几位被害人从辨认笔录、证人证言以及被告人供述都能说明并不是由杨某某接待和主刀的。

并且"开发"病人行为并非一个具有严格内涵的概念,在一般的医疗行业的经营业务中,过度检查、过度用药的情形并不罕见,具有"开发"病人的故意不等于具有强迫交易的故意。

3. 杨某某未对黄某实施手术

本案还具有其他主刀医生因为没有执业医师证,从而以杨某某的名义签名进行手术的情形。公诉人以手术主刀医生签名系“杨某某”认定是杨某某对黄某进行手术,进而认定杨某某对黄某存在强迫交易行为。而通过对案卷中证人证言的查阅以及当庭对三名被告人的发问,可以证实涉案医院存在因为部分执刀医生没有医师证,所以以其他具有执业医师证的医生名义签字,从而对患者进行手术的情形;此外,辩护人还委托司法鉴定机构针对黄某就医时执刀医生的签名进行鉴定,鉴定意见也认为该签名与杨某某的既往笔迹存在不同,签名并非杨某某本人所签;并且被害人黄某在辨认笔录中也没有辨认出杨某某。这些证据都可以证明黄某的手术并非杨某某执刀进行。既然手术都并非杨某某所为,而杨某某又不参与除手术之外的医院其他经营行为,则杨某某与黄某之间不存在强迫交易行为。

(三)针对辩护焦点三:本案的单位犯罪属性如何界定问题

虽然关于单位犯罪是否能够减轻涉案其他自然人的刑事责任法律并没有明确规定,但是基于双罚制,如果认定构成单位犯罪,从罪责刑相适应的角度,单位被判处罚金,那么从刑罚总量平衡角度的考量,可以对自然人的刑事责任采取从轻辩护。据此,认定涉案医院构成单位犯罪,也成为本案辩护策略之一。

单位犯罪的构成要件可以概括为三个方面:其一,主体需要是依法成立,具有独立人格的单位;其二,所实施的犯罪行为体现的是单位意志;其三,违法所得归单位所有。关于主体方面,涉案医院的注册企业类型为有限责任公司,具有独立的法人资格,可以成为单位犯罪的主体。关于单位意志方面,涉案的张某某是医院医务科科长,杨某某是外科手术医生,蒋某某是治疗室护士。从在案的三人各自的供述和在医院所工作的岗位来看,并不具有决策权。然而,起诉书中指控的医院法人代表兼董事长以及其他医院工作人员虽然在逃,但是三人的供述都说明相关的“开发”病人行为是医院的集体意志,从决策层到管理层再到护士和主刀的医生,都牵涉其中,起诉书也未否认这一点。就此而言,本案虽然单位主管人员和其他直接责任人员并未完全到案,但是认定单位意志不存在障碍。关于违法所得方面,在案三人的口供以及相关工资条目都能说明他们的工作收入源自固定工资加业绩提成,换言之,即使存在强迫交易行为,违法所得也是先归属于医院后,再由决策层和管理层进行统一分配,足以认定违法所得是归单位所有。当然,上述构成要件分析的前提是《刑法》第 226 条明确了强迫交易罪中单位可以成为犯罪主体。

五、案件结果

本案以涉嫌黑社会性质组织犯罪进行立案,后经过在审查起诉阶段与承办检察官沟通、辩护,在起诉书中未以黑社会性质组织犯罪进行指控,仅指控本案三被告人构成恶势力犯罪集团。

审判阶段,法院对于公诉人指控的杨某某也对被害人黄某实施了手术这一事实未予认定,仅认定其对杨某学构成强迫交易行为。

在一审判决书中法院认定被告人杨某某犯强迫交易罪,判处有期徒刑 1 年 6 个月,并处罚金人民币 4 万元。

六、经验分享

(一)明确可能的指控罪名之间的区别,做到心中有数

涉黑涉恶案件,往往都是人数、罪名、罪数较多的案件。一般情况下和专项行动中的司法裁量尺度也会存在一定区别。如前所述,本案可能涉及的问题包括:黑社会性质组织犯罪与恶势力犯罪集团之间的区别;被认定构成恶势力犯罪集团后,是否仍然能以涉案医院构成单位犯罪作为减轻被告人责任的辩护策略;强迫交易罪的构成与强迫交易行为数量的认定问题。这些问题涉及的罪名认定、辩护策略选择都会对当事人最终承担的责任造成影响。黑恶性质的犯罪传统上就是我国严厉打击的对象,而单位犯罪却有可能成为一个从轻情节的辩护点。承办律师首先要明确可能的涉案罪名,然后再针对这些罪名的具体构成要件在“事实和规范之间不断来回审视”,唯有如此,才能明确辩护方向。

(二)对案卷反复研读,确定主体和行为的对应性

如前所述,本案中涉嫌强迫交易的医疗行为有多起,被害人有多名,涉案医院的主刀医生也有多名。而由于执业医师证的问题,部分主刀医生不能以自己的名义在手术相关单据上签名,只能以有资质的医生的名义签名。这种情况导致了行为以及行为主体之间的关系难以凭借客观的书面证据就予以认定。如何把这一问题挖掘出来,需要承办律师对案卷的细节具有一

定的敏感度。因为只有发现了这些问题,才能有针对性地提出疑问。而为了使辩护意见更具有权威性,在质证和辩护的基础上,虽然律师调查取证具有一定风险,但是如果案件需要,辩护律师也需要大胆地依据法定程序使用法律赋予的调查取证权。正如在本案中,通过对签名的笔迹鉴定,可以非常直接地向公诉人和法院证明杨某某对部分行为是不知情的。事实上,在对涉案证据质疑并且排除的过程中,也会影响法院对于其他可能仍然有效的证据的信任程度,而这有利于辩护律师更好地向法院传达辩护观点。

(三)对于跨专业知识不要心存畏惧,需要保持学习状态

本案涉及医疗行业,案卷中有大量医疗行业的专业名词,并且在与本案有关联性的医疗单据中,也都是专业的数据和行业术语。受限于辩护律师对案卷的保密义务,没办法将案卷的专业内容一一向专业人士请教,所以了解行业的基础知识是必要的。在办案过程中,承办律师需要首先了解医疗行业中外科手术的流程,包括前期的初诊、检查、手术方案的确定、手术过程、术后恢复等一系列过程,尤其是这些过程中形成的书面证据材料是否符合医疗行业监管机构的规定。

律师者,需长学不怠。

七、商业启示

(一)从商业角度区分强迫交易和一般商业交易

从法律上而言,强迫交易就是以暴力和威胁性质的行为来促成交易。然而从商业角度而言,强迫交易本质上是将被强迫方置于一个不平等地位,双方成立交易的基础不再是平等法律主体之间的意思自治。所以,市场交易主体需要时刻谨记,“诚实信用原则”之所以成为民法中最重要的原则之一,其原因在于现代交易机制的基础就是“诚信”。虚假宣传会带来行政处罚,合同欺诈可能涉嫌诈骗,对人身的暴力威胁则可能构成强迫交易。

对“诚信”的遵守,就是对犯罪行为的有效预防。

(二)民营医院需要兼顾“利”与“德”

近年来,民营医院的不断发展一方面给患者带来更多选择,另一方面也在不断考验着这些医院的底线。作为民营医院,追求营利性无可厚非,因为

在没有像公立医院那样以财政拨款为依托的情况下，保证收支平衡是医院能够正常经营的前提。然而，民营医院有别于其他民营企业的一个特征在于医院提供的服务往往是直接针对人体。无论是从一般人认知的角度，还是从法律角度，人的身体以及生命都是无价的，无法用金钱衡量。这也意味着医院一旦出现纠纷甚至犯罪，大部分都是人身纠纷和犯罪，这种人身性意味着即使事后追究相关行为人的责任，也没办法让损失恢复如初。

所以，民营医院不应当以追求利益为唯一或者主要目标，其更需要比其他民营企业兼顾更多的社会责任。

（三）企业需要保证运营合规化

从本案的民营医院的经营模式可以看出，完全以利益为导向的企业经营模式会带来莫大的风险。所以一个企业归根结底需要保障合规性。然而企业合规化往往因为企业“不识庐山真面目，只缘身在此山中”无法自发地进行推进，需要专业的合规团队从外部展开。专业合规团队通常从以下四个方面对企业合规进行协助：

第一，知规。专业合规团队首先需要向企业总结让其知道有哪些法律法规、行业规定、规章制度、道德规范、职业操守等是与其自身息息相关的，梳理出符合企业自身经营领域和管理特征的合规义务清单。

第二，立规。结合合规义务清单，建立专属企业自身的合规管理目标、合规管理组织体系，制定合规管理制度和操作细则；依托各项业务管理流程，识别梳理出相关合规风险，并进行分析评估，确定风险级别，提出风险应对策略和处理措施。

第三，学规。持续给企业各类业务管理领域的员工分门别类地组织合规知识学习，可通过线上和线下相结合的方式，不断进行宣贯，提升员工对合规的认知，培养合规意识。也可将各类合规知识拍摄制作成小视频及动画，通过大屏、官网、微信公众号等多媒体平台进行播放，或推送嵌入相关业务系统的对应业务操作流程节点中，让用户在实际工作之中随时都能了解合规要求或风险。

第四，用规。合规管理部门依据与专业合规团队共同合作建立的合规管理制度体系，组织进行合规审查、合规整改专项活动，通过合规监管反哺业务经营和管理水平提升，为企业间接创造经济价值。

只有不断更新和深化前面四部曲，才能让企业逐渐走向合规之路，形成不断传承发展的良好合规文化，让企业稳步行进在宽阔、光明、不会绊脚或打滑摔跤的大道上。

强迫交易案中的罪刑法定及追诉时效之探究

——刘某强迫交易不起诉案

蔡大鹏*

一、导读

2008 年,刘某受深圳市某市场大厦物业管理有限公司委托,向该市场供应淡水鱼。因商户陈某某私自场外进货,刘某及市场安保人员为保障该市场所供应淡水鱼食品安全与陈某某发生肢体冲突。公安机关 2008 年以寻衅滋事罪予以立案,2019 年又以强迫交易罪对该案予以立案处理。因此,本案主要的争议焦点在于刘某安排安保人员对商户场外进货进行管理的过程中产生的肢体冲突是否可以评价为强迫交易罪的客观行为。本案中,刘某等人与被害人之间的肢体冲突等强制性行为并非发生在刘某与商户的交易过程中,因此刘某等人的行为并非强迫交易的客观行为。且 2019 年距 2008 年案发时间已过 10 年的追诉期,公安机关不应就此事再追究刘某等人的法律责任。

二、案情简介

2007 年底,因深圳市某市场销售的淡水鱼存在氯霉素、孔雀石绿等超标的问题,为确保该市场淡水鱼食品安全,张某光与张某钊、张某兴合议委托刘某联系具有资质的供货商向该市场供货,以对某市场所售淡水鱼进行源头治理。同年 12 月,某市场物业管理有限公司便召集在该市场经营的商户

---

* 蔡大鹏,毕业于深圳大学,广东普罗米修律师事务所执业律师,任广东省律师协会第十二届刑事法律专业委员会委员、讲师,深圳市律师协会第十一届商事犯罪辩护法律专业委员会委员、讲师。从事律师行业 14 年,专注于刑事辩护领域。

前往大厦召开会议，并表明该市场淡水鱼商户均需从A水产、B水产、C水产购入清水鱼进行销售，并由刘某招募安保人员对该市场营商秩序进行管理。会上部分商户表示，虽该市场名义上有三家供应商予以供货，但实际仅有刘某所控的A水产向该市场供货，并对此表示不满。刘某便以维护会议秩序为由安排安保人员唐某万等人对陈某某进行驱赶。

因郑某林对鱼类品种、质量较为了解，刘某便以每月5000元的薪资安排其负责统计该市场商户所需鱼类的品种及数量，并安排货物发放及货款的结算，事后将收齐的货款统一交由刘某。鉴于A水产公司向商户所供应的淡水鱼价格高、质量差，部分商户便通过其他途径购入淡水鱼进行售卖以减少亏损。刘某见状便以保证食品安全为由安排20余名保安员在对商户私自进货的行为进行管控，明令禁止非A水产进入该市场，并没收商户私自购进的淡水鱼，实施砸档等行为进行威胁，以维持商户仅能从其一家购入淡水鱼的现状。

2008年12月6日，被害人陈某某因场外进货被保安员柏某发现，唐某万、黄某平、柏某、柏某康、郑某武、唐某军等多名保安员赶至陈某某档口，对其进行殴打，陈某某便持刀反抗将唐某万砍伤。同日，上述安保人员被民警抓获。

三、争议焦点

(1)刘某的行为是否构成强迫交易罪?

(2)刘某的行为是否已过追诉时效?

四、辩护思路

强迫交易罪是规制民事交易活动中交易方利用威胁等手段迫使被害人非自愿接受交易的行为。依据最高人民检察院、公安部《公安机关管辖的刑事案件立案追诉标准的规定(一)的补充规定》，本罪的立案标准在客观方面既要求行为人有实施威胁行为获取违法所得，也要求被害人产生经济损失或产生人身伤害等具体后果。

经阅卷分析，刘某所安排管理的安保人员在管理该市场淡水鱼的经营销售秩序的过程中，发现个别商户私自通过其他途径购入淡水鱼，便阻止并没收上述商户的淡水鱼，在此过程中双方产生了肢体冲突。公安机关以此指控刘某等人在此期间的行为涉嫌强迫交易。但双方之间发生的暴力行为并非在交易过程中产生的暴力,而是在刘某等人管理市场经营秩序过程中产生的冲突。且在案证据也无法证明刘某有指示安保人员对其他商户进行暴力威胁从而促成其与市场商户的淡水鱼交易。因此,该行为不符合强迫交易罪的客观构成要件。此外,2008 年公安机关已对该案以寻衅滋事罪立案处理,时隔 10 余年,公安机关再次以强迫交易罪对该案予以立案处理,已经超过该罪名的法定追诉时效。

(一)刘某等人在管理淡水鱼的市场经营秩序过程中与商户之间发生的肢体冲突并非强迫交易罪的客观行为

1. 刘某所聘请的安保人员客观上不存在暴力、威胁的强迫交易行为

受深圳市某市场大厦物业管理有限公司委托,刘某聘请唐某万、黄某平、柏某、柏某康、郑某武、唐某军等多名安保人员负责保障该市场所供应淡水鱼的食品安全,严格限制非 A 水产公司的淡水鱼进入该市场售卖。2008 年 12 月 6 日,被害人陈某某场外进货被柏某发现,唐某万、黄某平、柏某、柏某康、郑某武、唐某军等多名安保人员便赶至陈某某档口,强制收走其他水产公司的淡水鱼,陈某某不服并上前理论,双方之间因此产生肢体冲突,在此过程中,因安保员一方人多势众,陈某某便持刀反抗将其中一名安保员唐某万砍伤。

在该事件发生的过程中,并不存在刘某一方与陈某某进行淡水鱼交易的情形,而是安保人员履行工作职责,对商户不遵从市场淡水鱼管理规定的行为予以规制,以保障该市场销售淡水鱼食品安全。因此,在不存在安保人员有实施强迫商户陈某某与刘某的 A 水产公司进行淡水鱼交易的行为的情况下,本案安保人员对商户陈某某实施的暴力行为并非强迫交易罪的客观行为。

2. 刘某未指使安保人员对商户进行暴力威胁以促成其与商户的淡水鱼交易

涉案安保人员均供述自己是受刘某雇用对该市场淡水鱼的经营秩序进行管理,而非要求其暴力胁迫商户,强制商户与刘某进行淡水鱼交易。

综上,在安保人员对商户陈某某实施的暴力行为并非强迫交易罪的客观行为的情况下,刘某也未实施指使安保人员进行强迫交易的犯罪行为,因此刘某安排安保人员管理市场淡水鱼经营秩序的行为不构成强迫交易罪。

(二)本案涉嫌强迫交易罪的行为追诉时效已届满,且不存在中断及延长时效事由,不应再追究刘某的法律责任

1. 刘某等人涉嫌犯罪的行为已过追诉期

公安机关指控刘某的犯罪行为发生于2008年初至12月6日,因此追诉时效的起算时间为2008年12月6日,案发时间至本次立案的时间2019年4月3日,长达10年4个月。依据案发时强迫交易罪的相关法律规定,该罪法定最高刑为3年。《刑法修正案(八)》将该罪的法定最高刑从3年有期徒刑调整至7年有期徒刑。根据《刑法》第12条之规定"从旧兼从轻原则",该罪的追诉时效应依照修改前的法律规定,适用5年的追诉时效期限。因此,根据《刑法》第87条第1款的规定,"法定最高刑为不满五年有期徒刑的,经过五年"不再追诉。本案刘某等人的行为不应当再行立案追诉,公安机关此次立案已超过本罪5年的追诉期限。

退一步讲,即便依照我国《刑法修正案(八)》的规定追诉时效为10年,本案也已超过追诉期限。

2. 刘某等人在案发后无逃避司法机关审查的行为,无追诉时效的中断事由

《刑法》第88条第1款规定:"在人民检察院、公安机关、国家安全机关立案侦查或者在人民法院受理案件以后,逃避侦查或者审判的,不受追诉期限的限制。"此种情况下,追诉时效的延长必须具备以下条件:检察院、公安机关、国家安全机关已经立案侦查或者人民法院已受理案件,这是此种追诉时效延长的前提条件;行为人实施了逃避侦查或者审判的行为。

对于以上立法规定,全国人大常委会法工委主任胡康生等人主编的《中华人民共和国刑法释义》中第84页第三段对《刑法》第88条作了如下释义:"在实践中应当注意,不能简单地理解为只要人民检察院、公安机关、国家安全机关对案件进行立案,或者人民法院对案件予以受理后,就可不受追诉时效的限制。"本案公安机关在对本案进行立案受理后,刘某等人没有"逃避侦查或者审判"的行为;公安机关在立案后,一直未侦查到足以指控刘某等人的行为构成强迫交易罪的客观证据而未继续采取追究措施。因此,因该客观原因致使本案超过追诉期限的,公安机关及检察机关不应适用中断或延长的相关规定继续对刘某等人追究刑事责任。

3. 本案不存在追诉时效的延长事由

《刑法》第 88 条第 2 款规定:“被害人在追诉期限内提出控告,人民法院、人民检察院、公安机关应当立案而不予立案的,不受追诉期限的限制。”此种情况下,追诉时效的延长必须具备以下条件:被害人在追诉期限内提出控告;人民法院、人民检察院、公安机关应当立案而不予立案。

2019 年 2 月,因群众举报刘某涉嫌黑恶势力犯罪,公安机关就本案再次予以立案侦查。在长达 10 余年的时间里,本案未有同案犯罪嫌疑人在逃,且公安机关也未对刘某进行传唤、追逃,以就本案继续侦查。在此期间,刘某也一直居住在涉案公安机关所管辖的居住地,并未有任何逃避追查的行为。

此外,在本案追诉期内,未有其他被害人向司法机关对刘某涉嫌强制交易罪进行控告,因此,本案已经超过追诉期限,即使刘某涉嫌犯罪,公安机关也不应适用该条款对刘某以本罪进行追责。

(三)公安机关两次立案违反禁止重复评价原则

2008 年 12 月 7 日公安机关对本案以寻衅滋事罪立案,2019 年 3 月 18 日再次以强迫交易罪立案侦查并提请批准逮捕,2019 年 3 月 29 日检察机关以已过诉讼时效作出不批准逮捕处理的决定。2019 年 4 月 12 日公安机关第二次以强迫交易罪提请批准逮捕。公安机关对同一案件事实两次立案的行为,笔者认为其行为违反了禁止重复评价原则,不应追究涉案人员的法律责任。

对于寻衅滋事罪与强迫交易罪,仅从两者的定义来看似乎比较容易区分,但在具体实务案件办理中,容易将两者混淆、错误定性。

寻衅滋事罪,是指寻衅滋事、扰乱公共秩序的行为,侵犯的客体是复杂客体,既侵犯了公共秩序,又侵犯了他人的人身权利、财产权利。其客观方面表现为下列寻衅滋事行为之一:(1)随意殴打他人,情节恶劣的;(2)追逐拦截、辱骂他人,情节恶劣的;(3)强拿硬要或者任意毁损,占用公私财物,情节严重的;(4)在公共场所起哄闹事,造成公共场所秩序严重混乱的。犯罪主体是一般主体,主观方面是故意。强迫交易罪,是指在商品交易中以暴力、威胁手段强买强卖商品、强迫他人提供服务或者强迫他人接受服务,情节严重的行为。本罪侵犯的客体是复杂客体,既包括正常的市场交易秩序,又包括强迫交易对象的人身权、财产权。

根据《刑事审判参考》第278号案例，“行为人在实施强迫交易犯罪行为的过程中，其手段或方法又可能触犯其他罪名，对于这种情况，应当按照有关牵连犯的刑法处罚原则来处理”，即对犯罪嫌疑人刘某以寻衅滋事罪定罪处理。2008年案发时，公安机关便对本案以重罪寻衅滋事罪立案侦查，且已处理完毕。

2019年6月28日，公安机关对2008年刘某等人的行为再次立案，认定其涉嫌强迫交易罪，但此次立案指控罪行与2008年以寻衅滋事罪立案的案件实属同一案件。公安机关对本案中发生的事实已然在2008年的寻衅滋事案中处理完毕，其中包含了对强迫交易行为的法律评价。因此，公安机关再次对同一案件事实进行立案有违禁止重复评价原则所体现的刑事立法精神。

五、案件结果

2019年3月18日，公安机关第一次已以强迫交易罪提请批准逮捕，2019年3月29日，检察机关对本案以强迫交易罪已过诉讼时效作出不批准逮捕处理的决定。2019年4月12日，公安机关再次以强迫交易罪提请批准逮捕，2019年4月30日，检察机关作出批准逮捕决定。其间，检察机关以事实不清、证据不足退回侦查一次、延长审查起诉期限两次，2019年10月8日，深圳市某区人民检察院经审理认为本案事实不清、证据不足，对刘某作出不予起诉的决定。

六、经验分享

在扫黑除恶专项行动大面积开展的情况下，刘某涉嫌强迫交易一案在2019年历经公安机关两次提请批准逮捕。尽管第一次提请呈捕时检察机关作出不予逮捕的决定，但公安机关在补充新的证据第二次提请呈捕后，检察机关作出了批准逮捕的决定。鉴于案件的证据及定性存在重大的争议，辩护律师与刘某充分沟通，同意辩护律师对其作无罪辩护。

回首本案的办理历程，在公安机关第一次向检察机关提请呈捕时，辩护人密切留意公安机关对检察机关作出的不予逮捕决定的动向。在公安机关就检察机关作出的不予逮捕决定不服向上级检察机关申请复议时，辩护人及时向上级检察机关提交了第二轮辩护意见，上级检察机关对本案维持了不予逮捕的决定。

第二次提请呈捕被批准逮捕后，辩护人为及时、高效地开展辩护工作，在案件进入审查起诉阶段后及时审阅卷宗，吃透案情，精心制订方案，检索了大量相关法律规定及司法解释，收集相关典型案例及阅览多篇学术文章，从本案的追诉时效、罪刑法定、禁止重复评价等方面入手，根据本案的证据情况就涉嫌的犯罪行为进行详细的法理分析，并收集了大量对犯罪嫌疑人有利的判例，利用已有判例最大限度地为被告人争取权益。同时辩护人向检察机关申控部门提起申诉，请求为当事人变更强制措施。

经过两次向公诉机关出具法律意见书，公诉机关最终采纳了辩护律师的意见，将当事人在侦查阶段的强制措施变更为取保候审，并对刘某作出了不起诉决定。本案的不起诉结果不仅取得了良好的社会效果和当事人赞誉，也向大众展现了法律的公平正义，充分彰显了刑辩律师的价值所在。

七、商业启示

在本案强迫交易罪中，无论是作为供货商的刘某还是收购货物一方的商户，均是作为商事主体从事生产经营活动。从供应商的角度来看，在经营过程中促成每一次交易达到营利是其根本需求，但在此过程中促成交易时使用暴力、胁迫等方式，违背交易相对方自主交易意愿，损害交易相对方的合法权益并影响商品交易市场秩序，可能会面临行政处罚，甚至可能涉嫌刑事犯罪而被判处刑罚。因此，本案最重要的商业启示是：供应商在商业经营过程中，应当采用以自愿、平等、公平、诚实、信用为原则的经营方式从事生产经营活动。此外，企业在经营过程中难免存在一些违规问题，聘请专业刑事律师建立刑事风险防范制度也尤为必要。在违法犯罪行为发生前建立有效可行的审查制度，能够帮助企业避免不必要的损失，同时也为商事主体的生产经营活动提供强有力的保证。

有无合同诈骗共同故意？

——乙涉合同诈骗获判缓刑案

张楠楠*

一、导读

合同诈骗罪，作为《刑法》第224条规定的罪名，其定义为以非法占有为目的，在签订、履行合同过程中，骗取对方当事人财物，数额较大的行为。

随着我国市场经济的不断发展，合同诈骗犯罪始终是司法实践中一个备受关注和亟待解决的热点问题。本案例涉及以原国民党将领李某某200亿元遗产需支付"移动费"为名进行诈骗的事件。

本文将对参与此案为本案第二被告人乙进行辩护的情况进行详细解析。

二、案情简介

2018年3月，被告人乙通过丁某介绍认识被告人甲，被告人甲称其将继承原国民党将领李某某200亿元的资产，但需要支付0.01%（200万元）的移动费用，被告人乙信以为真。

2018年春节前，被告人乙通过他人介绍结识被害人丙。2018年4月7日，被告人乙约被害人丙至其北京家中谈项目合作。其间乙称自己是国务

* 张楠楠，中国政法大学硕士，广东知恒律师事务所股权高级合伙人、刑事中心主任，前法官、前检察官，广东省首批刑事辩护律师库律师，广东省律师协会职务犯罪辩护委员会委员，深圳市律师协会商事犯罪辩护法律专业委员会副主任，中国矿业大学法学专业校外实习指导老师。专注于刑事案件辩护、刑事合规、刑事风险防控等法律事务，主办过多起不予起诉、公安阶段撤案、取保候审、宣告缓刑案件。

院“一带一路”倡议储备中心的组长，负责全国“一带一路”发展的试点工作，并出示了由戊某转发给他的关于被告人甲存折上有19,999,999,999元存款的相关凭证。被告人乙向丙承诺只要丙支付200万元“移动”费用，就可以动用被告人甲的200亿元用于脱贫致富的启动资金。丙在向被告人乙转款200万元之后未见到甲的200亿元启动资金，遂报警。

公诉机关指控：被告人乙结识被害人丙，谎称自己是国务院“一带一路”倡议储备中心的组长，负责全国“一带一路”发展的试点工作。其间，被告人乙与被告人甲通过他人相识。2018年4月1日，被告人甲使用微信通过戊某向被告人乙转发了原银监会（现由国家金融监督管理总局行使职权）办公厅的文件、李某某的存折、被告人甲的存折，内容为李某某名下人民币19,999,999,999元的遗产由被告人甲继承，李某某向被告人甲银行账户汇入上述资金款项，要收取0.01%的移动费，同时证明被告人甲在中国工商银行的账户有人民币19,999,999,999元，盖有“中国银行业监督管理委员会办公厅”字样的印章，并附有一个二维码，通过扫码可以显示被告人甲名下有该笔资金并可动用。

2018年4月7日，被告人乙约被害人丙在其位于北京的住处见面，并向被害人丙出示了上述文件，对丙谎称被告人甲继承了李某某的一笔200亿元的遗产，该笔资金可作为脱贫致富项目的启动资金，可作为担保资金从香港资本市场进行5~10倍的融资，再将融资所得资金中的部分资金与丙合作，成立公司在内地进行扶贫建设，从中获利，同时称要移动、使用该笔资金，需要向深圳市政府、工商银行支付人民币200万元的移动费。

2018年4月11日，被告人甲、乙等人将被害人丙夫妻二人约至深圳某地商讨200亿元资金的使用、分红办法，五人签订一份“被告人甲的存款资金使用契约”，催促被害人丙支付资金移动费人民币200万元。当日，被害人丙在戊某的陪同下，在深圳市某银行向被告人乙账户转款人民币200万元。被告人乙收到钱后将其中的人民币100万元转给被告人甲，将其中的人民币20万元转给戊某。被告人甲收到上述资金后用于偿还个人债务。另查明，被告人甲的上述账户中并没有大额资金交易记录。

据此，公诉机关认定被告人甲、乙构成合同诈骗罪，数额特别巨大，建议对被告人乙判处有期徒刑12年。

三、争议焦点

被告人乙与被告人甲有无实施合同诈骗犯罪的共同故意?

四、辩护思路

在争议焦点上,辩护人的观点是被告人乙主观上不具有与甲实施合同诈骗犯罪的共同故意。

(一)被告人乙与被告人甲之间没有实施合同诈骗罪的共同故意

综合在案被告人甲、乙的供述和辩解,证人戊某的证人证言及有关微信聊天记录和文件截图可知,被告人乙系于2018年3月中旬通过谢某某认识被告人甲,被告人甲称其将继承李某某人民币200亿元遗产,但需要0.01%(200万元)的移动费用。被告人乙对此信以为真,并以此为基础才与丙就共同运营"一带一路"项目进行具体的磋商谈判。经双方达成一致意见后,被害人丙再通过被告人乙给被告人甲200万元,让被告人甲去处理200亿元遗产继承的事项以便为其与被告人乙运营"一带一路"项目准备银根资金。

显然,现有证据不能证明被告人乙与被告人甲之间存在合同诈骗被害人丙的预谋或者分工。被告人乙和被告人甲结合涉案证据没有共同认识和利用继承200亿元遗产的虚假事实进而诈骗被害人丙的主观故意。

(二)被告人乙不存在欺骗被害人丙的认识和意愿

从本案时间节点及相关事实发展经过来看,根据证人戊某的陈述、被告人乙的供述和辩解以及相关书证,被告人乙的注意力基本上全部集中在扶贫项目本身的落实和运营上,与被害人丙之间的交流也主要在项目本身,被告人乙并没有虚构项目欺骗被害人丙。对于涉案200亿元遗产是否真实存在,被告人乙本人也是处于受蒙蔽、被他人欺骗的境地,被告人乙既未认识到200亿元遗产是虚构的,也未对丙有所隐瞒和欺诈。

在本案中,被告人乙实际上受到了被告人甲的欺骗,被告人乙作为被告人甲的犯罪工具进而实施了犯罪。故被告人乙不存在欺骗被害人丙的认识和意志,主观上没有实施犯罪的主观故意。

(三)被告人乙不具备非法占有200万元移动费用的目的

首先,根据被告人乙、被告人甲的供述,证人戊某的陈述及有关的银行交易清单，被告人乙通过其外甥朱某、儿子及证人戊某的相关银行账户自2018年3月24日至4月4日陆续向被告人甲转款约100万元，而在2018年4月11日被告人乙收到被害人丙转来的200万元后，随即将其中的100万元转给了被告人甲，被告人甲已确实足额收到其用于处理所谓的200亿元遗产移动税费的资金，且在《被告人甲的存款资金使用契约》中，被告人甲也明确收到了丙通过乙转的200万元。

其次，被告人甲、乙与被害人丙共同签署了《被告人甲的存款资金使用契约》，约定"被告人甲在4月30日之前，没有完成约200亿元资金的移动和锁定，视为单方违约，在5天之内立即退还丙200万元移动经费。即在4月30日被告人甲未按照约定完成资金移动、锁定，被告人乙、甲在5月5日之前归还丙200万元移动经费即可"。在2018年4月25日，被害人丙向公安机关报案，指控被欺诈。被告人乙在庭审中明确表示其让丙将200万元转到本人账户上就是为了对该笔资金负责，在被告人甲无法归还时，其本人愿意承担清偿责任。

综上，结合现有事实及证据不足以认定被告人乙对被害人丙的200万元移动费用存在"非法占有目的"。

（四）结合上述第二点"被告人乙不存在欺骗被害人丙的认识和意愿"提出被告人属于被害人的观点具有合理性

（1）被告人轻信他人。在签署相关文件时，被告人乙没有进行充分调查和了解，导致受骗，从而导致了被害人丙的被骗。

（2）被告人乙没有获得任何利益。被告人乙作为一家实缴注册资本近10亿元的企业的实际控制人，拥有多达16项国家专利，并有相应的离退休待遇，其根本就没有必要参与实施诈骗丙仅200万元的犯罪活动，且实际上乙也并未从中获取任何利益。

（3）被告人乙响应国家"一带一路"倡议号召，其积极申报和运营有关项目完全是出于一种为社会做更多贡献、尽可能发挥余热的社会责任感和理想，但因为认识能力存在局限性和急于求成的心理导致其被甲欺骗。

综上，辩护人提出"为什么一般人都不会相信的事情，他们居然会相信"的观点，强调对本案中当事人轻信他人而对案件的评价产生影响。本案通过涉案事实和证据去分析、正确认定和证明被告人乙是受害人这一事实，被告人乙没有从中谋取任何利益，在轻信他人的基础上响应国家号召，应认定为被害人。

五、案件结果

本案最终虽然没有为乙达到无罪判决的目的，但在辩护人有力的辩护下，法院认定被告人乙为本案从犯，判处有期徒刑3年，缓刑4年。辩护人通过努力，为被告人乙争取了最大的利益。

六、经验分享

关于合同诈骗罪主观上“非法占有目的”辩护分析，笔者做以下讲述。

“非法占有目的”是合同诈骗罪的法定构成要件要素，是判断行为是否构成合同诈骗罪的重要条件，司法人员更是将该构成要件要素作为区分合同诈骗犯罪与合同欺诈行为的核心标准。因此，对于“非法占有目的”的不同理解，直接影响着行为性质的判断。

在当前的理论和实务领域中，对于“非法占有目的”内涵的理解呈现出一种“令人目不暇接”的景象，使人们感到困惑。

理论上，关于合同诈骗罪“非法占有目的”的理解主要有三种观点：

观点一认为，以盗窃罪的不法所有目的为基准统一解释刑法各种罪名中的“非法占有目的”，包含了排除所有与对财物进行利用两方面意思。

观点二认为，我国刑法不同罪名的“非法占有目的”内涵应根据其各自保护的法益进行分别解释，盗窃罪保护的法益是所有权，故其“非法占有目的”是不法所有的意图，而诈骗罪保护的是整体财产，故“非法占有目的”指的是不法获利意图。

观点三认为，我国刑法中盗窃与诈骗保护的法益同为整体财产，故而“非法占有目的”应当统一解释为不法获利目的。

实务中，关于合同诈骗罪“非法占有目的”的理解也不尽一致。通常将其理解为使他人财物非法为自己或第三人占有，而从司法解释中对“非法占有目的”进行推定的规则来看，着重于行为人取得财物后的处置情况，似乎是将“非法占有目的”理解为对财物用途的欺骗，又似乎是根据财物处置情况表明行为人造成财产损失的意图。正是由于合同诈骗罪“非法占有目的”内涵捉摸不定，致使司法人员依据不同的标准认定“非法占有目的”，从而得出罪与非罪的差异性结论。

七、商业启示

(一)在商事交易中如何识别合同诈骗?

合同诈骗罪对市场秩序法益的侵犯,是通过合同这一特定手段进行的。合同诈骗罪中的合同必须具有市场秩序属性,即合同当事人之间必须存在一种市场交易关系。这里的市场交易合同,具有以下几个内涵:

第一,合同以财产关系为内容,体现财产转移或交易关系。有关收养、抚养、监护、婚姻、继承等身份关系的协议、契约以及兼具财产和人身双重属性的劳动合同都不是市场交易合同。

第二,合同双方地位平等,这是市场经济的内在要求。行政合同是行政管理的一种方式,双方定位不平等,因此不属于市场交易的合同。

第三,合同具有双务、有偿特征。市场交易以等价交换为原则,合同双方当事人都应既享受权利也承担义务,无偿仓储、赠与、借用、保管、委托合同等无偿合同不体现市场经济的精神,不属于市场交易的合同。

第四,合同以营利为目的,发生在生产经营领域。合同诈骗罪中的合同属于市场经营行为,也就是通过签订和履行合同的行为获取经济利益,具有一定的市场属性。以生活消费为目的的民间借款合同不属于市场交易的合同。

结合市场交易合同的这些特征来看,市场交易合同不仅包括质押、抵押等物权性质的担保合同和债权合同,而且还包括不直接发生债权但是确定财产经营、转移、分配等财产关系的承包、合伙、联营、出版、商标转让、土地使用权转让等合同。需要注意的是:合同诈骗罪的合同不局限于书面形式,口头合同以及其他形式的合同都不影响合同诈骗罪的认定;合同诈骗罪中的合同不局限于有名合同,也包括无名合同;合同效力不影响合同诈骗罪中的合同认定。

(二)从主体来看,合同诈骗罪中合同主体至少一方是市场经营主体

合同主体也是区分合同诈骗罪和诈骗罪的又一标准。从合同主体来界分合同诈骗与诈骗在司法实践中很容易被忽略。这一点有时在一些诈骗类的疑难案件罪名区分中发挥关键作用。

虽然合同诈骗罪的犯罪主体是一般主体,但是由于合同诈骗罪中的合

同并非一般合同，而是有特定内涵的市场交易合同，市场交易合同的营利性内在要求合同主体至少有一方是市场经营主体，这一特点是由利用市场交易合同的手段所决定和派生的。所谓市场经营主体是指以营利为目的，从事商品生产经营或服务活动的经济实体。合同诈骗罪对市场经济秩序法益的侵犯是通过损害市场经营主体的合法权益实现的。

（三）从时间来看，合同诈骗行为发生在签订、履行合同的过程之中

合同诈骗罪表现为"利用合同"进行诈骗，其本质在于行为人以合同的合法形式掩盖骗取合同相对方财物的实质目的，其对市场经济秩序法益的侵犯是在特定时间段内进行的。

"利用合同"是利用合同的签订、履行这两个特定的时间阶段，而并非在其前或者其后。合同的签订、履行过程，实际上就是行为人实施虚构事实、隐瞒真相的过程。

从法理上看，诈骗罪的诈骗手段与方式具有多样化的特征，可以说花样百出，所以普通诈骗罪也可能表现为在合同签订和履行过程中骗取合同相对方财物。所以说在签订、履行合同的过程中实施诈骗是合同诈骗罪的必有特征，是诈骗罪的选择性特征。

在司法实践中界定合同诈骗罪与在签订、履行合同的过程中实施的普通诈骗罪，应当按照以下思路进行：诈骗行为发生在行为人与被害人签订、履行合同之前或之后，应当排除合同诈骗罪的适用；诈骗行为发生在行为人与被害人签订、履行合同过程中的，也未必构成合同诈骗罪，同时还要结合其他标准进行考量。

（四）从对象来看，合同诈骗犯罪对象是合同项下款物

合同诈骗罪是通过侵害合同信用来破坏市场经济秩序，刑法确立该罪的目的在于通过保护人们对合同的信任，进而维护社会主义市场经济秩序。市场交易始于诚实守信终于诚实守信，没有诚实守信，合同就是一张白纸，市场经济秩序就无从谈起。诚实守信的市场经济行为规范具体到合同履行过程中，就是要求合同当事人对于约定必须遵守、承诺必须履行。

合同诈骗罪的行为人之所以能够得逞，其实质就是不当利用了约定必须遵守、承诺必须履行的行为准则，而被害人也正是由于受骗陷入错误认识而"自愿"为了保证合同订立生效或按照合同约定向行为人交付与合同内容

相关的财物。因此,行为人非法占有的财物应当是合同中约定的款物,一般包括定金、预付款、合同标的物、担保财产、贷款等。司法实践中常见的情形是行为人以签订、履行合同需要“运作费”“打点费”等为由骗取钱款,这些案例看似符合合同诈骗的行为模式,但是这些所谓的“费用”与合同内容无关,并非合同诈骗的对象。

第六章

其他商事犯罪

紧扣港药的疗效与案涉假药送检程序瑕疵，成功争取非监禁刑

——肖某被控销售假药罪判缓案

李　龙*

一、导读

销售未经批准进口的、由境外正规药厂生产且有真正疗效、不会对人体生命健康产生危害的药品行为，与销售没有疗效的、会危及人体生命健康的药品行为有着本质的区别。前者只是扰乱了药品管理秩序，但其药品可以让患者痊愈，可以酌情轻判；而后者则不仅扰乱了药品管理秩序，其药品还危害患者生命、健康权，理应认定犯罪且重判。

二、案情简介

2014 年，被告人肖某开始通过其淘宝店“香港地百货”销售其从香港进购的药品。2015 年 3 月 8 日，一购买者通过上述网店购买一瓶“星加坡鸿威金波士千里追风骨刺灵油”；2017 年 9 月 1 日，一购买者在上述网店购买一瓶“滋阴丸”。后公安机关接到购买者举报肖某销售假药，遂派民警在肖某住处将其抓获，并在现场缴获疑似假药“辣椒标膏药”23 片、“金波士 星加坡鸿威 腰颈椎劳损 千里追风骨刺灵”3 盒、“强力脑活素”1 瓶、“陈老二燕窝滋阴丸”10 瓶。经深圳市原食品药品监督管理局（现由深圳市市场监督管理局

---

* 李龙，上海财经大学法律硕士，北京市东元（深圳）律师事务所高级合伙人、管委会副主任、刑事辩护及企业合规专业委员会副主任，深圳市律师协会商事犯罪辩护法律专业委员会成员，专注于刑事业务，在职务犯罪、商业贿赂犯罪及经济类犯罪案件方面积累了丰富的办案经验。

行使职权）鉴定，前述查获的疑似假药物品“辣椒标膏药”“金波士下山虎千里追风油”“陈老二燕窝滋阴丸”三种药品属于应当经批准而未经批准生产、进口的药品，根据 2015 年修正的《药品管理法》第 48 条第 3 款第 2 项的规定，[1]均应按假药论处。而上述“金波士 星加坡鸿威 腰颈椎劳损 千里追风骨刺灵”的外包装和说明书均标有“对疾病具有预防、诊断及治疗作用和用法用量”等内容，宣称产品具有冷热病治疗作用，但未标示任何药品批准生产或进口文号，属于应当经批准而未经批准生产、进口的药品，根据 2015 年《药品管理法》第 48 条第 3 款第 2 项的规定，也应按假药论处。上述假药的销售金额达 439,896 元。检察院认为，被告人肖某无视国家法律，销售假药，情节严重，其行为触犯 2011 年修正的《刑法》第 141 条的规定，应当以销售假药罪追究其刑事责任。

一审法院审理查明案涉事实及证据后，认为被告人肖某销售假药，情节严重，其行为已构成销售假药罪；同时，一审法院采纳辩护人关于从检察院认定被告人销售假药的数额中减去销售未被认定为假药物品的金额（人民币 29,621 元）的辩护意见。鉴于被告人当庭认罪，如实供述，有坦白情节，归案后有悔罪表现，判处其有期徒刑 3 年，缓刑 3 年，并处罚金人民币 1 万元。

三、争议焦点

（1）本案所销售的按假药论处的药品，系由香港正规药厂生产且具有疗效的药品，与销售掺假、冒充、变质、被污染、药品所含成分不符合国家标准等的药品，无论是主观故意，还是侵犯客体方面均不相同，是否应区别对待？

（2）未在现场查获，未经合法送检程序认定为假药的物品不能被认定为案涉的按假药论处的药品，该药品的销售金额不应列入案涉销售假药的销售金额内。

四、辩护思路

（一）利用深港两地毗邻的地理优势，基于内地居民对港药的信赖及需求而从事销售港药的行为应与制假药、销售假药的行为进行区分

辩护人提出深圳人销售及使用港药的背景及应对被告人销售港药的行

---

[1] 本案审理时适用 2015 年修正的《药品管理法》。

为从宽从轻处罚,并适用缓刑的意见。

基于深圳毗邻香港的地理优势,再加上内地一直以来对港药有着很大的需求市场,于是深圳的一些个人或个体工商户就瞄准了这个庞大的市场需求,通过雇人或自行过关到香港购进港药,再通过化整为零的方式携带入境,然后在境内销售,从中赚取差价利润。被告人就是基于这种背景开网店销售港药。

本案所涉的按假药论处的药品,其实是由香港正规药厂生产且具有一定疗效的药品,不仅不会危害人体生命健康,还能起到一定的疗效;只是出于保护国家药品管理秩序的目的,要求从境外进口的药品需履行审批、检验等手续方可在境内销售使用。首先,在主观方面,被告人由于法律认识的错误,误以为有疗效的港药在境内销售不犯法,被告人的主观故意不大;其次,在客体方面,被告人的行为只是扰乱了国家对药品管理的秩序,并没有危及人体生命健康权;最后,被告人的获利不大,扣除成本费用后,仅赚取不到销价 10% 的差价。而刑法要重点打击和处罚的是销售假药、劣药、被污染或变质药品的行为,因为此类行为不仅扰乱国家对药品的管理秩序,而且还可能致人病情加重或死亡,严重危及人体生命健康权。这些不法商人为牟取暴利,不惜通过掺假、冒充、使用变质药品和被污染药品等手段,不顾患者的生命健康,主观恶意大,确需对其追究刑事责任且要严惩。辩护人提出辩护意见认为:被告人销售没有进口审批手续而按假药论处的港药的行为,由于法律认识错误且主观恶意不大,侵犯的客体单一,客观行为没有危及人体生命健康,应区别于普通的销售假药罪行为,从宽从轻处罚,并适用缓刑。

(二)未经法定送检程序认定,案涉疑似假药的销售金额应予剔除

辩护人提出了未在现场查获的案涉假药、未经送检程序认定的药品,不能认定为案涉假药,检察机关的指控证据不充分,应将前述药品的销售金额从起诉书中剔除。

被告人被指控销售假药总金额为 439,868 元,其中:“辣椒标膏药”“陈老二燕窝滋阴丸”的销售金额为 109,523 元,“金波士 星加坡鸿威 腰颈椎劳损 千里追风骨刺灵”的销售金额为 300,752 元,“金波士 星加坡鸿威降龙十八虎蛇 腰颈椎坐骨痛特灵油”的销售金额为 29,621 元。

首先,对于被告人销售记录中的“金波士 星加坡鸿威降龙十八虎蛇 腰颈椎坐骨痛特灵油”,公安机关既没有现场查获也没有经过送检程序认定为

假药,依法不能认定为案涉假药,应将该药品的销售金额从指控销售总金额中剔除,该辩护意见获一审法院采纳。

其次,指控被告人销售以假药论处的“金波士 星加坡鸿威 腰颈椎劳损 千里追风骨刺灵”的送检程序缺失、证据不充分,不能排除合理怀疑,按“刑事证据存疑,应作有利于被告人解释”的原则,该药品不予认定为案涉假药,其销售金额也应予以剔除。后来,公安机关在退查阶段补充他人在被告人的网店购买过该药品的证据予以佐证,且被告人也基于认罪认罚原则承认了其销售“金波士 星加坡鸿威 腰颈椎劳损 千里追风骨刺灵”的事实,最终,一审法院据此认定“金波士 星加坡鸿威 腰颈椎劳损 千里追风骨刺灵”为案涉假药,其销售金额不予剔除。

(三)关于是否接受认罪认罚

虽然本案被告人所销售的港药系正规药厂生产且有药效,再加上公安机关在收集有罪证据时出现了纰漏,但在当时《刑法》对销售假药罪的“假药”定义仍包括销售未经批准的而进口的境外药品。因此,辩护人综合上述情节后,仍认为被告人无罪的概率极小,在确定构成犯罪情形下,与被告人及其家属充分沟通,建议接受检察院的认罪认罚,签署具结书,换取从简从宽处理,以达到法院判决时可以从轻处罚,且被告人也符合非监禁刑条件,最终可免受牢狱之灾。

(四)关于庭前辅导细节

并不是每个人都有上法庭的经历,更何况是在刑事案件中作为被告人出庭受审。本案被告人是一名年轻的家庭妇女,家中上有老下有小,生活压力较大,为帮补家庭,开起网店从事销售港药的行当,由于不懂法、不识法,触犯了刑法且所涉金额较大,被告人及其家人均心情沉重。在这一背景下,辩护人积极与被告人及其家属充分沟通,在开庭前多次演练庭审程序,耐心详尽地告知其庭审流程、让其熟悉各个环节,同时做好其思想安抚,将庭审中可能出现的状况及如何应对一一告知被告人,尤其是罗列庭审中公诉人和法官可能向被告人发问的问题,并对如何回答进行辅导,让其做到胸有成竹,不紧张、不怯场,认真、仔细听清公诉人和法官的问题,想清楚再回答,若实在不知如何回答的,可以由辩护人来补充或救场。庭审当天,在辩护人与被告人的默契配合下,庭审顺利结束,被告人及家属均感满意。在庭审后一周时间，辩护人收到了让被告人及其家属满意的判缓刑的裁判文书。

五、案件结果

一审法院将检察院起诉书认定被告人销售假药的439,896元金额中减少未被认定假药物品的销售金额29,621元。鉴于被告人有坦白、悔罪表现且当庭认罪，其所销售的按假药处理的药品是香港正规生产的且有真正疗效，不会对人体健康造成危害，一审法院判处被告人3年有期徒刑，缓刑3年，并处罚金1万元。

六、经验分享

（一）要善于抓住指控证据中的瑕疵或缺陷，努力实现当事人利益最大化

在侦查阶段中的呈捕，要善于抓住公安机关在查处扣押案涉物品及送检药品的程序中存在瑕疵的问题，以证据不充分，程序不合法为由，申请检察院不予批捕，为被告人申请取保候审。在审判阶段，抓住公安机关、检察机关将无送检程序的药品一并认定为假药的纰漏问题，向法院申请剔除没有送检程序却仍按假药认定的物品的销售金额，从而减少案涉药品种类及金额，为下一步法官采纳辩护人关于对被告人从轻处罚且适用缓刑的意见打基础。

（二）在做好案情了解的同时，做好犯罪嫌疑人及其家属的心理安抚

接受刑事辩护委托后，首先，在会见时就应与犯罪嫌疑人建立信任，包括表明身份、授权来源、辩护人及律所简介，给其传递家人的温情与关切问候，让犯罪嫌疑人感到家人的关怀和支持，减缓犯罪嫌疑人慌乱、抑郁的情绪。其次，细心聆听犯罪嫌疑人所涉案情的陈述及对所涉罪名的意见，不打断、不打岔，让犯罪嫌疑人在叙述案情的同时也能有效宣泄其被羁押期间的恶劣情绪。再次，在了解基本案情及犯罪嫌疑人的意见后，辩护人应从人情、温情上给予犯罪嫌疑人人文关怀，安抚其受创的心理，鼓励其积极、乐观，提振信心和士气，并通过专业知识打消其法律上的疑虑。最后，会见前后，注意与犯罪嫌疑人家属紧密沟通，做到会见时向犯罪嫌疑人准确完整传递家属的慰问，会见后，向家属如实反馈犯罪嫌疑人的精神面貌及状态，为

失去人身自由的犯罪嫌疑人与家属架起一座沟通的“桥梁”，从而增加犯罪嫌疑人及家属对辩护人的信任感，为日后辩护人相关会见及辩护工作夯实基础。

本案的犯罪嫌疑人是一名不到30岁的年轻妈妈，其丈夫由于妻子涉罪被羁押而忧心忡忡，面对女儿天天询问“妈妈去哪”的问题，更是无言以对。更不幸的是，另一名家中成员即犯罪嫌疑人的嫂子同时也因涉嫌销售假药罪被羁押，家婆也终日以泪洗面。辩护人在了解家庭情况后，一方面在与家属沟通中利用自身法律知识及所了解的案情，对家属进行心理上辅导与安抚，稳定家属的忧郁情绪；另一方面也在会见犯罪嫌疑人时，向其传递家属的温情问候，同时也通过办案经验和专业知识，向犯罪嫌疑人描述办案机关办理刑事案件的全流程，消除犯罪嫌疑人疑虑，引导犯罪嫌疑人正确、理性看待办案机关的“规定动作”。最终，辩护人通过上述安抚工作，减缓了犯罪嫌疑人被羁押期间的恶劣情绪，也让家属情绪回归正常，积极配合辩护人，勇敢面对接下来的司法程序。

（三）捕前辩护的重要性

37天的批捕期对于辩护人和犯罪嫌疑人来说，无疑是黄金辩护时间，辩护人必须积极主动进行辩护准备。辩护人应积极联系办案警官，密切关注呈捕进程及动向；同时，也要做好与作为批捕机关的检察院的联系沟通，一旦侦查机关的呈捕报告移送到检察院，辩护人就应根据案件情况第一时间将建议不予批捕的相关申请材料递交检察机关，不错过该黄金辩护时间。当事人被羁押得越久，辩护压力也就越大。所以，辩护人一定要注意将辩护工作前置，认真做好捕前辩护。

（四）认罪认罚是一把“双刃剑”

所谓“认罪认罚”是指犯罪嫌疑人、被告人自愿如实供述自己的罪行，对指控的犯罪事实没有异议，同意量刑建议，签署具结书的，可以依法从宽处理。认罪是指犯罪嫌疑人、被告人自愿如实供述自己的罪行，对指控的犯罪事实没有异议，不认可公安机关或检察院指控的罪名，不视为不认罪，只是一种辩解；若涉及数罪，只承认部分罪的，只对承认的部分罪适用；没有悔罪态度的不适用。认罚真诚悔罪，愿意接受处罚，但隐匿财产、转移财产的，不适用；不接受受害人或受害单位提出的合理赔偿数额的，也不适用。被告人认罪认罚的，可以在程序上从简、实体量刑上从宽处理。最高人民法院《关于适用〈中华人民共和国刑事诉讼法〉的解释》第355条第1款规定："对认罪认罚案件，人民法院一般应当对被告人从轻处罚；符合非监禁刑适用的，应当适用非监禁刑，具有法定减轻处罚情节的，可以减轻处罚。"

辩护人应审慎应对犯罪嫌疑人或其家属在审查起诉阶段要求做认罪认罚的举动。辩护人应与犯罪嫌疑人及其家属充分沟通，讲述认罪认罚制度的来由，结合具体案件的案情及材料分析认罪认罚的利弊，最后再给予犯罪嫌疑人及其家属相关建议。若辩护人在分析研究具体案卷材料后，认为指控方提交的指控证据不充分、不确凿，尚不能达到定罪标准的，可以建议被告人目前暂不认罪认罚；若在确定可以定罪的情况下，则建议犯罪嫌疑人或其家属接受认罪认罚，以达到从轻处理的诉讼目的。但认罪认罚的最终决定权应留给犯罪嫌疑人或其家属来决定！这既是对犯罪嫌疑人诉讼权利的尊重，也是为了防范辩护人的职业风险，因为若辩护人鼓动犯罪嫌疑人接受认罪认罚，但一审法院判决犯被告人无罪的，则可能引发被告人及其家属要向辩护人追责退费的风险。因此，在与犯罪嫌疑人及其家属分析是否接受认罪认罚时，要做好会见笔录或谈话记录，预留规避职业风险的口子。另外，在认罪认罚案件中，辩护人可以采取"骑墙式辩护"策略——既作无罪辩护，又作罪轻辩护。虽然，关于案件事实方面，被告人已接受认罪认罚，辩护人无法反驳，但就案件所涉罪名、适用法律以及对指控证据的质证等方面进行辩护，以维护被告人的诉讼权利，最终还是为了通过无罪、罪轻的辩护权益得到最大限度维护的目的。随着国家司法机关大力推进及深化认罪认罚制度，认罪认罚案件必然增多，如何在此类案件中行使辩护人的独立辩护权，以便更好地维护犯罪嫌疑人或被告人的诉讼权利，值得律师同仁深入探讨。

七、商业启示

在2020年12月26日《刑法修正案（十一）》出台前，商户在内地销售香港正规药厂生产且有疗效的药品，会被以销售按假药处理的药品定罪量刑，对从事港药零售的个体工商户、药店、小士多、超市等经营实体影响极大，不仅切断了其主要营业收入的来源，还可能因触犯刑律而坐牢。如何预防和应对该刑事风险，无疑是该类经营实体最迫切需要解决的。鉴于此，笔者建议:一方面要规范自身经营行为,包括采购、进货渠道应合法合规,有单有据,不采购没有合法来源或合法单据的药品、食品等;另一方面则通过聘请律师、向专业人士询问等方式树立法治观念、增强法律意识、加强对相关法律知识认知,遵守法律法规,从而增强自身防范刑事风险的能力,做一个守法合规经营的商人。

《刑法修正案(十一)》于 2021 年 3 月 1 日施行,其中第 5 条将《刑法》第 141 条修改为:"生产、销售假药的,处三年以下有期徒刑或者拘役,并处罚金;对人体健康造成严重危害或者有其他严重情节的,处三年以上十年以下有期徒刑,并处罚金;致人死亡或者有其他特别严重情节的,处十年以上有期徒刑、无期徒刑或者死刑,并处罚金或者没收财产。药品使用单位的人员明知是假药而提供给他人使用的,依照前款的规定处罚。"修正案对销售假药罪进行了修改,删除了假药的定义,尤其是包括必须经批准而未批准生产、进口,或者必须经检验而未经检验即销售的药品等按假药论处的情形。上述法条的修改,为在境内销售境外正规药厂生产且有药效的药品(包括港药)的行为扫清了法律上的障碍,不再构成刑事犯罪,同时也为深港居民往来通关、两地商贸往来提供便利。

攻守兼备，进退有据

——深圳某眼科诊所生产销售假药一案

王文兵* 黄 颖**

一、导读

以陆勇代购抗癌药案为故事原型拍摄的电影《我不是药神》和悬壶济世的赤脚医生倪海清生产销售假药罪案件引发了社会舆论的广泛关注，陆勇最终获得不予起诉，倪海清却获刑10年并处罚金。正是这些剧烈冲突的典型案件及广泛的社会舆论关注，间接推动新《药品管理法》出台及相应《刑法修正案(十一)》的通过。在新旧法交替之际，王文兵律师团队于2019年9月10日接受当事人张医生家属的委托，为涉嫌生产、销售假药罪[1]的张医生提供辩护。接受委托后，王律师积极开展辩护工作，经过不懈努力，促成检察院对当事人作出不起诉决定，达到有效辩护的效果，获得当事人及家属的高度评价。

二、案情简介

2018年1月，马某创业经营TD眼科诊所，其妻子张某(系深圳某大型

---

* 王文兵，湖南大学法学硕士，北京大成(深圳)律师事务所合伙人律师，任第十一届深圳律协商事辩护委员会委员，任最高人民法院第一巡回法庭第三期志愿律师，精于刑事业务与重大民商事争议解决，有逾十七年的律师实务经验。

** 黄颖，湖南大学法学硕士，北京大成(深圳)律师事务所律师，在刑事辩护、公司与商事事务、银行与保险等领域具有丰富的执业经验。

[1] 2021年3月1日施行的最高人民法院、最高人民检察院《关于执行〈中华人民共和国刑法〉确定罪名的补充规定(七)》将“生产、销售假药罪”修改为“生产、销售、提供假药罪”，本案处理时该规定尚未发布。

眼科医院资深医生）为该诊所的兼职医生。经营过程中，在未取得国家药品批准文号的情况下，夫妻两人将阿托品注射液（国药准字 H41020324）稀释配制成0.05%浓度的阿托品眼药水，并让诊所护士在包装瓶上张贴标签，利用诊所微信公众号销售上述眼药水。

2019 年 8 月 21 日上午，深圳市市场监督管理局福田分局（以下简称市场监管局）突击检查 TD 眼科诊所。经查，自 2018 年 1 月至 2019 年 8 月案发，该诊所存在"生产"与销售未获批文的阿托品眼药水行为，累计销售达 2000 多支，销售金额达 22 万余元。福田区公安机关接到市场监管局通知后，于当天下午带走诊所法定代表人马某及另外两名护士进行询问，随即 3 人均被刑事拘留。次日，市场监管局出具《市场监管局关于阿托品眼药水（阿托品滴眼液）有关情况的函》至公安机关，认定该诊所稀释与销售的阿托品眼药水为假药。前述三人羁押期间，张某试图以其专业的医学知识向公安机关解释稀释阿托品的原理及其对治疗青少年近视的确切疗效，并提供深圳市《防控近视白皮书》、国内外诸多学术论文进行佐证，公安机关未予认可，将前来解释的张某一并刑事拘留。至此，包括医生夫妇在内的 4 人先后被抓，并有进一步牵连深圳某大型眼科医院的风险。

三、争议焦点

（1）《药品管理法》（2019 年修订）颁布之后，如何把握"假药"的认定标准？

（2）医生夫妇两人稀释阿托品眼药水的行为是否构成生产假药罪？

2019 年 8 月 26 日修订的《药品管理法》对假药的认定作了重大调整，修改了假药的界定标准，明确取消原《药品管理法》（2015 年修正，以下简称旧《药品管理法》）第 48 条按假药论的第（一）（二）（四）（五）项的规定，新《药品管理法》更注重从药品成分、适应证或功能主治等内涵来定义假药，取消了未经批准生产的药品"按假药论处"的情形，只规定了实质假药的具体范围。

本案市场监管局作出的《市场监管局关于阿托品眼药水（阿托品滴眼液）有关情况的函》系依照旧《药品管理法》第 48 条第 3 款第 2 项的规定"依照本法必须批准而未经批准生产、进口，或者依照本法必须检验而未经检验即销售的"认定案涉阿托品眼药水属于未经批准生产的药品，按假药论处。

然而根据新《药品管理法》，原第48条第3款第2项已被废除，相应内容由该法第98条代替。

本案主要违法行为虽发生在新《药品管理法》实施前，但司法机关应适用《刑法》总则关于“从旧兼从轻”的规定，即应适用新的《药品管理法》关于假药的认定标准。另外，经诸多行业专家的学术研究及论证，经稀释而成的0.05%阿托品眼药水是对延缓近视非常有效的治疗方法或用药方法，并不会危害使用者的身体健康。

四、辩护思路

（一）临危受命，阻击批捕不成，意外救出两名护士

在公安机关向检察院呈捕环节，辩护律师向检察官提交了长达93页的《不予批捕法律意见书》与系列证据材料。该法律意见书主要论述观点如下：

（1）案涉0.05%低浓度阿托品眼药水对治疗延缓近视具有确切疗效，案涉行为不具有社会危害性。深圳市视光学会、中华眼视光学与视觉科学杂志《近视管理白皮书（2019）》以及《深圳市儿童青少年近视防控项目工作指南》对青少年近视的治疗方法均记载了“0.05%阿托品眼药水对于控制近视确有疗效”。TD眼科诊所向已持有正规医院处方单的患者销售0.05%低浓度阿托品眼药水的行为，是依据相关白皮书、工作指南等权威文件及医生处方行事，是在帮助患者延缓近视的加深，并不损害患者身体健康。

（2）新《药品管理法》已于2019年8月26日通过，并于2019年12月1日实施。新法已摒弃旧《药品管理法》中关于“未经批准或检验程序即按假药论处”的形式界定，更加注重从成分不符、适应证或功能主治不对、假冒、变质等实质要件定义假药。严格来讲，TD眼科诊所稀释阿托品形成0.01%低浓度阿托品眼药水的行为，不属于生产或配制，简言之，稀释不等于生产或配制。此外，TD眼科诊所亦是根据患者已持有的正规医院处方单提供药物，是协助患者遵循医嘱的行为。本案查获的0.05%低浓度阿托品眼药水虽有药品的外观，但其实质只是实现医生处方用药的产物。而0.05%低浓度阿托品眼药水更具现实意义的原因在于其对治疗近视确有成效，但各药店又没有此成品药，患者缺乏相应稀释经验，故只能由专业的医疗机构协助

稀释至相应浓度。

但囿于刑事司法的惯性思维，上述辩护观点未能被检察官采纳。2019年9月26日，检察院批捕了马某与张某夫妇两人，但对两名护士作出不予逮捕的决定，同日公安机关释放两名护士。从拘留4人至批捕2人释放2人，当事人家属的压力已然减缓不少，律师辩护初见成效。

（二）初请不诉、检察官认可辩护意见，退回补侦

2019年11月5日，公安机关将本案移送检察院审查起诉。辩护律师及时申请阅卷，详细研究在案证据，通过数次律师会见，撰写了《请求对张某不予起诉的法律意见书》及《取保候审申请书》，并请其任职的眼科医院出具《品行证明》提交给检察院。辩护要点如下：

1. 在刑法没有明确定义假药的情况下，应遵循从旧兼从轻原则

旧《药品管理法》认为未经批准生产的药品属于假药，新《药品管理法》则删除该认定标准。本案虽发生在新法出台之前，但刑事诉讼阶段却发生在新法公布与实施之后，根据从旧兼从轻原则，司法机关应将新规之宽限归于犯罪嫌疑人。公安机关直接采信市场监管局依据旧法作出案涉阿托品眼药水属于假药的结论，明显适用法律错误，其应适用2019年8月26日颁布的新《药品管理法》。

2. 市场监管局行政执法仓促可疑、认定假药草率随意

市场监管局于2019年8月21日进行检查，8月22日便向公安机关发函认定案涉产品属于假药，8月26日又到TD眼科诊所作现场勘验取证，9月2日才作行政执法结案，执法程序前后颠倒，先下结论后做调查，且所作结论也无权威药品检验机构的质量检验报告作依据。

3. 即使张某参与了稀释阿托品眼药水的行为，其情节也属显著轻微

（1）张某系深圳某大型眼科医院的全职医生（自2002年起任职超17年），周一至周五均在医院任职，仅周六上午偶尔在TD眼科诊所坐诊。事实上，该诊所主要由他人经营管理，张某只是偶尔协助。

（2）张某在坐诊过程中，仅推荐过少数患者使用诊所稀释的阿托品眼药水，且都是基于审慎问诊后结合患者实际情况才做推荐。

（3）案发之后，张某向深圳市视光学会求证低浓度阿托品眼药水的疗效并获得确切回复，且主动于2019年8月29日到派出所说明情况，力证用药

的合理性及有效性，态度端正，非常坦诚而非逃避。

(4)张某秉承治病救人、控制与延缓近视、服务患者的初心，并无犯罪的主观故意。

(5)TD眼科诊所稀释的0.05%低浓度阿托品眼药水确实对病患产生疗效，诊疗及案发期间并未受到任何投诉，反而收获诸多良好疗效的反馈，张某的行为没有社会危害性。

检察官认可辩护律师有理有据的辩护意见，认为认定假药的函件存在明显法律适用瑕疵，遂将案件退回公安补充侦查，要求公安机关进一步说明如何认定假药，公安机关要求市场监管局继续提供说明。

(三)辩护方向从生产、销售假药罪转向非法经营罪

补充侦查过程中，市场监管局回函称，依据新《药品管理法》，诊所案涉行为虽不再构成生产、销售假药罪，但仍违反《药品管理法》，未取得药品经营许可证，涉嫌非法经营，检察官也初步认可。通过大量的法规与案例检索，辩护律师发现涉及非法经营的情形堪称包罗万象，属于实至名归的口袋罪。具体到本案的情形，对应2014年最高人民法院、最高人民检察院发布的《关于办理危害药品安全刑事案件适用法律若干问题的解释》第7条规定，"违反国家药品管理法律法规，未取得或者使用伪造、变造的药品经营许可证，非法经营药品，情节严重的，依照刑法第二百二十五条规定以非法经营罪来处罚"。[1] 无论医院的性质、规格，都需经过行政批准才能经营药品，案涉诊所不能在未经主管部门批准的前提下销售自行稀释的眼药水。至此，案件转至另一条难以辩驳的路径。

(四)迎难而上、正面交锋、攻守兼备、灵活应对

在检察官准备以非法经营罪审查起诉时，辩护律师紧锣密鼓研究对策与部署分工，软硬兼施、有理有据与承办检察官展开辩论，指出检察官不仅在批捕之际没有认识到法律的巨大变化而适用法律错误，更是在审查起诉时纵容行政机关及公安机关的错误，一押到底。面对检察院一罪不成，再换一罪的控诉方式，辩护律师也做好充分准备，此时距离当事人被羁押已近半年，两人在看守所里度过了春节，辩护律师也将面对一场"诉讼拉锯战"。

---

〔1〕 本案处理时适用2014年的解释。该条于2022年新解释发布时删除。

（五）把握时机，调整思路，迅速应对，认罪认罚从宽，成功取保候审，两夫妻重获自由

经过双方交流，检察官主动提出当事人是否考虑认罪认罚。事实上，辩护律师始终认为张某不构成司法机关查办的生产、销售假药罪，但面对非法经营罪，前景不明，结果难料。出于为当事人争取早日自由之考虑，律师团队经再次研究商讨，征求家属意见并释明风险，决定与检察官调整辩护思路，由生产、销售假药罪的无罪辩护调整为非法经营罪的认罪认罚从宽辩护。

接下来就需与张某沟通检察院新的指控动向、认罪认罚从宽的可能性。坦白地讲如果认罪后检察院未作从宽处理，张某夫妇将失去了与公诉机关对抗的优势。但不认罪便失去从宽的机会，可谓风险与收益并存。所幸开展认罪认罚后，马某与张某两夫妻于 2020 年 2 月 12 日被成功取保候审，并获得检察院 6 个月拘役的量刑建议。

（六）再请不诉、终获不诉

当事人取保候审重获自由后，检察院仍可能提起公诉，为达到最佳辩护效果，辩护律师迅速制作了有关非法经营罪的《请求不予起诉的补充法律意见书》，提出如下罪轻辩护意见：

（1）张某态度诚恳，主动投案，坦白案情，认罪认罚，具有自首情节。

（2）张某的行为目的是治病，即控制与延缓青少年近视，完全出于服务患者、服务社会的初心，其犯罪的主观恶性没有或不大。

（3）从危害后果来讲，并无任何使用过低浓度阿托品眼药水诊所患者的投诉。相反，根据 TD 眼科诊所的回访，有超 200 例的病患反馈低浓度阿托品眼药水疗效良好，不足以对人体健康产生危害。

（4）张某系初犯偶犯，且一贯表现良好。

该补充意见书还附上九个同期同类的不诉案例，用以证明新《药品管理法》实施以来，存在诸多全国各地的检察院以法律变化为由作出不起诉决定的案例，供检察官参考，并列明本案相对不起诉的法律依据及最高人民检察院少捕慎诉慎押的刑事政策，减少检察官收集法律条文及适用依据的工作量。

五、案件结果

在经历了张某签署认罪认罚具结书、辩护律师提交《请求不予起诉的法律意见书》及补充意见后,律师持续与检察官进行多番交流,最终,经检察院检委会审议批准,检察院对马某与张某两夫妇决定不起诉。

六、经验分享

复盘本案代理之心路历程,真可谓跌宕起伏,柳暗花明。总结几点经验分享如下:

(1)专业是基础,态度是催化剂。跨多个学科领域刑事案件的辩护,需要律师熟悉该领域的知识和流程。为办好案件,律师除了需要研究案件涉及的法律问题,还需在较短时间内学习相关的医药管理领域的专业知识,是挑战,也是收获与成长。

(2)在案件办理过程中,多与司法人员当面沟通及电话沟通很重要,也要紧跟案件流程,常查常问,在每个时间节点提交相应的书面辩护意见,对一些受外界因素影响较大的案件,要有留痕意识,在司法责任终身制的背景下,辩护人的坚持可能会收获其所期望的结果。

(3)作为辩护律师,在接受委托后一切工作均要围绕当事人合法利益最大化考量,在合乎道德与法律的范围内尽可能维护当事人的合法权益。

(4)抓住细节,但又不拘泥于细节,适时跳出辩护律师角色,换位思考,用公安、检察官、法官的眼光审视案件。根据案件进展灵活、适时调整辩护策略,在坚持当事人无罪无望后,尽力争取检察院的不起诉决定。

(5)有理有据、软硬兼施、敢于对抗、适时合作、保持耐心、不气馁不放弃。

(6)取得当事人的支持与信赖非常重要,也是辩护工作强力推进的基础。

七、商业启示

随着社会分工的不断细化,商业模式越发复杂,其内含的法律关系也越发重叠交叉。本案所涉医药行业就是高投入、高产出,并伴随着高风险的行业,无论是医药企业的设立、运营、客户维护,还是药品研发、临床试验、药品生产与销售等,需要经过行政机关的层层审批,涉及众多利益群体及民生健康,适用的法律法规也纷繁复杂。医药行业的长远发展,也亟须相关专业律师结合法律法规及当地执法环境提供专业的法律服务。

损害上市公司利益罪主观故意辩护中的“知道”“应当知道”“确然不知”

——张某背信损害上市公司利益案

陈旭明*

一、导读

关于损害上市公司利益罪，评判行为人罪与非罪的主观标准，首先要看其对司法机关所指控的行为属于“知道”“应当知道”“确然不知”的哪种情形。在行为人不承认“知道”，而司法机关推定其“应当知道”的情况下，需要辩护人穷尽全部客观证据的力量，来印证行为人“确然不知”，方能得出无罪结论。在行为人承认“知道”或司法机关推定其“应当知道”的证据成立的情况下，需要辩护人穷尽全部客观证据的力量，来印证行为人对被指控的行为不具有“背信损害公司利益”的主观故意，方能得出无罪结论。

二、案情简介

K 公司系深圳上市公司，法定代表人、董事长为罗某某；张某某系 K 公司法务总监、监事、监事会主席、董事长办公室负责人。J 公司、Q 公司系民营企业，实际控制人程某因涉嫌诈骗罪另案处理。

起诉意见书以两起涉案事实，指控张某某的行为涉嫌背信损害上市公司利益罪：

---

* 陈旭明，毕业于中南政法大学，北京市京师（深圳）律师事务所联合创始人、首席合伙人，执业 23 年。专注于金融投资领域的刑事风险防控、合规、辩护以及争议解决，重大民商事案件、投资并购及不良处置诉讼及非诉讼业务。

2018 年 1 月，K 公司实际控制人罗某某通过其个人实际控制的 T 公司，与程某实际控制的 Q 公司、G 信托公司、英国 A 集团商议合作引进离岸人民币业务等事项签订合作备忘录。在此期间，罗某某安排张某某等人在没有任何合同的情况下，违反公司内部财务审批程序规定，以暂付款、预付投资款名义，分别于 2017 年 11 月 15 日、2018 年 1 月 8 日向程某实际控制的 J 公司付款 300 万元和 1200 万元，实际用于 J 公司在北京、上海办公室装修等费用。此后，罗某某为掩盖犯罪事实，安排张某某以 K 公司名义，与 J 公司签订《项目投资合作框架协议》，约定由 J 公司帮助 K 公司建立食品安全岛项目并寻找优质农业项目，标的额 5000 万元，诚意金 1500 万元，期限 6 个月。至 2018 年 8 月案发，该款项无法回款。

2018 年 8 月，罗某某轻信程某等人可以通过高层关系干预 K 公司相关法律事项的解决，安排张某某以 K 公司名义与程某实际控制的 Q 公司签订 1.3 亿元合作协议。因张某某对合同价格提出异议，双方最终签订了 4800 万元的《商务顾问聘用合同》，时间倒签至 2018 年 1 月 1 日，合同内容约定"协调 K 公司相关民事诉讼等案件商务顾问费"。2018 年 8 月 3 日，在财务支付审批过程中，张某某作为申请人向财务审核通过，总裁罗某某签字批准，将 K 公司 3600 万元转入 Q 公司账户，Q 公司将该笔款项转入 Z 公司。经司法机关调查，Q 公司、Z 公司均无任何法律服务资质。

2018 年 8 月，检察机关以上述 1500 万元、3600 万元作为犯罪数额，以张某某涉嫌背信损害上市公司利益罪将其批准逮捕；2018 年 12 月，张某某被公安机关移送审查起诉。其间经过两次退补，辩护人根据补充侦查情况，向检察机关提交了多份法律意见书，分析论证了张某某按照领导指示完成常规工作任务，对合同款项的用途或者"确然不知"，或者"知道"但不具备损害公司利益的主观故意，其行为不构成背信损害上市公司利益罪。

三、争议焦点

（1）张某某对 K 公司支付给 J 公司 1500 万元资金的真实用途是"明知""应当知道"，还是"确然不知"？

（2）张某某明知 K 公司支付给 Q 公司的 3600 万元资金用途，其是否存在损害 K 公司利益的主观故意？

（3）张某某在担任 K 公司法务总监、监事及监事会主席、董事长办公室负责人职务期间是否尽职尽责，是否具备背信损害上市公司利益罪的间接故意？

四、辩护思路

（一）张某某对K公司支付给J公司1500万元资金的真实用途“确然不知”

1. 证据情况

张某某辩解：张某某以法务总监身份审核K公司与J公司签订的《项目投资合作框架协议》时，提出应当对预付款1500万元收取资金占用费，但罗某某没有同意。第一笔300万元紧急支付，挂名“预付款”，第二笔1200万元挂名“预付投资款”，张某某以董事长办公室主任名义在部门领导审核一栏签字，所有的手续都是补签，《项目投资合作框架协议》签订的时候，1500万元已经支付完毕。

罗某某供述：罗某某安排张某某起草《项目投资合作框架协议》，张某某提出应当增加收取资金占用费条款，罗某某予以否决。合同到期后，张某某催问该笔款项是否归还，罗某某回答协议延期了。按照协议，J公司要给K公司寻找农业项目，先期费用1500万元，如果项目没有完成，这笔钱需要退回K公司。2018年1月，罗某某名下的T公司与Q公司、G信托公司和英国A公司准备合作离岸人民币回流业务，签订过四方合作备忘录，但这个项目没有做成，该1500万元款项与离岸人民币回流业务没有关联。

K公司财务总监李某某供述，300万元暂付款支付的时候没有对应的合同；K公司有些暂付款在有明确用途的前提下，没有对应的合同协议也可以经审批后先行支付。

K公司财务徐某甲证实，任何资金的支付必须有支付审批表以及对应的合同，有时候后补合同协议的情况也有。

J公司徐某乙证实：J公司收到K公司转来1500万元以后，张某某发过来《项目投资合作框架协议》电子版，双方签字盖章。这份协议约定的是K公司对J公司1500万元投资诚意金，但这1500万元都用于J公司的办公室装修和房租了。

J公司陈某某证实：J公司的成立是想做离岸人民币回流业务，这件事情罗某某、Q公司、G信托公司、英国A公司都有参与，但先期都不愿意出钱，最后只有罗某某拿钱出来以支付公司的装修费用。

J公司朱某证实:J公司的装修费用是罗某某出的。

J公司实际控制人程某证实:J公司想做离岸人民币回流业务,前期投入费用很多。后来罗某某想参加进来,应当承担一部分费用,就签了个合同,K公司支付J公司1500万元,全部用于J公司办公室装修、房租。

书证300万元支付审批表载明:收款人J公司,用途“暂付款”,时间2017年11月14日,部门领导审核栏签字为“张某某”。

书证1200万元支付审批表载明:收款人J公司,日期2018年1月8日,用途“预付投资款”,申请人陈某某,部门领导审核栏签字为“张某某”。

书证陈某某书面情况说明:证实按照上级张某某要求填写了向J公司投资1200万元的支付审批表,未见到合同。

书证《项目投资合作框架协议》载明:K公司委托J公司寻找农业项目,期限为6个月,如寻找无果J公司向K公司退回1500万元;签订日期2017年11月10日,与300万元支付款日期相同(实际签订日期在2018年1月8日第二笔1200万元转给J公司以后)。

2. 证据分析

张某某对K公司支付给J公司1500万元资金的真实用途是否“明知”或者“应当知道”,是判断其在该事实中是否涉嫌背信损害上市公司利益罪的关键要素。

(1)罗某某始终否认1500万元资金系无偿转借给J公司,J公司从主体上完全具备与K公司履行合同的条件。罗某某坚称K公司委托J公司寻找优质农业项目是正常业务,《项目投资合作框架协议》系张某某按照罗某某真实意思表示所拟写的合同。第一笔支付款300万元,张某某根本不知道该款项的用途,故而挂名“暂付款”;第二笔1200万元支付的时候,罗某某已经告诉了张某某1200万元的大概用途及即将签订的合同内容。而工商资料显示J公司雄厚资金实力(注册资金100亿元)、经营范围(投资管理、投资咨询)等情况,均能够让张某某相信J公司从主体上具备履行该合同的条件。

(2)K公司重大经营事项属于内部秘密,罗某某若有违规事项不会轻易告知他人。公安机关认定J公司办公室装修接收了罗某某安排的1500万元款项,第一笔300万元在紧急付款情况下挂了“暂付款”,第二笔1200万元支出时还没有签订合同,这些都显示了罗某某作为上市公司实控人自主、独断的行事风格。即便罗某某与J公司签订该合同的真实目的属于违规拆借，也不会轻易告知他人；张某某作为下属，执行罗某某指令起草相关协议，但其只知道合同书面记载的标的项目，并不知道资金的真实用途，故张某某不具有“明知”并协助罗某某损害上市公司利益的故意。

（3）罗某某多次供述张某某对该1500万元资金做到了勤勉尽责。因《项目投资合作框架协议》对J公司项目标的的规定存在不确定性，张某某为了K公司利益，建议增加资金占用费，但遭到了罗某某的否决，张某某作为下属只能执行罗某某的决策。合同到期后，张某某催问该笔款项是否归还，罗某某回答因为政策变化和K公司方面的原因，协议延期了。罗某某该供述能够证明，张某某从主观上没有损害公司利益的故意，从客观上对1500万元的真实用途并不知情。

（4）张某某对于协议的“代笔”作用并不促进相关事件的必然发生。张某某按照罗某某口授内容起草合同，其“代笔”行为是张某某作为下属的职责所在，客观上并不促进该1500万元事件的必然发生；且张某某对合同没有写明资金占用费提出过异议，但遭到了罗某某的否决，张某某作为法务总监，至此也已经穷尽了自己的工作职责。

（5）罗某某以其实控的T公司与程某实控的J公司合作投资离岸人民币回流业务，张某某对此毫不知情。公安机关认定罗某某以其个人名下的T公司与程某的J公司合作投资离岸人民币回流业务，所以把K公司的资金无偿提供给J公司，但张某某对此合作事项闻所未闻。K公司尔后与J公司签署《项目投资合作框架协议》的真实目的只有罗某某最清楚，即便罗某某如起诉意见书认定那样存在“假公济私”的想法，张某某也无从知晓。

（6）1500万元支付审批表支付流程违背K公司财务规定但并不触犯刑法。K公司支付给J公司1500万元虽然存在“合同未订款项先行”的行为，但该行为只能说明K公司执行财务制度不严格、不规范，不能据此证明张某某违规审核的行为构成刑事犯罪。

综上，K公司违规支付给J公司1500万元，其中第一笔300万元挂名“暂付款”，张某某对资金用途“确然不知”；第二笔1200万元挂名“投资预付款”，张某某已然知道《项目投资合作框架协议》的约定方向，但张某某“明知”的内容仅限于该协议所呈现的“合作投资”费用，对J公司实际要把该笔款项用于办公室装修，没有证据证明张某某“应当知道”，其从主观上仍然

"确然不知"。

（二）张某某"明知"K公司支付给Q公司3600万元的资金用途，但其主观上没有损害公司利益的故意

1. 证据情况

张某某辩解：审核K公司与Q公司的《商务顾问聘用合同》时，罗某某说需要委托Q公司一并处理沙井城市更新等一系列历史遗留问题，费用1.3亿元，张某某提出费用过高，罗某某予以采纳。罗某某要求按照4800万元费用签订，张某某提出费用仍然过高，且没有量化合同服务标准，罗某某予以否决。2018年8月6日签订合同当天，K公司支付给Q公司3600万元，罗某某要求把签订时间写成2018年1月1日，说这件事年初就开始做了。Q公司是顾问中介部门，没有处理法律问题的资质，但提供了咨询服务，可以再去协调其他资源去解决；罗某某有通过Q公司解决问题的决策权限，不用走董事会程序；Q公司的履约能力如何是罗某某的事情。

罗某某供述：2017年底K公司与某某集团有个诉讼纠纷，查封了K公司8亿多元的现金和房产，同时还有其他法律问题，情况很急。Q公司程某、朱某某说能找人去办这些事情，就安排张某某起草了K公司与Q公司《商务顾问聘用合同》，费用4800万元。合同签订和生效日期是2018年1月1日，8月看到效果后才安排付款。程某和Q公司本身没有办这些事情的资质，但他可以找人去办。程某的女朋友朱某某多次安排与法院领导见面，最终没有见到，但朱某某拿到了一张国家领导人家属写给罗某某的书法，内容是"××××"，鼓励罗某某要有信心，罗某某非常感动。

朋某证实：程某等人曾委托朋某办理K公司与其他公司纠纷等事情，朋某表示自己没有这个能力；朋某曾送给朱某某一幅书法，落款是"国家领导人"家属"××"。

韩某某证实：2017年7月，朋某给了韩某某一份K公司举报材料，问能否找证监会立案，韩某某觉得自己办不了，就把材料拿给朋友周某看，周某也办不了。2018年3月初，韩某某介绍Q公司与周某的Z公司签订过一份《商务服务合同》，Q公司先付过来3000万元。韩某某否认曾安排过K公司人员与法院领导见面。

Z公司实际控制人周某证实：2018年8月初韩某某给过周某一份K公司举报材料，周某表示不认识证监会的人；次日韩某某介绍周某与Q公司签

订了一份《咨询服务合同》，对方预付了3000万元。

Q公司、J公司实际控制人程某证实，K公司委托Q公司处理5亿元资产、65套房产纠纷，支付费用3600万元；Q公司转委托Z公司帮助解决，转款3000万元；K公司不走正规渠道解决这个问题是因为事情紧急，按程序至少需要三四年，K公司想尽快解决。

程某女朋友朱某某证实，韩某某当过"国家领导人"秘书，朋某与韩某某介绍Z公司有能力，所以Q公司委托Z公司帮助K公司收集对方的违法材料。朋某所发给朱某某"国家领导人"家属"××"手持书法的照片，说Z公司是"××"介绍过来的，书法是"××"亲笔书写送给罗某某的，让她不要泄气。

关于书证《关于K公司举报××集团有限公司在买卖股票过程中存在违法问题的报告》，张某某确认其加盖有K公司印章，韩某某确认见过类似内容的材料。

书证《商务顾问聘用合同》的签订日期为2018年1月1日，合同内容与言词证据相互印证。

大量微信截图内容证实，罗某某委托程某、朱某某处理K公司多项法律事务，程某、朱某某转委托朋某、韩某某等人办理，案发前罗某某相信程某、朱某某为此付出了很大的努力。

2. 证据分析

（1）罗某某因K公司多项法律纠纷需要尽快解决，希望能够收集相对方违法违规证据求取和解，罗某某无损害公司利益的主观故意。二次退回补充侦查卷宗证实，K公司与××集团等相对方因经济纠纷被扣押、冻结了数亿元的资产，极有可能导致K公司经营困难，产生高额违约金，进而影响股民利益，损失金额不可估量。罗某某为尽快解决法律争端，轻信程某、朱某某能够向其提供帮助而向Q公司支付3600万元资金，系罗某某决策失误，但罗某某主观上并无损害K公司的犯罪故意。

（2）罗某某对程某、朱某某能够协调办理K公司相关经济纠纷从内心是确信的，朱某某甚至告诉罗某某其与几名"国家领导人"有密切关系来证实自己的能力。卷宗证据显示，程某、朱某某对于罗某某托付的几件事情，也作出了一定的努力；朱某某找了"有背景"的朋某、韩某某、周某等人，转委托了Z公司来帮助K公司调查、收集其相对方的违法违规证据；Q公司在收到

K 公司 3600 万元前期费用的第三天打入 Z 公司账户 3000 万元作为费用；Z 公司是否具备帮助 K 公司的能力，因其与 K 公司并无直接联络，故不影响对罗某某主观故意的认定。

(3)涉案委托、转委托行为虽然不符合法律规定，但罗某某的主观意图是为了 K 公司利益。罗某某在 K 公司经营过程中，为维护公司利益而决策失误，即便最终实际上给 K 公司带来了经济损失，但罗某某自始至终都没有损害上市公司利益的主观故意。

(4)张某某作为只有执行权没有决策权的下属，对协议签订已经穷尽了职责和义务。张某某提出 1.3 亿元合同价格过高，被罗某某采纳；张某某提出合同没有量化服务标准，被罗某某否决。张某某作为罗某某下属，对其作出的决策只有执行权没有否决权，其对 K 公司该 3600 万元经济损失不承担任何责任。

综上，张某某对 K 公司支付给 Q 公司的 3600 万元资金用途属于“明知”，但包括罗某某在内，他们在主观上都不具备损害上市公司利益的故意；罗某某对该笔经济损失承担决策失误责任，张某某对 K 公司该笔 3600 万元经济损失不承担任何责任，两人均不构成背信损害上市公司利益罪。

(三)张某某在担任 K 公司法务总监、监事及监事会主席、董事长办公室负责人职务期间尽职尽责，不具备背信损害上市公司利益罪的间接故意

起诉书指控张某某因担任 K 公司法务总监、监事及监事会主席、董事长办公室负责人身份而涉嫌背信损害上市公司利益罪。根据上文分析，张某某在两起涉案事实中不具备损害上市公司利益的直接故意，那么，张某某在担任起诉书指控的职务期间，是否没有尽职尽责，从而具备了损害上市公司利益的间接故意呢？

1. 张某某担任法务总监的尽职情况

罗某某在供述中多次提到，张某某在审核公司合同的时候从法务角度提出了各种意见，有的被罗某某否决，有的被罗某某采纳，这充分说明张某某作为 K 公司的法务总监，已经尽到了自己应尽的职责，张某某不因其法务总监身份构成背信损害上市公司利益罪的间接共犯。

2. 张某某担任监事及监事会主席的尽职情况

K公司章程第七章对监事、监事会主席的职权规定：当董事、高级管理人员的行为损害公司的利益时，要求董事、高级管理人员予以纠正。实践中，公司章程所规定的"纠正"并不具备强制执行功能，监事、监事会主席的监督职权无法对抗董事长的决策权；且根据K公司章程及第八届董事会2015年第一次会议决议公告、第九届董事会2018年第一次会议决议公告，张某某并非K公司高级管理人员，不参与公司的经营管理，只有执行上级指令的义务，从主观上对1500万元涉案合同的真实用途"确然不知"，张某某并不因其监事、监事会主席的身份构成背信损害上市公司利益罪。

3. 张某某担任董事长办公室负责人的尽职情况

根据K公司2015年6月修订的《董事长工作细则》第8条的规定，交易成交金额（包括承担的债务和费用）占公司最近一期审计净资产的10%以下，且绝对金额不超过5000万元的，由"董事长办公会审议后决定并报董事会备案"。根据K公司2015年6月修订的《董事长工作细则》第17条的规定，董事长办公会议由董事长以及在公司兼任副总裁的董事、总裁、财务总监和董事会秘书出席，外部董事视情况出席，监事可视情况列席。

张某某虽然以"董事长办公室主任"身份涉案，但其并不是"董事长办公会"成员，K公司涉案两笔支出1500万元、3600万元均系"董事长办公会"决策事项，张某某对此没有表决权，而只有执行权，且其在执行过程中，对1500万元的实际用途"确然不知"，对3600万元的实际用途虽然"明知"，但并无损害上市公司利益的主观故意。

五、案件结果

检察机关采纳了辩护人意见，对张某某作出不起诉处理。

六、经验分享

刑事辩护中，如涉嫌犯罪主体对自己的犯罪事实全面供认，且其供述能够与其他证据印证，则其犯罪的主观故意即为"明知"。

如果涉嫌犯罪主体否认"明知"，则其主观故意应当根据其客观行为来进行推定。主观故意推定有"应当知道"和"确然不知"两种情形。

司法机关惯常以"应当知道"来概括并据以认定涉嫌犯罪主体的主观故

意。该主观认定源自司法人员的内心确认，是司法人员自由裁量权的具体表现。

辩护人想要推翻司法人员关于“应当知道”的内心确认，需要穷尽全部证据的力量来证明涉嫌犯罪主体在案件中主观故意的“确然不知”，如本案第一个辩护思路。在涉嫌犯罪主体对案件事实“明知”的情况下，需要进一步考证该主体在案件事实中是否存在犯罪的主观故意，比如本案第二个辩护思路。

如果涉嫌犯罪主体系身份犯，则其尽职不够可能被认定为间接故意犯罪，辩护人还需对其职责范围及尽职情况进行分析论证，如本案第三个辩护思路。

检察机关公诉部门采信辩护人意见；张某某对涉案第一笔1500万元资金的实际用途“确然不知”，也没有证据证明其“应当知道”；张某某对涉案第二笔3600万元的实际用途“明知”，但主观上没有损害上市公司利益的故意；张某某在K公司的法务总监、监事与监事会主席、董事长办公室主任身份均不属于公司决策层，其履行职务已经做到了尽职尽责；故依法对张某某不起诉。

七、商业启示

（一）风险提示

1. 董监高的忠实、勤勉义务

《公司法》规定：董事、监事、高级管理人员应当遵守法律、行政法规和公司章程，对公司负有忠实义务和勤勉义务。董事、监事、高级管理人员不得利用职权收受贿赂或者其他非法收入，不得侵占公司的财产。

董事、高级管理人员不得有下列行为：

（1）挪用公司资金；（2）将公司资金以其个人名义或者以其他个人名义开立账户存储；（3）违反公司章程的规定，未经股东会、股东大会或者董事会同意，将公司资金借贷给他人或者以公司财产为他人提供担保；（4）违反公司章程的规定或者未经股东会、股东大会同意，与本公司订立合同或者进行交易；（5）未经股东会或者股东大会同意，利用职务便利为自己或者他人谋取属于公司的商业机会，自营或者为他人经营与所任职公司同类的业务；

(6)接受他人与公司交易的佣金归为己有;(7)擅自披露公司秘密;(8)违反对公司忠实义务的其他行为。

2. 背信损害上市公司利益罪的主要表现形式

(1)无偿向其他单位或者个人提供资金、商品、服务或者其他资产的;(2)以明显不公平的条件,提供或者接受资金、商品、服务或者其他资产的;(3)向明显不具有清偿能力的单位或者个人提供资金、商品、服务或者其他资产的;(4)为明显不具有清偿能力的单位或者个人提供担保,或者无正当理由为其他单位或者个人提供担保的;(5)无正当理由放弃债权、承担债务的;(6)采用其他方式损害上市公司利益的。

3. 区分挪用资金罪与背信损害上市公司利益罪

挪用资金罪与背信损害上市公司利益罪二者罪名的犯罪构成类似,区别在于资金的流向不同,挪用资金罪的行为人是将公司资金通过各种方式转移到自己的口袋,而背信损害上市公司利益罪的行为人往往是将上市公司的资金通过损害公司利益的方式转移至第三方的账户,至于行为人是否从中获利或者将资金二次转移,并不影响该罪的构成。背信损害上市公司利益罪在主观上强调对“掏空”上市公司行为的追求或放任而损害上市公司利益,侧重于对上市公司的利益保护。

4. 区分违规披露、不披露重要信息罪与背信损害上市公司利益罪

背信罪与违规披露、不披露重要信息罪通常会同时发生,行为人利用职务便利造成公司损害的行为往往在暗中进行,无法暴露于表面,自然也就无法对该行为作出及时准确的披露,或者即使知悉也存在是否公开的顾虑,最终因违规披露、不披露的行为造成对证券市场或其他中小股民的侵害。因此,损害公司利益的高管即便没有被认定为背信罪,也很可能成立违规披露、不披露重要信息罪。

(二)防范措施

1. 建立刑事合规制度

企业刑事合规是指企业为预防、发现和制止刑事法律风险而采取的一整套内控机制,包括对公司内部控制体系、反商业贿赂管控体系、财务审计体系等监管工作进行调研、汇总、数据分析,查找企业内部监管漏洞。完善公司刑事合规体系和风控体系,将刑事合规管理制度融入企业日常经营管

理的制度当中，并对公司各部门各环节进行风险提示。协助公司构建合规人员组织架构、梳理企业涉刑事合规义务清单、建立风险识别与预警机制，建立刑事合规风险登记、备案、信息披露以及相关档案保管制度，使相关刑事风险控制的信息能在企业合规系统中得以呈现。企业在进行商业决策时应重视合规意识的建立，将个人决策通过提交股东大会或者董事会等内部程序转化为公司的集体意志。

2. 建立应急措施机制

可以由律师团队介入开展刑事合规尽职调查，对公司或者高管所从事的相关活动是否涉及刑事法律风险进行全面调查，对交易和经营活动的细节进行了解和分析，协助应对相关部门调查、突击检查和问询，针对公司的刑事风险进行评估并作出相应调查报告。诊断刑事法律风险，对各项交易和经营行为进行排查，同时根据法律规定，判断是否构罪、构成何罪，并提出防范刑事法律风险的建议。

涉税刑事案件中如何推翻税务机关的认定结论

——黄某某涉嫌虚开增值税专用发票、虚开发票案

李　刚*

一、导读

近年来,国家税务机关持续开展打击涉税违法犯罪行为专项行动,虚开增值税专用发票等涉税违法犯罪行为受到了一定的遏制,但总体上仍属频发多发。为进一步加大打击力度,2021 年 10 月国家税务总局、公安部、最高人民检察院、海关总署、中国人民银行、国家外汇管理局联合召开工作部署会,决定对虚开骗税等涉税违法犯罪行为开展六部门联合的常态化打击。六部门联合打击的工作机制深化了行政机关与司法机关的协同配合,充分发挥了部门之间的协作优势,同时也提高了对涉税刑事案件的辩护要求,公安机关、检察机关在涉税刑事案件中对税务机关关于虚开税款数额的认定结论认可度较高,如何针对税务机关对虚开税款数额的认定结论开展辩论就成为此类案件的辩护难点和焦点。辩护人在经办黄某某涉嫌虚开增值税专用发票、虚开发票案件过程中,紧紧抓住税务机关认定结论存在的疑点进行有针对性的质证和辩护,最终一审法院采纳了辩护人的部分意见,认定的虚开税款数额大幅度减少(公诉机关指控虚开增值税专用发票 1765 份,虚

* 李刚,毕业于中南财经政法大学法律系,曾在公安部门工作 16 年,执业以来专注于刑事业务,凭借丰富的实务经验和扎实的理论功底办理了大量不捕、不诉及重罪轻判案件,协助很多公司及个人客户成功刑事立案并获得经济赔偿。

开税额为 12,184,998.88 元;虚开增值税普通发票 212 份,虚开税额为 87,189.61 元。一审法院认定虚开增值税专用发票 304 份,虚开税额为 2,247,888.25 元;虚开增值税普通发票 160 份,税额为 58,131.17 元),该案也从 10 年以上的量刑建议出发最终形成 10 年以下的判决结果,取得了显著的辩护成果。

二、案情简介

公诉机关指控,被告人黄某某从 2019 年 3 月开始,利用其掌控的 24 家空壳公司,通过另一个犯罪嫌疑人购买海关票据做进项申报,然后对外根据并不存在实际经营关系的客户的需要,虚开增值税专用发票以及增值税普通发票从中赚取非法利润。经国家税务总局深圳市税务局某稽查局发函认定,被告人黄某某控制 24 家公司虚开增值税专用发票 1765 份,发票金额为 145,229,319.96 元,税额为 12,184,998.88 元,税价合计为 157,414,319.3 元;虚开增值税普通发票 212 份,发票金额为 4,494,160.84 元,税额为 87,189.61 元,税价合计为 4,581,350 元。公诉机关指控被告人黄某某构成虚开增值税专用发票罪和虚开发票罪,因虚开税款数额巨大,建议以虚开增值税专用发票罪判处有期徒刑 13 年,并处罚金;以虚开发票罪判处有期徒刑 2 年,并处罚金。

三、争议焦点

根据相关法律规定,虚开增值税专用发票案件定罪量刑的关键点在于虚开税款数额的大小,辩护人在认真研究了本案证据材料及相关法律法规后,认为税务机关认定的虚开税款数额存在重大问题,并多次与主办民警及检察官沟通,但侦查机关认为税务机关的认定具有专业性和权威性,最终起诉书完全采纳了税务机关对于虚开税款数额的认定结论。因此,本案在审判阶段的争议焦点为:是否应当采纳税务机关对虚开税款数额的认定结论以及如何认定黄某某虚开的税款数额?

四、辩护思路

在确定本案争议焦点之后,辩护人结合本案事实证据对税务机关的认定结论提出合理怀疑,辩护思路紧紧围绕争议焦点展开:

第一，税务机关认定涉案24家公司被黄某某实际控制，事实不清、证据不足。

第二，税务机关认定虚开的税款数额并不能直接认定为黄某某虚开的金额。

（1）涉案企业相互虚开的发票税额应予以剔除；

（2）税务局代开的发票税额应予以剔除；

（3）未抵扣的增值税专用发票税额应予以剔除。

第三，在案证据并未达到确实、充分的程度，对所认定事实不能排除合理怀疑。

（1）在案证据存在重大疑点；

（2）在案证据不能证明指控的事实；

（3）综合全案证据，对所认定事实无法排除合理怀疑。

五、案件结果

经过一次庭前会议、两次补充调查、两次开庭审理，法院采纳了辩护人提出的部分辩护意见，最终认定：从2019年3月开始，被告人黄某某利用其掌控的4家公司对外虚开增值税专用发票304份，虚开税额为2,247,888.25元，同时期内，被告人黄某某利用其掌控的5家公司对外虚开增值税普通发票160份，税额为58,131.17元，以虚开增值税专用发票罪判处被告人黄某某有期徒刑8年6个月，并处罚金10万元；以虚开发票罪判处被告人黄某某有期徒刑8个月，并处罚金3000元；决定执行有期徒刑9年，并处罚金103,000元。

关于法院对于辩护意见的采纳理由，主要包括以下三点。

首先，公诉机关指控的被告人黄某某利用深圳市宝某有限公司、深圳市亦某有限公司对外虚开增值税专用发票的犯罪事实证据不足，不予认定。关于黄某某的辩护人提出涉案24家公司被黄某某控制的证据不足的辩护意见，经查，公安机关制作的扣押清单和扣押笔录中没有上述两家公司的资料，何某某也没有指认使用上述两家公司对外虚开增值税专用发票。黄某某、陈某某虽然在公安机关承认利用上述两家公司对外虚开增值税专用发票的事实，但2021年10月15日黄某某在公安机关的讯问笔录及庭审中翻供否认，陈某某在庭审中亦称指认的21家公司是在黄某某的指使下有记账报税，但是否系黄某某控制并不知情。尽管黄某某承认扣押的有“亦某”字样的税控盘是从其办公室搜出来的，但没有其他证据予以佐证，法院不予认定。国家税务总局深圳市税务局某稽查局出具的税务处理决定书和调查报告在认定三被告人与上述两家公司的因果关系时，依据的是在案相同证据，不具备印证此项犯罪事实的效力。辩护人提出的相关辩护意见有依据，法院予以采纳。

其次，公诉机关指控被告人黄某某利用深圳市博某有限公司等 13 家公司到税务机关代开增值税专用发票的法律依据不足，不予认定。关于辩护人提出代开增值税专用发票没有造成国家增值税税收的损失，不应评价为犯罪的辩护意见，《税务机关代开增值税专用发票管理办法（试行）》第 9 条规定：“增值税纳税人缴纳税款后，凭《申报单》和税收完税凭证及税务登记证副本，到代开专用发票岗位申请代开专用发票。代开发票岗位确认税款征收岗位传来的征税电子信息与《申报单》和税收完税凭证上的金额、税额相符后，按照《申报单》、完税凭证和专用发票一一对应即‘一单一证一票’原则，为增值税纳税人代开专用发票。在防伪税控代开票征税子系统未使用前，代开票岗位凭《申报单》和税收完税凭证代开发票。”上述规定说明行为人在取得代开的增值税专用发票时，已经足额缴纳了税款。虚开增值税专用发票罪的危害，实质在于通过虚开行为骗取抵扣税款。尽管三被告人在没有真实交易的情况下代开了案涉的增值税专用发票，但不能证明被告人有骗取相应抵扣税款的目的，因此公诉机关指控的此项犯罪事实法律依据不足，法院不予认定。辩护人提出的相关辩护意见有依据，法院予以采纳。

最后，公诉机关指控被告人黄某某其余的虚开增值税专用发票犯罪事实证据不足，不予认定。法院在案件审理过程中发函要求补充调查涉嫌虚开的增值税专用发票是否已经抵扣，是否造成了国家税收的损失这一事实。国家税务总局深圳市税务局某稽查局在回函中称有深圳市帮某有限公司等 6 家公司自行对外虚开 496 份增值税专用发票已进行认证，深圳博某有限公司等 13 家公司到税务机关代开增值税专用发票被认定为虚开并已进行认证，上述虚开的事实法院已经进行了评价和认定。对于公诉机关指控的其他虚开的增值税专用发票，没有证据证明这些发票已经进行了认证，即不能证明被告人有骗取相应抵扣税款的目的，公诉机关指控的证据不足，法院不予认定。辩护人提出的相关辩护意见有依据，法院予以采纳。

六、经验分享

(一)涉税刑事案件中税务机关的认定结论非常重要,但并非不可动摇,作为辩护人要大胆怀疑、小心求证

1. 辩护人要善于利用在案证据证明税务机关的认定结论存在疑点

由于辩护人的调查手段非常有限,尤其在涉税案件中更是很难通过主动调查获取对当事人有利的证据,所以要善于利用在案证据证明税务机关的认定结论存在疑点,所谓“以彼之矛攻彼之盾”。本案中,辩护人通过认真研究案卷材料,发现在案证据存在许多疑点,例如,补查卷五显示,深圳市特某公司开具的发票只有极少部分发票状态为“失控”及“正数作废发票”,其他发票的状态均为“正常”,既然发票状态正常,为何还被税务机关认定为虚开?又如,补查卷六(页码20045)显示:“调整时间:2020-5-25。调整理由:企业已主动到税务机关处理,法人已实名认证,身份信息真实……调整内容:移出重点监控库,解除实名办税黑名单。”本案被告人黄某某系2020年5月29日被刑事拘留,上述内容证明经税务机关调查,深圳市康某公司在案发前并无异常,为何仅仅几天之后又被税务机关认定为虚开?再如,税务机关《关于深圳市名某公司的调查报告》显示受票公司深圳市海某公司接受税务机关检查,出具情况说明并经税务机关确认:深圳市海某公司取得了上述2张发票,税额合计为18,343.48元,但未认证抵扣和入账,深圳市名某公司先将发票交给深圳市海某公司,深圳市海某公司在审核该公司资质时发现其资质存在问题,及时终止合作,未向该公司支付款项。因此,深圳市海某公司与深圳市名某公司存在真实的合作意向,只是因资质问题终止了合作,后者提供的增值税专用发票也没有认证抵扣,这种情况为何仍然认定为虚开?

2. 要认真审查税务机关是否按照法律规定移交了证据材料

《行政执法机关移送涉嫌犯罪案件的规定》第6条规定:“行政执法机关向公安机关移送涉嫌犯罪案件,应当附有下列材料:(一)涉嫌犯罪案件移送书;(二)涉嫌犯罪案件情况的调查报告;(三)涉案物品清单;(四)有关检验报告或者鉴定结论;(五)其他有关涉嫌犯罪的材料。”本案办理过程中,辩护人发现税务机关并未依法移送涉嫌犯罪案件情况的调查报告,于是向法院提出补充调查的书面申请,在法院的要求下税务机关补充提交了调查报告,

辩护人在审查调查报告时发现了更多的疑点并在质证过程中一一指出，从而进一步证明税务机关的认定结论存在问题。例如，本案补查卷七～九显示国家税务总局深圳市税务局某稽查局只提供了5家企业（深圳市邦某公司、深圳市亦某实业有限公司、深圳市春某公司、深圳市宝某公司、深圳市名某公司）涉嫌虚开的增值税专用发票和增值税普通发票复印件，没有提供其他19个公司涉嫌虚开的发票，也没有对此作出合理的解释。同时，国家税务总局深圳市税务局某稽查局已经提供的发票也没有对应作为进项的海关缴款书，无法证明被告人是否存在起诉书指控的"购买海关票据做进项申报"的行为。

3. 要综合全案证据判定对所认定事实是否达到排除一切合理怀疑的程度

由于涉税刑事案件由税务机关先行调查，必然存在大量由税务机关调查收集的证据，但是侦查机关必须依法对税务机关提供的证据进行转化和甄别才能决定是否可以作为刑事案件的证据。如果侦查机关不进行转化和甄别，直接将税务机关提供的证据作为刑事案件证据使用，实际上就是将发掘事实、适用法律的责任转交给税务机关，放弃了自己的法定职责，违背了刑事诉讼的基本原则和程序规定。《刑事诉讼法》第55条第2款规定："证据确实、充分，应当符合以下条件：（一）定罪量刑的事实都有证据证明；（二）据以定案的证据均经法定程序查证属实；（三）综合全案证据，对所认定事实已排除合理怀疑。"因此，辩护人在办理涉税刑事案件时同样要审查在案证据是否已经符合确实、充分的条件。本案中，辩护人发现《调查报告》显示税务机关是根据国家税务总局《关于走逃（失联）企业涉嫌虚开增值税专用发票检查问题的通知》第2条的规定对交易真实性进行判定，该通知第7项为"下游受票企业已认定接受虚开的"。涉案24家公司涉及多家受票企业，而税务机关只找到其中一家受票公司——深圳市海某公司调查取证，如前所述，根据调查情况，深圳市海某公司与深圳市名某公司存在真实的合作意向，只是因资质问题终止合作，后者提供的增值税专用发票也没有认证抵扣，并未给国家税款造成损失，依法不应认定为虚开，辩护人提出税务机关没有对其他受票企业进行调查，无法排除双方存在真实交易或相关发票没有实际抵扣的合理怀疑。

（二）税务机关认定的税款数额并不能直接认定为涉嫌虚开的金额

最高人民法院多个文件和指导案例都强调虚开增值税专用发票罪的认定应当关注主观目的和客观结果，2018 年 12 月 4 日最高人民法院发布的《人民法院充分发挥审判职能作用保护产权和企业家合法权益典型案例（第二批）》收录的《张某强虚开增值税专用发票案》指导性案例明确了不会造成国家税款损失的虚开行为不应认定为犯罪。因此，辨认人主张本案中下列发票税额应当依法予以剔除：

1. 24 家涉案企业相互虚开的发票税额应予以剔除

本案中涉嫌虚开的 24 家企业部分存在相互开具增值税专用发票的情形，经统计上述企业相互虚开增值税专用发票的税额总数为 2,137,753. 64 元。《中华人民共和国增值税暂行条例》第 1 条规定："在中华人民共和国境内销售货物或者加工、修理修配劳务（以下简称劳务），销售服务、无形资产、不动产以及进口货物的单位和个人，为增值税的纳税人，应当依照本条例缴纳增值税。"由此可见，只有发生真实的应税行为才会产生增值税的纳税义务，如果开票方和受票方之间无真实的销售货物、提供劳务等行为，就不会产生纳税义务，即使相互开具了增值税专用发票，也不会给国家税款造成任何实际损失。侦查机关认定该 24 家涉案企业均为黄某某掌控的空壳公司，则该 24 家涉案企业之间当然不存在真实的经营关系，也不会产生纳税义务。因此，上述企业相互虚开的发票税额 2,137,753. 64 元应依法予以剔除。

2. 税务局代开的发票税额应予以剔除

本案涉嫌虚开的 24 家企业部分存在税务局代开增值税专用发票的情形，经统计申请税务局代开的增值税专用发票税额合计为 1,018,954. 75 元。《税务机关代开增值税专用发票管理办法（试行）》第 7 条规定，增值税纳税人申请代开专用发票时，应填写《代开增值税专用发票缴纳税款申报单》，连同税务登记证副本，到主管税务机关税款征收岗位按专用发票上注明的税额全额申报缴纳税款，同时缴纳专用发票工本费。此外，根据广东省国家税务局《关于转发〈国家税务总局关于印发税务机关代开增值税专用发票管理办法（试行）的通知〉及〈国家税务总局关于加强税务机关代开增值税专用发票管理问题的通知〉的通知》（粤国税发〔2005〕6 号）第 3 条的规定，增值税纳税人申请代开专用发票时，应填写《代开增值税专用发票缴纳税款申报单》，连同税务登记证副本，到主管税务机关税款征收岗按专用发票上注明的税额全额申报缴纳税款，同时缴纳专用发票工本费；主管税务机关税款征收岗通过征管软件“申报征收→税款预缴→一般预缴”模块录入征收税款，同时在“申报征收→其他申报→税务行政性收费”模块录入征收代开发票工本费。增值税纳税人缴纳税款及专用发票工本费后，凭《申报单》和税收完税凭证及税务登记证副本，到代开专用发票岗位申请代开专用发票；代开专用发票岗位在核对《申报单》和税收完税凭证上的金额、税额后，按照《申报单》、完税凭证和专用发票一一对应即“一单一证一票”原则，通过防伪税控开票系统为纳税人代开防伪税控专用发票。由上述税务机关代开增值税专用发票流程可知，要申请代开增值税专用发票，必须先缴纳相关增值税款。由于在代开环节已经缴纳了税款，无论代开的增值税专用发票是否被受票方用于抵扣进项税都不会给国家税款造成任何损失。因此，申请税务局代开的增值税专用发票税额 1,018,954.75 元应依法予以剔除。

3. 未抵扣的增值税专用发票税额应予以剔除

如前所述，根据调查情况，深圳市海某公司与深圳市名某公司存在真实的合作意向，只是因资质问题终止合作，后者提供的两张税额合计为 18,343.48 元的增值税专用发票也没有认证抵扣，并未给国家税款造成损失，依法不应认定为虚开，该 18,343.48 元税额应予以剔除。同时，税务机关应当提供证据证明涉案的增值税专用发票实际用于抵扣的金额，未抵扣的增值税专用发票税额都应当依法予以剔除。

（三）要善于利用程序性权利争取更多的调查时间

很多辩护人在案件移送法院后就坐等法院通知开庭，白白丧失了利用程序性权利争取更多调查时间的机会。本案移送法院后，辩护人考虑到案件事实较为复杂，争议也比较大，担心仅仅通过开庭审理不足以让法官充分了解案件事实和争议焦点，于是以排除非法证据为由申请召开庭前会议，在庭前会议时辩护人不仅阐明了排除非法证据的理由，也对本案税务机关的认定结论提出了疑问，同时还指出税务机关并未依法移送涉嫌犯罪案件情况的调查报告。庭前会议后，法院要求税务机关补充提交涉案 24 家公司涉嫌虚开的调查报告以及涉嫌虚开的增值税专用发票是否已经进行了认证的相关证据。如前所述，调查报告移送后辩护人从中发现了更多的疑点，而税务机关也未能提供涉嫌虚开的增值税专用发票已经全部进行了认证的相关证据，在开庭之前就让法官了解案件事实和争议焦点，从实质上争取到更多的调查时间，从而为法院最终查明事实、适用法律打下了良好的基础。

七、商业启示

（一）虚开增值税专用发票、虚开发票行为涉嫌违法甚至犯罪，企业切勿心存侥幸，也不要轻信中介机构所谓的“税务筹划”

《刑法》第205条将虚开增值税专用发票罪的行为类型表述为：为他人虚开、为自己虚开、让他人为自己虚开、介绍他人虚开，实际上涵盖了所有涉及虚开的情形，无论哪种方式虚开都涉嫌违法甚至犯罪。根据2021年9月国家税务总局发布的《关于进一步加强涉税专业服务行业自律和行政监管的通知》，要加强涉税专业服务行政监管，严肃查处违法违规行为。涉税中介是税收专业服务的工作者，必须依法依规执业，坚持底线思维，守法诚信经营，不得提供有损国家税收利益和纳税人缴费人合法权益的服务，不得恶意进行政策解读，不得对有关企业和个人进行以偷逃税款为目的的恶意税收筹划，要帮助纳税人缴费人依法依规享受税收优惠政策，促进其增强诚信纳税意识。同年，广西河池市和新疆乌鲁木齐市税务机关对帮助犯罪团伙虚开发票牟取非法利益的中介机构依法进行处理，具有强烈的警示和震慑作用。

从近年来案件查处曝光情况来看，随着税务机关“双随机、一公开”的持续深化、多部门联合打击“三假”的逐步常态化、税收大数据分析的持续优化，任何心存侥幸、罔顾法律的违法犯罪行为都会被依法处理，依法诚信纳税是每个公民应尽的义务，切莫抱有侥幸心理，触碰法律红线。

（二）企业涉税事务中会计师、律师等专业人员的作用非常重要

企业要尽可能避免在涉税事务中的法律风险，就要擦亮双眼，聘请专业的会计师和律师为自己出谋划策，专业人员在涉税事务中可以起到以下三方面的作用。一是税务筹划，避免风险。会计师、律师等专业人员可以协助企业在依法依规的前提下做好税务筹划，避免出现法律风险，这是事前的风险防范。二是协助处理，及早化解。企业一旦因涉税问题被税务机关查处，要第一时间联系会计师、律师等专业人员，分析事件情况、判断事件性质，做

出相应措施,尽早化解危机,如果确实存在违法情形,要争取在税务机关处理结案,一旦移交公安机关就会面临刑事风险,这是事中的危机处理。三是刑事应对,减少损失。一旦税务机关将案件移交公安机关,企业更是要及早聘请律师协助应对,如本文所述,虽然侦查机关对于税务机关移交的案件一般都会立案侦查,但并不意味着税务机关的认定就是最终结论,专业律师可以协助企业提出有利的辩护意见,尽最大可能化解危机、减轻处罚。

(三)符合条件的企业务必聘请律师协助申请刑事合规

张军检察长在最高人民检察院工作报告中指出:“试点以来,共办理相关案件 5150 件,已有 1498 家企业整改合格,3051 名责任人被依法不起诉;另有 67 家企业整改不实,243 名责任人被依法追诉。某网络公司非法爬取一外卖平台数据涉嫌犯罪。检察机关审查认为,涉案行为情节较轻,并考虑该公司为成长型科创企业,管理粗放导致涉嫌刑事犯罪,可启动合规整改。严格落实监管、认定整改合格后,检察机关依法不起诉。结案当年,公司新增员工 700 余人,营收增加 1.6 亿元,纳税增加 1000 万余元。惩治促矫治,企业获新生。”涉税案件是企业犯罪的高发区,一旦涉嫌刑事犯罪,企业务必聘请律师依法辩护,同时协助企业申请刑事合规,合规通过就可能争取不起诉,把对企业的影响降到最低。

重罪改轻罪的定性辩护

——刘某某非法经营案、侵犯公民个人信息案

易　凡[*]　彭祝孺[**]

一、导读

小额贷款公司受国家的严格管控，只有经过国务院银行业监督管理机构批准才可以对外进行小额放贷。一旦脱离监管，小额贷款公司就很容易与“套路贷”等违法犯罪联系到一起。在涉案行为确实构成犯罪的情况下，只有学会区分非法放贷情形中的诈骗罪与非法经营罪，才能对其进行准确定性。

本案中，刘某某供职于某小额贷款公司，该公司因未经批准向不特定社会公众发放贷款而涉嫌诈骗罪，主要管理人员全部涉案。立足全案证据，辩护人先破后立，先推翻诈骗罪，再成功说服公诉机关改变指控，为刘某某争取最为轻缓的量刑建议，且该量刑建议最终被法院采纳。

二、案情简介

2015 年，犯罪嫌疑人刘某某等人（刘某某系 × × 金融首席执行官，其本人及其他涉案人员另案处理）创建 × × 金融品牌，通过购买、注册甲公司等运营二手车及消费金融业务，集团公司总部位于 B 市。

---

* 易凡，北京市盈科（深圳）律师事务所股权高级合伙人、刑事中心秘书长，广东省律师协会经济犯罪辩护专业委员会委员，深圳市律师协会商事犯罪辩护法律专业委员会委员。参与编著《刑事有效辩护案例精选》《常见证券犯罪辩护要点实务精解》。

** 彭祝孺，北京市盈科（深圳）律师事务所专职律师，参与编著《常见证券犯罪辩护要点实务精解》。

甲公司内设金融产品部、互联网产品与用户运营部等部门。互联网产品与用户运营部分为产品部和运营部,产品部下设产品组和设计组,由刘某某具体负责。产品组主要工作是收集需求、形成设计方案,之后交研发人员开发实现,设计组则负责 App 产品图标、界面设计,以及对其他部门提供的网络宣传文案进行设计。金融产品部则由马某某直接负责,制订并形成 A 现金贷产品营销计划。马某某指示互联网产品与用户运营部提出 A 业务的 App 产品形态和业务操作流程,交由研发部进行研发上线运营。具体运营情况见图 1。

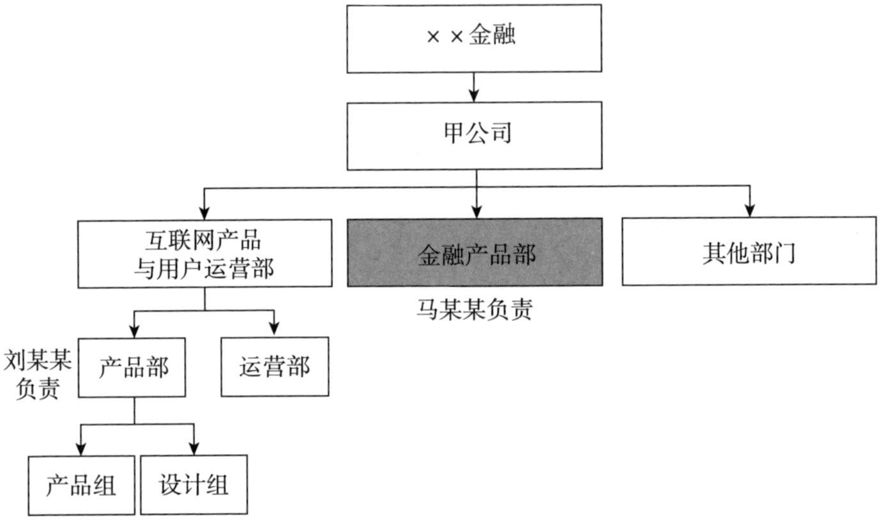

图 1　××金融下设公司和部门架构

在未经金融监管部门批准的情形下,甲公司利用外部资金或者自身资金通过互联网向不特定社会公众发放贷款。经审计,甲公司合计放款近万笔,实际放款金额人民币 9000 余万元(以下币种同),合计需收回利息 500 余万元,合计需收取服务费 3500 余万元,合计收款金额超过 1 亿元。

另外,甲公司曾为逃避金融监管,将其运营的×系统及系统内包含的客户数据出售给乙公司。刘某某虽然明知甲公司贩卖×系统及相应客户数据,仍按照总公司指令向技术部门提出研发需求,并安排员工帮助乙公司进行客户放贷导流、营销。经鉴定,涉案公民信息条数合计将近 160 万条。

公安机关以刘某某等四人涉嫌诈骗罪,于 2019 年 11 月 12 日依法对其刑事拘留，经检察机关批准后于同年12月20日依法对其执行逮捕，并于2020年5月18日以涉嫌诈骗罪为由将案件移送审查起诉。在侦查阶段，本案两次退回补充侦查，报请省人民检察院延长侦查羁押期限。

审查起诉阶段，辩护人提交法律意见书论证刘某某行为本质与犯罪地位，在刘某某被控罪名增加的情况下及时提交补充意见书，积极与办案人员进行沟通。2020年12月31日，检察机关在三次延长审查起诉期限后，最终更改本案主行为定性，以非法经营罪以及新增的侵犯公民个人信息罪对刘某某提起公诉。

三、争议焦点

（1）刘某某的行为是否构成诈骗罪？

（2）刘某某等人的涉案金额是否应当按照新法规定予以扣减？

（3）刘某某的犯罪地位系主犯还是从犯？

四、辩护思路

虽然本案存在三个争议焦点，但行为定性问题系核心，一旦刘某某等人的行为被认定为诈骗罪，那么对于犯罪地位、涉案金额的辩护就会随之无力。因此，针对上述争议焦点，辩护人必须先“破”——推翻诈骗罪的指控，而后“立”——明确该行为依法应被评价为非法经营罪，在此基础上指出其他细节问题。

（一）刘某某的行为不构成诈骗罪，而为非法经营罪

本案中，公诉机关认为，刘某某等人通过甲公司诱骗众多被害人借款，默认被害人在签订“借贷”等协议时勾选“同意”选项，让他人在不知情的状况下以“秒扣”形式收取“会员卡费”等实际是高额利息的费用，属于以“非法占有”为目的“隐瞒真相”骗取他人财物的行为，应构成诈骗罪。

辩护人透过现象看本质，认为刘某某等人的行为并不符合诈骗罪的犯罪构成要件。首先，从客观表现来看，甲公司的App定位就是提供短期小额网络贷款，其以“秒扣”形式收取包装成“会员卡费”等名头的高额利息，将这些内容在链接协议中予以明确，并在完成贷款手续步骤之前强制要求被害人复选“本人已阅读并同意”特定协议的选项。虽然其利用了被害人忽视协

议的习惯和急于借款的心理，但实际履行了告知义务，没有实施虚构事实、隐瞒真相的诈骗行为，本质上应当属于非法经营。其次，从主观目的来看，甲公司开展贷款业务，自身投入了巨额放贷资金，付出了一定成本，其意不在“空手套白狼”、非法占有他人财物，而是为了赚取高额利息。因此，刘某某等人的行为不符合诈骗罪的构成要件，其非法放贷应被评价为非法经营罪。

（二）本案适用《关于办理非法放贷刑事案件若干问题的意见》，在该意见实施前的涉案金额应予扣减

2019 年 2 月，刘某某等人被立案侦查前，最高人民法院、最高人民检察院、公安部、司法部联合发布了《关于办理“套路贷”刑事案件若干问题的意见》，将“以非法占有为目的，假借民间借贷之名，诱使或迫使被害人签订‘借贷’或变相‘借贷’‘抵押’‘担保’等相关协议，通过虚增借贷金额、恶意制造违约、肆意认定违约、毁匿还款证据等方式形成虚假债权债务，并借助诉讼、仲裁、公证或者采用暴力、威胁以及其他手段非法占有被害人财物的相关违法犯罪活动”界定为“套路贷”，一般情况下对此类行为以诈骗罪定罪处罚。由于本案有“砍头息”等情况，《起诉意见书》在这一意见的基础上将刘某某等人的行为定性为诈骗罪，犯罪期间为 2018 年 4 月至 2019 年 11 月，并以此为审计时间范围，得出诈骗总金额突破 17 亿元。

同年 10 月，《关于办理非法放贷刑事案件若干问题的意见》（以下简称《非法放贷案件意见》）正式施行，该意见明确“违反国家规定，未经监管部门批准，或者超越经营范围，以营利为目的，经常性地向社会不特定对象发放贷款，扰乱金融市场秩序，情节严重的，依照刑法第二百二十五条第（四）项的规定，以非法经营罪定罪处罚”。但是，对于本意见施行前发生的非法放贷行为，依照最高人民法院《关于准确理解和适用刑法中“国家规定”的有关问题的通知》的规定办理。

非法经营罪表述为引证罪状，建立在“违反国家规定”的基础上。刘某某等人的行为贯穿《非法放贷案件意见》，基于该意见，辩护人已经在最关键的第一步论证了刘某某等人的行为模式属于非法经营罪而非诈骗罪，根据该意见最后一条，该意见施行前实施的非法放贷行为要根据当时有无相关的、明确的“国家规定”进行认定。而在此之前，本案的非法放贷行为模式并无任何“国家规定”加以规制。辩护人提出，2019 年 10 月 21 日以前的行为

因缺乏期待可能性而不应作为犯罪处理，相关金额应予扣减。

（三）刘某某的犯罪地位系从犯

在明确刘某某等人的行为构成非法经营罪的前提下，刘某某在共同犯罪中的作用就成为其刑事责任轻重的判断因素之一。公诉机关根据刘某某在甲公司的职称认定其属于高管，负责高利贷金融产品的研发和设计、贷款项目的“统筹”“管理”，因此系主犯。

辩护人提出，首先，依据现有规定，2019 年 10 月 21 日以前的行为不构成犯罪，该时间段审计金额应予扣减，刘某某的涉案金额也会随之减少，这在量刑上应有所体现。其次，辩护人抓住了《起诉意见书》中的细节错误，将产品部、金融产品部的职能予以区分，提出刘某某分管的产品部无权干涉涉案产品的开发、上线等。最后，按照甲公司职位名称命名规则，辩护人认为刘某某属于技术专业岗人员，其无权限负责高利贷金融产品的研发和设计、贷款项目的“统筹”“管理”等以及金融产品的“可贷金额、贷款利息的计算方式、保险费等的制定”。因此，刘某某在非法经营罪中仅作为辅助人员提供帮助，所起作用较小，应为从犯。

（四）对侵犯公民个人信息罪作无罪辩护

本案刘某某除涉嫌非法经营罪之外，还因为甲公司出售客户数据而被控犯侵犯公民个人信息罪。辩护人认为，刘某某在 × 系统收购项目中仅负责 App 对接，客观上未实施“提供”公民个人信息的行为，主观上没有侵犯公民个人信息的故意，依法不构成犯罪。

五、案件结果

经过积极沟通，公诉机关采纳了辩护人的轻罪辩护主张，将诈骗罪变更为非法经营罪提起公诉，并且缩短了指控的犯罪时间区间，大大降低涉案金额。在此基础上，鉴于刘某某认罪认罚，公诉机关对指控的两项罪名给出了法定范围内“最为宽容”的量刑建议：指控刘某某为非法经营罪从犯，在涉案金额特别巨大——“情节特别严重”的情况下，建议法院判处刘某某 4 年有期徒刑，并处罚金；指控刘某某为侵犯公民个人信息罪的从犯，同样在“情节特别严重”的前提下，建议法院判处刘某某 1 年有期徒刑，并处罚金。

一审法院认可本案主行为是帮助实施非法高利放贷，应以非法经营罪追究刑事责任，并根据实际情况认定刘某某在非法经营罪与侵犯公民个人信息罪中犯罪地位均为从犯，又因其具有如实供述、认罪认罚的情节，依法可以从轻、减轻处罚，全部采纳公诉机关给出的量刑建议。

假设本案定性为诈骗罪，按照审计的涉案金额，刘某某起刑点为有期徒刑 10 年；再加上侵犯公民个人信息罪，按照统计所得涉案信息数量，刘某某起刑点为有期徒刑 3 年，在数罪并罚的情况下，刘某某将面临至少 11 年有期徒刑的自由刑处罚。因此对于最终的结果，刘某某十分满意。

六、经验分享

（一）办案应立足证据，对涉案行为进行准确定性

对一个刑事案件的判断，必然遵循“罪与非罪—此罪与彼罪—罪轻与罪重”的路径。在循序渐进的三个阶段中，前两个都属于定性问题。定性是“立”的过程，就像写文章得先明确立意才能成文，定性准确才能让有罪的人受到应有惩罚，还无罪的人一个清白。

对刑事案件的行为进行准确定性，是刑法规定与案件事实建立联系的过程，决定了是否追究、以何种罪名追究当事人的刑事责任，也为后面“罪轻与罪重”判断提供依据。这不仅是罪刑法定原则的内在要求，也是罪责刑相适应原则的前提和基础。定性离不开证据，诉讼以证据为王，因此准确定性应尊重案卷证据。一方面，从现有证据中全面分析所证事实；另一方面，立足证据，遵循主客观相一致原则梳理出行为人的主观目的与客观行为，据此明确行为定性。本案中，笔者抽象出的行为模型与诈骗罪的构成要件并不符合，反而更为契合非法经营罪的构成要件，以此为基点才形成方向正确的辩护思路。

（二）应学会与司法机关的承办人、当事人沟通

庭前阶段是实现有效辩护的黄金时期，在此期间必须在适当时间以正确态度与承办人保持密切联系，在扎实完成本分工作、分析证据的情况下，通过得体的文书、专业的探讨向其传达自身观点，以“理”“法”服人。

在侦查阶段，笔者就着手准备会见当事人了解案情，在侦查机关呈捕的同时提出《建议不予批准逮捕的意见书》；检索“套路贷”“非法放贷”的法律法规以及生效裁判，形成检索报告，初步把握相关案件情况，为后续阅卷、沟

通等工作打好基础。在审查起诉阶段，笔者密切与刘某某、承办人开展交流，运用专业知识提出观点，提交《法律意见书》，提示承办人重点审查方向，及时跟进新增罪名情况，并成为当事人与承办人双方意志的桥梁，因而才能促成本案朝着轻罪、罪轻的道路前进。

除此之外，办案人员还要注重与当事人的沟通与协商，尽管辩护律师在刑事诉讼中享有独立地位，但究其根本，辩护律师的工作在于尽最大可能维护当事人的合法权益，因此如果当事人认罪认罚的，结合对案件的把握，辩护律师应尊重其意愿并适时调整辩护策略，实现辩护效果最大化。

七、商业启示

本案是最为典型的一类小额贷款公司涉刑案件。由于小额贷款公司在我国出现的时间并不长，目前该领域内尚未形成强有力的监管体系和经营指导，加之其与生俱来的局限性，且不说蓬勃发展，这些公司就连基本的经营也危机四伏。

就“放贷”这一行为，笔者简单提示其可能存在的法律风险，并根据办案经验对以此为主营业务的个人、公司可能面临的刑事风险进行大致罗列，希望为自查自纠提供一定帮助。

（一）民间借贷、“套路贷”与非法经营罪

民间借贷指的是“自然人、法人、其他组织之间及其相互之间进行资金融通的行为”[1]，以往多发生于数人之间或是相对熟识的群体之间，因为借贷规模小，即便产生法律纠纷也不会对社会公共利益造成负面影响。然而，当前借贷类型主要为涉众型民间借贷，具有明显的逐利性和有偿性，[2]开放的借贷关系决定了其风险也随之扩大。

民间借贷行为在我国有着“泛罪化”的趋势，尤其是出借一方，目前此类行为主要面临两大刑事风险。

---

〔1〕 参见最高人民法院《关于审理民间借贷案件适用法律若干问题的规定》第 1 条，该条将经金融监管部门批准设立的从事贷款业务的金融机构及其分支机构，因发放贷款等相关金融业务引发的纠纷排除在该文件适用范围外。

〔2〕 参见徐彰：《民间借贷问题研究——以民刑交叉为视角》，东南大学 2016 年博士学位论文，第 24 页。

1. 民间借贷"套路"可能是"套路贷",涉嫌诈骗罪

在民间借贷中,如果出借人存在以收取"砍头息"等费用、制造虚假银行流水、恶意制造违约等方式设置"套路"形成虚假债权债务关系的,很容易被司法机关认定为具有"非法占有为目的",认为该行为属于"套路贷",本质是以假民间借贷之名行诈骗之实。

民间借贷和"套路贷"的核心区别在于,诈骗罪追求的是"骗",如果借款人在借款过程中可以预料自己需要承担出借人要求的还款责任,出借人不构成诈骗罪。

2. 没有资质、超高利率放贷可能涉嫌非法经营罪

为维护社会稳定以及市场经济的安全,放贷业务应由经过有权机关批准的机构进行经营。以营利为目的,违反国家规定,未经监管部门批准,或者超越经营范围,向社会不特定对象发放贷款的行为,因资质欠缺而符合非法经营罪构成要件,可能面临刑事追诉。

除此之外,如果出借人在本金之外收取费用,不管是以利息、违约金还是其他名头收取的,只要综合计算这笔费用超过法定最高上限 36% 的年利率的,又或者是在两年内面向不特定公众出借资金超过 10 次的,该行为也可能涉嫌非法经营罪。

(二)"放贷"刑事风险排查

放贷的个人或者小额贷款公司可以针对三个方面进行刑事风险排查,避免陷入牢狱之灾:

1. 确保自身是否具有放贷资质

目前,我国没有开放个人放贷资质的通道,个人不能进行规模性的放贷活动,公司也必须在经过批准后才可以经营此类业务。对小额贷款公司而言,其是否持有合法的营业执照、具备相应的经营资质,往往是判断罪与非罪、此罪与彼罪的关键依据。因此,小额贷款公司应确保自身的设立具备《关于小额贷款公司试点的指导意见》(2008 年 5 月 4 日实施)规定的相应资质,否则应立即停止业务,启动专项合规。

2. 是否以"套路"攫取高回报或通过"集资"形成资金池

小额贷款公司即便获得批准,顾名思义,也只能"贷而不存",因为储蓄是一项关系国计民生的金融业务,管理较借贷更为严格。受制于自身规模

以及借贷的天然属性，小额贷款公司回收贷款需要较长周期，资金的流动性较差，难以避免“供不应求”的困境。

公司想要解决这些问题，可以考虑向金融机构进行融资，也可以考虑在满足规定条件的情况下实行股东的增资扩股，但是绝不能通过设置套路的模式虚增债务、垒高本金，收取高额费用，借“小投入”实现“大回报”，因为这些举动都会表明公司对借款人的财物具有“非法占有目的”，可能涉嫌诈骗罪。同时，公司也要检测自身是否通过非法集资的方式解决“供求”难题。笔者必须指出，这种解决方法治标不治本，流动性风险极大，并且行为本身涉嫌非法吸收公众存款罪。如果存在以上行为，公司应尽快通过合法途径解决，不应“把黑色雪球越滚越大”。

3. 催收方式是否合法

个人借款也好，小额贷款公司放贷也罢，其借款人的信贷能力总体不强，不能按时按量还款的情况是家常便饭。对此，有两点需要注意：

第一，出借方尤其是小额贷款公司应当严格审核借款人信息。“无担保、无抵押”的借贷模式极易引发信用风险，不应为了吸纳客户将门槛放得过低，过分增加自身的风险，遭受不必要的损失。

第二，在信用危机爆发时，个人和小额贷款公司为了实现资金的尽快回流，可能会采取某些过激方式进行催收，比如控制他人人身自由、对欠款人进行贴身跟踪、恐吓、辱骂、殴打，利用欠款人的人际关系等进行要挟，这些方法都有可能涉嫌非法拘禁罪、催收非法债务罪、寻衅滋事罪、故意伤害罪等罪名。笔者已经办理过多起类案，放贷一方可谓“赔了夫人又折兵”。

常言道，“欠债还钱，天经地义”，但不能因为自己有权利就无视他人的基本权利。因此，笔者建议公司和个人选择以法律途径解决问题，提起民事诉讼；在欠款人提供虚假材料骗取借款且用于挥霍等情形下，还可以提出刑事控告，在确保自身安全的前提下把握主动权，让欠款人承担起应负的法律责任。

黄某占有的钱到底归谁所有

——黄某被控职务侵占罪案

宋子雄*

一、导读

本案的争议焦点在于黄某伪造两份协议占有160万元的行为是构成合同诈骗罪还是职务侵占罪，其中伪造公司印章是否属于犯罪竞合。经综合分析黄某与柯某、黄某与公司的议价过程，可得出公司以300万元出售石材，柯某以430万元购买石材均是真实意思表示，黄某伪造两份协议的真实目的是占有其中的差价，黄某占有160万元并非基于欺骗柯某取得，而是利用了其在公司担任业务经理的职位便利，将本应归于公司的财产占为了己有，柯某在本案中并未遭受损失。因此，公安机关认定黄某构成合同诈骗罪存在定性错误。黄某伪造公司印章的目的与职务侵占的目的是一致的，两者构成牵连关系的犯罪竞合，公诉机关不应将伪造公司印章罪和职务侵占罪一并起诉。

二、案情简介

黄某系深圳某公司业务经理，公司主要经营石材加工生意。2013年10月，柯某因购买装修别墅所需石材到公司查看样品，黄某在公司接待了柯

---

* 宋子雄，毕业于西南师范大学（现西南大学）法学专业，广东新东方律师事务所高级合伙人，深圳市律师协会商事犯罪辩护专业委员会委员，律所刑事辩护负责人。曾任职于检察院从事职业侦查和公诉工作，在高校从事经济法教学工作，至今从事法律工作近20年，从事律师工作10余年，担任过上市公司独立董事。专注于办理刑事业务，对经济类犯罪案件的办理积累了丰富的经验。

某，并对柯某所需石材进行报价，当天未达成协议。之后，黄某让同事向柯某以邮件的方式发送了总价5,683,470元的石材报价单。柯某收到报价单后，经与黄某电话沟通，最终达成的成交价是430万元。黄某随即伪造了公司印章制作了430万元的合同和报价单，前往柯某的办公地点，将430万元的合同和报价单交给柯某签字。柯某签字确认后，黄某要求柯某将货款汇入其指定银行账户。随后，黄某冒用黄某强的身份向公司购买石材，所购石材与柯某购买的石材一致。黄某将黄某强购买的石材制成300万元的报价单交给公司，公司经审核同意了该300万元的石材买卖。黄某将石材交给柯某后，柯某向黄某指定的银行账户支付了400万元货款。黄某收到货款后，将其中的240万元作为黄某强购买石材的货款支付给了公司，黄某占有了剩余的160万元。

2014年3月31日，柯某以石材存在质量问题为由与公司理论，公司称并未向柯某销售石材。柯某向公司出示其与公司签订的石材加工承揽合同，公司指出该合同上的公章系伪造，遂案发。柯某以黄某涉嫌合同诈骗罪为由向公安机关报案，黄某心虚向柯某返还50万元，希望柯某能撤回报案。柯某不同意撤案，2014年4月9日黄某遂自行向公安机关投案自首。

三、争议焦点

（1）黄某构成合同诈骗罪还是职务侵占罪？

这个焦点的核心在于黄某占有的160万元到底归谁所有。辩护人认为应归公司所有，公安机关认定该160万元归柯某所有并以合同诈骗罪将黄某移送检察院审查起诉系定性错误。

（2）黄某是否单独成立伪造公司印章罪？

这个焦点的核心在于伪造公司印章的行为是应独立评价，还是应置于总的犯罪目的来评价。辩护人认为伪造公司印章的目的是便于黄某占有公司货款，与职务侵占行为目的具有同一性，属于存在牵连关系的犯罪竞合，检察院将伪造公司印章罪与职务侵占罪一并起诉到法院是错误的。

四、辩护思路

（一）辩护方案的确定

在侦查阶段辩护人介入本案时，关于黄某伪造公司印章与柯某签订加工承揽合同,以及冒用黄某强身份与公司签订石材买卖合同的事实,黄某已全部坦白,事实基本是清楚的。关于黄某与柯某议价的过程,以及黄某强向公司采购石材定价的过程,办案机关并未详细调查,对于该部分事实涉及的证据,辩护人需要指导当事人家属进行收集。辩护人分析案情后,认为本案的核心是黄某占有的160万元归谁所有(本案案发时,柯某仅支付了400万元货款,黄某向公司支付了240万元,故黄某实际占有资金为160万元),如归柯某所有则黄某构成合同诈骗罪,如归公司所有则黄某构成职务侵占罪,如归黄某所有则黄某不构成犯罪。

本案的第一报案人是柯某,此前黄某已主动向柯某返还50万元。公司虽基于柯某报案的压力也向公安机关进行了报案,但毕竟黄某已在公司工作近8年之久,公司对黄某的工作能力是认可的,黄某在公司的直属上级对黄某也十分器重,即便老板因此事非常愤怒,但还是存在沟通的余地。辩护人经综合分析,认为在审查起诉阶段若能使检察院将罪名改为职务侵占罪可以避开柯某直接和公司谈和解,这将有利于黄某在之后取得谅解并争取较轻的量刑。

依据《刑法》第271条的规定,职务侵占罪量刑分两等,数额较大的,处3年以下有期徒刑或者拘役;数额巨大的,处3年以上有期徒刑,可以并处没收财产。根据广东省高级人民法院《关于办理公司、企业或者其他单位的工作人员职务侵占、受贿、挪用资金等刑事犯罪案件适用法律若干问题的座谈会纪要》(粤高法〔2006〕297号)的规定,深圳市职务侵占罪2万元以上不满40万元为“数额较大”,40万元以上为“数额巨大”;依据《刑法》第224条,合同诈骗罪量刑分三等,数额较大的,处3年以下有期徒刑或者拘役,并处或者单处罚金;数额巨大或者有其他严重情节的,处3年以上10年以下有期徒刑,并处罚金,数额特别巨大或者有其他特别严重情节的,处10年以上有期徒刑或者无期徒刑,并处罚金或者没收财产。根据广东省高级人民法院印发的《〈关于办理破坏社会主义市场经济秩序犯罪案件若干具体问题的指导意见〉的通知》(粤高法〔2002〕87号)(根据《广东省高级人民法院关于修正〈广东省高级人民法院关于办理破坏社会主义市场经济秩序犯罪案件若干具体问题的指导意见〉个别条款的决定》该意见已于2006年4月11日修正),2013年深圳市个人实施合同诈骗犯罪5万元以下为“数额较大”,5万元以上不满50万元为“数额巨大”,50万元以上为“数额特别巨大”。本案涉案金额160万元,如认定为合同诈骗罪,则须在10年以上有期徒刑幅度内确定基准刑,而如认定为职务侵占罪,则将在5年以上有期徒刑幅度内确定基准刑。因此从法律规定来说,以职务侵占罪定罪量刑更有利于保障被告人合法权益。

后续的辩护过程也基本契合了上述辩护策略,案件在审查起诉阶段经辩护人向检察院提出法律意见后,检察院对辩护人的意见予以了采纳,将合同诈骗罪改为了职务侵占罪,受害人相应地从柯某变为了公司,为黄某最终获得较轻的判决打下了坚实基础。

(二)主要辩护观点

1. 黄某不构成合同诈骗罪

虽然黄某向柯某提供了假合同,但未违背柯某的真实意思表示,黄某并未非法占有柯某的财产,柯某在本案中并未遭受损失,因此黄某不构成合同诈骗罪,理由如下:

(1)黄某作为公司的业务经理,起初对柯某的报价近570万元,后经多次协商,才将价格确定为430万元,在此过程中,黄某是正常履职,按公司规定报价,并未虚构事实。柯某经反复权衡愿意以430万元购买石材,该决定是其真实意思表示,并不是基于错误认识作出的。黄某身为公司的业务经理,利用职务之便私刻公司印章伪造合同,主观目的显然不是从柯某手中骗取钱款,而是向公司掩盖实际出售价格。

(2)在本案中,柯某购买石材用于家装项目是真实的;柯某以430万元的总价购买石材的意思是客观真实的;公司出售石材是真实的;黄某是公司的业务经理是真实的。因此,黄某并没有诈骗柯某。

(3)柯某缴纳石材款并非出于错误的认识。在缴纳石材款之前,柯某选择从公司购买石材是自愿的,石材价格是和公司业务经理黄某多次协商后确认的,石某在本案案发前对公司提供的石材并无异议。在公司报价单上柯某对石材的种类、规格、单价、数量等予以了确认。黄某呈报给公司的报价单除了单价不一致其他均与柯某签名确认的报价单一致。

2. 应该定黄某为职务侵占罪

黄某作为公司的业务经理,应如实向柯某提供盖有公司印章的合同,柯某采购石材的石材款应归公司所有。黄某伪造阴阳合同占有公司财产的行为,应认定为职务侵占罪。

(1)从主体上看,黄某系公司业务经理,具有代表公司对外洽谈业务的资格。在本案中,黄某以公司业务经理的身份和柯某议价,并以业务经理的身份虚构了黄某强的石材采购合同,均系利用了职务之便。

(2)从犯罪对象上看,黄某侵害的是公司的资金而非侵害柯某的个人财产,柯某将石材款交至黄某时石材款已归属于公司。具体分析如下:

柯某同意出资430万元购买公司的石材是真实意思表示,430万元的报价符合公司的定价。黄某向柯某起初的报价为5,683,470元,报价单是黄某让同事以邮箱向柯某的邮箱发送的。之后,双方经多次协商,最终确定价格为430万元。因此,黄某的报价符合公司的要求,柯某的决定是经反复权衡后所作的真实意思表示。

公司对履行合同不持异议。黄某和柯某签订的《加工承揽合同》与黄某以黄某强的名义和公司签订的《加工承揽合同》除了合同金额不一致,其他内容均相同。两份合同的附件报价单,除了呈报给公司的单价低于给柯某的报价其他内容均一致。因此,公司出售石材的意愿是真实的,柯某愿意履行与黄某强签订的《石材采购合同》。

柯某签订合同的根本目的是按照自己在合同中所承诺的价钱购得合同约定的石材,而公司也一直在向柯某供应石材。依据这一客观事实,柯某在本案中并未遭受损失。至于《加工承揽合同》中的价格与《石材采购合同》约定的价格不一致,并没有导致柯某遭受损失。

关于柯某汇入黄某指定账户中的这部分资金,属于黄某以公司的名义收取的货款。柯某将货款汇入黄某指定账户,目的是履行和公司建立的《石材采购合同》,而非想把巨款交给黄某个人。因此,汇入黄某指定账户的石材款属于应当归公司所有的资金。

3. 关于黄某私刻公司印章的行为,不应单独定罪起诉

黄某私刻公司印章不是实施合同诈骗罪的行为方式,是为了尽快和客户达成石材买卖协议,向公司虚报售价,将本应及时上缴公司的货款私自将差价据为己有。柯某将购买石材款直接汇入黄某指定的账户,并非想和黄某建立合同关系,而是想通过公司的业务经理黄某和公司建立石材买卖合同关系。

因此黄某制作假合同、刻假章等行为,目的是掩盖柯某购买石材款为

430 万元的事实,与职务侵占罪存在牵连关系,不应单独定罪。

五、案件结果

法院最终判决黄某构成职务侵占罪,判处 3 年 10 个月。

法院认为,被告人黄某利用担任公司业务经理的便利,将本应归单位所有的财物非法占为己有,数额巨大,其行为已构成职务侵占罪;被告人黄某伪造公司印章,其行为已构成伪造公司印章罪,但被告人伪造公司印章行为与其职务侵占行为系出于同一犯罪目的,两行为之间存在牵连关系,应择一重罪处罚,故本案中应以职务侵占罪对被告人黄某定罪处罚。

六、经验分享

(一)研究事实

1. 法律事实真相与客观事实真相并不是天然一致的关系

法律事实真相是基于证据通过逻辑串联起来的事实真相,换句话来讲,是被证据裁剪出来的事实真相。客观事实真相是客观发生的事实真相,是事实本来存在的样子。法律事实真相可以无限接近客观事实真相,但和客观事实真相并不是天然一致的关系,有时甚至存在很大偏差。追求法律事实真相,是辩护工作得以开展的灵魂。

2. 通过"望、闻、问"全面掌握事实细节

望,即看材料,看当事人方能提供的全部材料;闻,即听取当事人关于事实的描述;问,即辩护人为了更深入而有条理地了解案件事实通过发问的方式引导当事人方提供关键事实细节。掌握案件细节,是辩护工作赖以开展的基础。

3. 在不同的辩护阶段根据了解事实细节的程度采取不同的辩护策略

刑事案件辩护人介入时一般情况下当事人已被刑事羁押,辩护人对案件事实的了解是随着案件的进展不断地深入的。办理委托关系时,当事人的家属由于并非亲身经历者,往往对案件事实描述难以十分详细,有的甚至完全不清楚。会见当事人时,有的当事人对案件事实的描述往往会避重就轻,或者有强烈的先入为主的主观意见。从维护当事人权益的角度来看,辩护人起初的立足点只能假设当事人及其家属对案件事实的描述是完全真实

的，并基于此积极开展辩护工作。

当案件进入审查起诉阶段，辩护人的工作重心只能以研读案卷为主。根据阅卷的情况，不仅要找出案卷证据呈现出来的事实与当事人及其家属对案件事实描述之间的差距，而且需要总结出辩护焦点，提炼出能为当事人争取无罪或罪轻的辩点。在此基础上辩护人要和当事人反复沟通，有时甚至需要说服当事人打消不切实际的违背法律规定的“幻想”，最终形成一个与当事人达成一致的辩护方案。

（二）立足法律

有当事人反映，律师讲了很多，当事人觉得非常有道理，但法官没有采纳。在多年的辩护工作中，经常遇到辩护人发表无罪辩护意见后，旁听席上的亲属鼓掌叫好的情况，但判决结果是较高刑的处罚。故当事人需要什么样的辩护，辩护人应该如何有效的辩护，是所有刑辩人探索的课题。

选择罪轻辩护，还是选择无罪辩护？此罪能否改为量刑相对较轻的彼罪？是多罪还是一罪？当辩护人对此作出选择时，唯有立足法律，通过研读法律本身，才能拿出对当事人最为有利的辩护方案。

（三）本案的意义

合同诈骗罪、职务侵占罪都属于商事犯罪中高发的罪名。利用职务之便伪造合同往往是公司业务人员或者高级管理人员牟取不当利益的手段。本案的特殊性在于，黄某在一个业务活动中通过签订阴阳合同牟取利益的行为，将合同诈骗罪、职务侵占罪两个罪名进行了关联，并给办案人员如何给黄某的犯罪行为定性带来了困扰，对于类案的办理具有一定的参考意义。

七、商业启示

本案的真正受害方是公司，黄某为达到占有公司财产的目的，实施了伪造公司印章与客户签订合同、冒用他人名义与公司签订协议的行为，该等行为隐蔽性强，给公司造成了重大经济损失和声誉损失。此案对公司具有以下几点启示：

其一，企业应健全合同管理机制。企业应加强业务合同的管理和监督，特别是对业务合同的真实性进行监督，如安排独立于业务部门的客服部门等，在业务人员单独与客户签订合同后，与客户本人联系确认客户是否真实存在,并确认合同内容。

其二,健全财务制度。向客户明确公司仅用公账对外收取货款,不允许使用私账收取公司货款,在条件允许的情况下,可将该规定在合同中明示。

第三,向公司业务人员普及相关法律知识,让员工知晓相关法律后果,对员工的违法念头起到震慑作用。

转换辩护思路，推翻诈骗指控

——祁某诈骗罪一案

易　凡[*]　彭祝孺[**]

一、导读

办理因高风险投资涉嫌诈骗的案件时，除了关注客观行为，还应重点把握因果关系。导致所谓“被害人”重大财产损失的原因可能是多样的，只有存在人为控制交易情形时才有必要考虑“非法占有目的”的问题，否则可能要再三斟酌案件定性，判断构成诈骗罪还是非法经营罪，甚至考虑无罪。

另外，在我国司法实践中，证据间的相互印证是入罪的前提，而出罪没有明确的规定，辩护人的辩护思路往往以“拆房子”做起点。但是，刑事辩护的“破”与“立”相辅相成，“立”得稳有利于“破”得稳。在刑事辩护工作中转换辩护思路，先研究如何“建房子”，主动承担更重的证明责任，加强对证据之间关联关系的分析，可以有效提升辩护实效，像本案一样改变行为人的行为定性。

二、案情简介

B公司成立于2009年8月，经营范围包括为工艺品及收藏品等的现货交易活动提供场所及相关配套服务、投资咨询（不含证券投资咨询、期货交

---

* 易凡，北京市盈科（深圳）律师事务所股权高级合伙人、刑事中心秘书长，广东省律师协会经济犯罪辩护专业委员会委员，深圳市律师协会商事犯罪辩护法律专业委员会委员。参与编著《刑事有效辩护案例精选》《常见证券犯罪辩护要点实务精解》。

** 彭祝孺，北京市盈科（深圳）律师事务所专职律师，参与编著《常见证券犯罪辩护要点实务精解》。

易咨询)。

2015 年开始,B 公司在其电子平台上将邮票、纪念币、电话卡等商品(以下简称邮币卡)电子化,将现货交易异化为类证券交易和类期货交易,通过交易平台上的会员单位以中间商身份向社会招揽客户进行所谓的"邮币卡"交易业务。客户每在该平台上进行一笔交易,平台按照交易数额 3‰的比例收取手续费,同时 B 公司按一定比例与会员单位分配交易手续费及客户投资损失。

2015 年 7 月,祁某成立×公司,公司股份由祁某、李某等人平分。同年 11 月,×公司成为 B 公司的会员单位,依托 B 公司平台,购买该平台上的某邮币卡进行炒作。祁某系公司实际控制人,负责推销邮币卡业务,其余人员负责操盘、销售、财务管理等。该公司业务流程具体如下:由业务员网购 QQ 号,通过大量加好友聊天来获取对方信任,后向客户介绍股票老师等,让客户进入内部交流群或者直播间,将讲师包装成专业人士推荐给客户,鼓动客户开户入金,并指导投资人具体投资交易。案情简介见图 1。

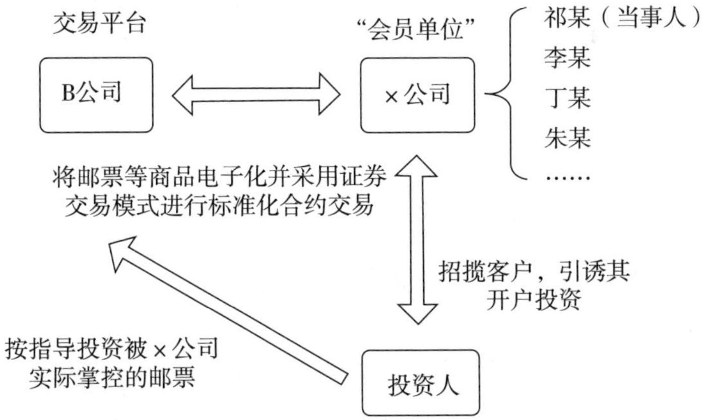

图 1　案情简介

经鉴定,涉案期间投资者在 B 公司平台总入金、总出金均上亿元人民币(以下币种均为人民币),实际亏损近 4000 万元,其中祁某等人账户流入流出的资金多达上千万元,×公司违法所得超过 600 万元。

2017 年 9 月,公安机关对祁某等人立案侦查,案件经两次退回补充侦查后移送审查起诉。2018 年 7 月,检察院对祁某等人提起公诉,指控祁某等人以×公司名义在 B 公司平台购买固定邮币卡,且拥有对该邮币卡的绝对数量的控制权。祁某等人与平台相勾结，在平台的协助下人为操纵邮币卡价格与投资人反向操作，骗取投资人的投资款，与平台按一定比例分成，符合诈骗罪的犯罪构成要件，构成诈骗罪，认定诈骗数额高达4000万元。如指控成立，祁某极有可能被判处无期徒刑。

三、争议焦点

本案的争议焦点是行为定性，即祁某等人鼓动、诱导他人投资邮币卡的行为是否属于诈骗。

四、辩护思路

本案的关键在于定性。辩护人分析认为，B公司的行为是将邮币卡现货交易异化成类证券交易与期货交易，确实违反国务院发布的《关于清理整顿各类交易场所切实防范金融风险的决定》（国发〔2011〕38号）及国务院办公厅发布的《关于清理整顿各类交易场所的实施意见》（国办发〔2012〕37号）等规定，但该交易本质上仍属于投资行为。祁某等人通过直播间或者交流群的形式鼓动、诱导他人投资邮币卡，虽然有夸大成分，但只是为引起潜在投资人的投资兴趣，没有"虚构事实、隐瞒真相"，投资人作出投资决定并非基于错误认识。×公司和祁某等人的利益均源自市场，既不是直接源自投资者，也不是由投资者基于错误认识交付的，祁某等人不具有非法占有的主观目的。通过细致分析诈骗罪的构成要件，审查行为与规范的对应性，辩护人找到本案辩护的突破口——因果关系。

投资人亏损系多因一果，仅有部分亏损由祁某等人的行为引起，于是辩护人先对指控金额的构成进行拆分，扣减与祁某等人无关的数额。对于仅存的用于归（诈骗）罪的部分亏损，则通过论证祁某等人"不能操纵邮币卡交易的价格"否定其"非法占有目的"，反驳祁某等人的行为与投资人遭受损失之间存在因果关系，进而推翻诈骗罪的指控。

（一）指控的"诈骗金额"中，仅部分亏损与祁某等人的行为存在因果关系

本案中，《起诉书》将"×公司及被告人祁某等人通过开设直播间介绍、推荐投资者投资邮币卡"的居间行为曲解成"诱骗客户入局"的诈骗行为，并将×公司所有会员的全部亏损都归咎于祁某等人"操盘"某邮币卡，严重背

离客观事实。邮币卡交易系类证券交易，其投资模式、盈利模式与证券市场类似，主要通过吸引投资推高邮币卡价格赚取差利，而非通过让客户产生错误认识后交付款项从而非法占有投资款获利。

根据所谓“被害人”的报案材料，结合市场投资的一般情况，辩护人认为可以从投资时间、投资意愿、投资项目、市场环境等几大方面，将指控金额拆分为若干部分，逐一剔除与祁某等人无关的亏损金额：

(1)投资时间。《起诉书》指控的“操盘”期间是明确的，其间之外投资人的一切亏损(包括投资某邮币卡遭受的损失)与祁某等人的行为无关。

(2)投资意愿。虽然损失发生在《起诉书》指控的“操盘”期间，但是投资人投资某邮币卡是基于个人自愿而非祁某等人的鼓吹，该部分损失不应归责于祁某等人。另外，B 公司平台是开放的，B 公司其他会员单位下的会员同样可以投资某邮币卡，这部分投资人因投资该邮币卡亏损同样不能苛责祁某等人。

(3)投资项目。投资人在市场中有自由选择的权利，报案人除投资某邮币卡，还大量购买了其他邮币卡。某邮币卡是 B 公司平台发行的众多邮币卡中的一支，祁某等人只能推荐、诱导，不能控制投资者固定投资。在指控的“操盘”期间投资人因投资某邮币卡以外的邮币卡发生的亏损，与祁某等人无关。

(4)市场环境。“入市有风险，投资需谨慎”，投资不同于储蓄，其受整个市场环境的影响而涨跌，在《起诉书》指控“操盘”期间内，投资某邮币卡的投资人因整体大盘下跌、市场转冷等遭受亏损的，这些损失不应由祁某等人承担。

(5)内部腐败。辩护人对电子证据《限制出金账号完整版》审查后发现，平台工作人员的程某等人以客户的名义，采用“零(低)入金、大额出金”的方式大量侵占、转移平台款项，因此不能排除客户亏损是由程某等人违规、违法操作导致的可能，投资人的亏损与祁某等人无必然关联。

基于上述分析，辩护人绘制出《刑法上因果关系示意图例》作为辩护意见附件提交，清晰呈现本案因果关系推导过程，提出《起诉书》将 × 公司在 B 公司平台引入的会员的全部亏损作为“诈骗金额”严重违背客观事实，投资人仅有部分亏损由祁某等人的“操盘”行为引起。

(二)祁某等人不具有非法占有与其行为存在因果关系的投资资金(亏损)的主观故意,该因果关系不构成刑法意义上的因果关系

通过因果关系理论筛选出仅存的用于归(诈骗)罪的因果关系后,应当重点审查证据,确认证据间的印证关系。辩护人从"建房子"——也就是从入罪角度对邮币卡犯罪进行类案分析,发现邮币卡交易行为被认定为诈骗罪系因行为人能够控制邮币卡交易价格,此时非法占有故意显著。因此,只要能推翻"祁某能够控制邮币卡交易价格涨跌"这一点,就能够动摇指控诈骗罪的基础。

1. 银行流水审计报告反映出祁某等人的账户无异常资金

在经济类犯罪中,银行流水及其审计报告是至关重要的证据。尽管审计机构制作的审计报告无法准确判断账户流入与流出的资金性质,公安机关可能直接根据审计报告结论计算犯罪所得,因此辩护人应仔细查阅报告内容。本案中,审计报告呈现涉案资金的最终流向、数额及其比例,帮助确定真正具备非法占有故意的行为主体,排除祁某等人的诈骗嫌疑。

辩护人查阅审计报告并统计祁某等人账户的资金流水后发现:

(1)资金缺口根源为B公司交易平台的资金缺口,系因平台工作人员以"零(低)入金、高出金"的方式冒用他人名义直接侵占托管的客户投资款造成的;

(2)账户资金明细显示祁某账户流入的资金系正常的居间费用、平台返还保证金及某邮币卡的转让费用,无其他异常资金。本案没有任何客观证据证实祁某等人通过实际控制账户购买某邮币卡后"反向高抛低卖"获利,实际上,祁某等人及其关联人员的交易账户均显示几乎所有人都因投资B公司平台的邮币卡而遭受亏损。

据此,辩护人绘制《涉案资金流向图》,表明涉案资金并未流向祁某,祁某并未从中获利,也没有非法占有他人财物的动机,洗清祁某部分嫌疑,并从侧面证明祁某并未与平台勾结侵占投资者的资金。

2. 平台后台数据反映某邮币卡涨跌与大盘走势保持一致

对于本案只要了解B公司电子交易平台的真实操作流程,结合祁某等人的行为就可以明确其是否有非法占有意图。辩护人及时提出调查取证申请,办案机关依申请调取了交易平台的后台数据。

后台数据显示,涉案期间某邮币卡与平台所有邮币卡综合指数总体走

势一致，包括涨跌周期、涨跌幅度等，这表明×公司的会员的亏损是由B公司平台大盘走势决定的，而不是因为祁某“操盘”某邮币卡造成的。《起诉书》所称的“操盘”，实际是祁某等人利用“刷单”的方式营造某邮币卡畅销的氛围，吸引投资，以推动某邮币卡盘面价格上涨。但是祁某等人只能通过这种方式推动价格上涨，不能随意控制价格下跌，这显然无法被认定为“操纵价格”。

审计报告、平台后台数据两项证据之间不仅能相互印证，而且都能与祁某的言词证据相互佐证，它们共同证明祁某客观上未操纵某邮币卡市场交易价格，主观上亦没有非法占有的故意。

因此，辩护人指出祁某等人不可能通过“操盘”某邮币卡达到影响平台大盘涨跌的目的，也不可能通过上述行为“非法占有”×公司会员的投资款，投资人的损失与所谓“诈骗行为”之间不存在“刑法上的因果关系”。本案因多名遭受损失的投资人报案而案发，公诉机关先入为主，将这些报案的投资人作为本案的“被害人”，以“被害人”经济利益受损结果倒推“行为人实施了诈骗行为”，并且以×公司下的会员的全部亏损作为被害人的“被骗金额”，这与客观事实不相符，办案部门存有客观归罪之嫌。

五、案件结果

一审法院审理后采纳辩护人的观点，认为公诉机关指控罪名不当，更改本案定性：祁某等人违反国家规定，未经批准将现货交易异化为证券和期货交易，侵害了正常市场秩序，情节特别严重，其行为构成非法经营罪而非诈骗罪。

宣判后，原公诉机关以原判将本应认定为诈骗罪的本案错误认定为非法经营罪，导致对各被告人量刑畸轻，确有错误等为由提出抗诉。二审法院审理期间，上一级检察院调卷审查后决定撤回抗诉，二审法院作出准许撤回抗诉的终审裁定。法院最终认定祁某犯非法经营罪，判处其有期徒刑5年，并处罚金。

从可能被判处无期徒刑到实际被判处有期徒刑5年，本次辩护取得实效，祁某也充分认识到自身行为的社会危害性，认罪服判。

六、经验分享

在刑事司法实践中,存在被害人的经济类犯罪案件非常容易让办案机关和辩护人先入为主,形成刻板印象,认为案件"确实如此"。对辩护人而言,这样的想法会产生较为严重的负面影响,它会让形成辩护思路的过程沦为对"辩护模板"的应用,蚕食辩护人仔细研究案情和证据、挖掘破局点的动力,最终影响整个案件的走向。因此,辩护人办案需保持冷静,绝不能偏听偏信某一方(办案机关、当事人)讲的"故事",而应坚持以证据为王,根据在案证据形成辩护观点,并以此搭建属于自己的"故事"框架。

本案的办案机关未能准确判断祁某等人的行为性质,默认报案人为"被害人",笔者未受此影响,通过阅卷并进行体系化的思考,敏锐地察觉到指控罪名与其他罪名之间的关联和差异,最终确定以定性辩护为辩护方向。正确的辩护方向是有效辩护的前提和基础,制定辩护策略的能力需要通过平日多翻阅刑法条文、勤思考刑法罪名体系加以提升,体系化的思考能够为刑辩律师提供更宏观的视野,确保考虑案件情况时能面面俱到。

理论知识的积淀不影响简单案件的办案效果,但要办好疑难复杂案件,势必离不开扎实的刑法理论基础以及结合热点进行深度理论思考的能力。本案从因果关系理论角度做排除法,同时改变对诈骗类罪名一贯的辩护思路,集中火力对仅存的因果关系进行反驳,通过刑法理论与证据法学的综合运用,构建起让控方无法回避的强逻辑,确保并提升辩护效果。俗话说,"能人所不能,方能得人所不能得",疑难复杂案件是高质案源,对于刑辩律师尤其是青年律师来说,只有"坐得住冷板凳"进行理论学习,才能有足够的底气,才能在对当事人负责任的前提下承接这类案件,并且在办案过程中再次深入研究、提升专业技能。

本案涉及高风险投资与"非法占有目的"的问题。实践中,投资人进行高风险投资遭受巨大亏损然后报案,公安机关很容易认定接收投资的一方具有"非法占有目的"。然而,交易风险越大,资金收益越高,这是市场经济的显著特点,不能盲目地让他人承担投资者投资错误遭受的损失。办理因高风险投资涉嫌诈骗案件,笔者整理出以下要点:

第一,判断、归纳投资人遭受财产损失的原因。正如本案的分析,投资人的损失往往是多因一果,投资时间、投资意愿、投资项目、市场环境、内部腐败等都可能导致其损失。对于与行为人涉案行为无关的部分，应当切断相应的因果关系。如果损失系交易机会、交易风险造成的，这属于“被害人”风险自担的行为，与行为人的行为无关；又如，“大额财产损失系交易信息、交易数据、交易行为被人为操控导致的，则应考虑肯定非法占有目的”〔1〕。

第二，根据国家相关规定〔2〕，各类交易场所必须经过审批设立，并且遵循管理规定，不得采取集中交易方式进行交易、将权益按照标准化交易单位持续挂牌交易、以集中交易方式进行标准化合约交易等，否则将被清理整顿。但是，交易场所的违法性本身并不必然表示该平台的相关人员均具有“非法占有目的”。在这种情况下，刑法思维的思考仍然是将关注点放在考察导致损失的原因上——损失究竟是交易规则和交易风险导致的，还是人为控制交易过程引起的？在这个基础上，区分非法经营罪和诈骗罪，“绝不因为存在‘被害人’重大财产损失，就简单地将该场合的行为认定为诈骗罪”〔3〕。另外，如果行为人充当类似于平台“中间商”的角色，那么还需要考量一点，行为人有无可能既是“犯罪人”也是“被害人”？对于行为人也是在受骗的情况下实施行为的，辩护人就更有把握排除其非法占有意图。

第三，我国司法机关在定罪时注重审查证据之间的印证情况，如果辩护人能够发掘相互印证的证据群支撑辩护观点，进而对指控进行体系性反驳，往往就能起到很好的说服效果，尤其是证据群中有客观性更强的实物证据时。在高风险投资类涉嫌诈骗案件中，辩护人可以关注银行流水及其审计报告、平台组织架构等，也可以根据现有的证据材料整理出相应思维导图，从中发现问题，找到相互印证之处，增强辩护观点的说服力。

七、商业启示

公司是社会主义市场经济的重要组成部分，为求在大环境中稳定发展，公司必然要对外开展生产经营、对内进行科学管理。只有内部有体系完整的管理和业务规则，企业家、工作人员对业务的性质、风险等有清晰的认知并采取正确的态度对待，公司才能做大做强、行远致深。

---

〔1〕何荣功：《非法占有目的与诈骗案件的刑民界分》，载《中国刑事法杂志》2020年第3期。

〔2〕包括国务院《关于清理整顿各类交易场所切实防范金融风险的决定》、国务院办公厅《关于清理整顿各类交易场所的实施意见》等。

〔3〕何荣功：《非法占有目的与诈骗案件的刑民界分》，载《中国刑事法杂志》2020年第3期。

管理、业务模式不规范是在民营企业中普遍存在的一个问题。上述案例中，祁某等人领导的×公司未对B公司平台及项目进行综合评估，没有组织相关法律法规或者经营、管理的培训、宣传，没有设立相应部门或者岗位定期检测公司业务的法律风险，以至于陷入刑事讼累，遭受灭顶之灾。笔者发现，祁某等人和×公司实际是陷入了B公司及其平台工作人员等人精心营造的大骗局中，不仅为邮币卡业务注入大量投资款，还被当作B公司平台工作人员违法犯罪活动的“替罪羊”。因此，公司内部必须规范好管理及业务模式，制定主营业务以及其他经营内容如税务、劳动关系等的相关规则、流程文件，首先确保公司内部“有规则可依、有规则必依”。为了落实规则，可以匹配相应的惩罚机制。笔者提示，上述工作应当交由某个特定的部门或者岗位进行，根据公司的规模大小而定，一般是风控或者合规部门，当然也可以外聘专业律师开展相关工作。

实践中，很多民营企业及企业家对自己所从事的行业的性质，尤其是刑事违法性，缺乏足够认识。他们当中大多数人会基于“别人能做我也能做”、行走于“灰色地带”、“打擦边球”的念头，盲目投身于看起来新兴而实际属于法律禁止从事的行业，逐步踏上不归路，无法回头。以上述案件为例，笔者在会见中了解到祁某等人是因“有利可图”而介入，因“亏本分家”而退出，对所谓“邮币卡”的运作模式、盈利模式及交易规则知之甚少。在这种不了解业务模式的情况下，祁某等人以及×公司不仅没有对此业务进行调研分析、风险评估，反而自行投入大量资金并且鼓吹他人开户入金，最终涉案。故而做生意绝对不可盲从，企业要想进军一个新领域，就必须完全、深入了解它的一切，做好前期准备工作，据此作出报告文件，经管理层科学决策通过后再执行。

根据笔者多年的办案经验，摧毁一家民营企业或一个民营企业家的往往是一些看起来很细微的事情，他们因此触犯刑法而不自知，直到刑罚落在自己头上才悔不当初。这是典型的因不懂法而涉嫌刑事犯罪。民营企业和民营企业家们应积极防患于未然，通过各种途径了解公司运营以及行业相关的法律法规，从自身做起，让合规理念贯彻企业内部。同时，企业应建构并完善规章制度，细化业务流程，做到“责任到人”：一方面，防止出现内部腐败、侵占等管理问题；另一方面，防止企业经营违法甚至触犯刑法底线。只要各项落实到位，公司一定能够向前发展，实现自我超越。